协同创新项目利益多层次多阶段动态均衡及管理研究

李 林等 著

国家自然科学基金面上项目（71473076）成果

科 学 出 版 社
北 京

内 容 简 介

本书分析了协同创新项目合作主体利益需求的演化机理及影响要素，讨论了影响利益分配均衡的项目风险与创新成本；构建了利益分配动态均衡模型，提出了促进协同创新项目利益分配动态均衡的模式及政策；厘清了项目中合作主体利益分配的细节，较好地解决了影响项目成功的关键问题。本书丰富了协同创新理论，为政府管理协同创新项目群提供可操作的方法，同时为企业和高校管理协同创新项目提供利益分配均衡框架，以提高项目成功率。

本书可供高校、科研机构和企业从事成果转化、产学研项目的人员（如教师、技术人员），企业研发部门、高校相关管理部门、政府相关主管部门（如科技部门）的人员，以及进行相关研究的学者、博士研究生和硕士研究生参考阅读。

图书在版编目（CIP）数据

协同创新项目利益多层次多阶段动态均衡及管理研究/李林等著. —北京：科学出版社，2020.7
ISBN 978-7-03-065633-9

Ⅰ. ①协⋯ Ⅱ. ①李⋯ Ⅲ. ①企业创新-利益分配-研究 Ⅳ. ①F273.1

中国版本图书馆 CIP 数据核字（2020）第 118117 号

责任编辑：陈会迎 / 责任校对：严 娜
责任印制：张 伟 / 封面设计：无极书装

科学出版社 出版
北京东黄城根北街 16 号
邮政编码：100717
http://www.sciencep.com

北京虎彩文化传播有限公司 印刷
科学出版社发行 各地新华书店经销
*
2020 年 7 月第 一 版 开本：720×1000 B5
2021 年 1 月第二次印刷 印张：13 1/2
字数：272 000
定价：122.00 元
（如有印装质量问题，我社负责调换）

前　言

随着全球经济一体化和现代科技的快速推进，各类创新主体合作层次显著提升，创新要素流动空前活跃。协同创新已成为创新型国家提升自主创新能力的新模式，已成为全球科技创新活动的新趋势。习近平总书记于2016年5月在黑龙江考察调研时指出，实施创新驱动发展战略，必须着力构建以企业为主体、市场为导向、产学研相结合的技术创新体系[①]。他在中国共产党第十九次全国代表大会上的报告中明确提出，"深化科技体制改革，建立以企业为主体、市场为导向、产学研深度融合的技术创新体系，加强对中小企业创新的支持，促进科技成果转化"[②]。高校、科研机构和企业在推动技术市场交易、促进国民经济和社会发展、服务国家创新驱动的发展战略等方面发挥极其重要的作用。随着创新驱动发展战略深入开展，我国协同创新项目进步飞速，政府、企事业单位纷纷加大对高校的经费投入力度。仅在2017年，全国高校获得科技经费总额为1364.62亿元，其中，来自政府和企事业单位的委托分别占58.6%和28.5%。通过检索相关关键词，在了解大量相关知识之后发现，截止到2017年底，在国家层面（包括党中央、国务院、全国人大常委会和国务院各部委），有1600多份关于工业与学术界协同创新的信息文件和研究，其中政策类文件多达25种。这表明国内协同创新项目政策体系正逐步完善。从颁布政策的主体来看，科技部、教育部、国家发展和改革委员会（以下简称国家发改委）、国务院、国务院办公厅是政策制定的主力军，为促进协同创新项目提供政策支持。

协同创新活动的完成主要依赖于载体项目，这就产生了协同创新项目。协同创新项目是指企业、高校、科研机构、金融部门、媒体和政府以创新产品为目标，聚合各实体优势，共同推动知识和技术转化新产品的工作项目。除了最重要的产

---

① 《习近平四点意见为创新驱动发展战略"点睛"》（2019年8月18日），https://baijiahao.baidu.com/s?id=1642168744341633928&wfr=spider&for=pc。

② 《决胜全面建成小康社会　夺取新时代中国特色社会主义伟大胜利——在中国共产党第十九次全国代表大会上的报告》（2017年10月18日）。

学研合作项目形式，高校和高校、高校和科研机构、企业和企业之间也有不同形式的合作。协同创新项目已成为技术竞争的主流形式和重要载体。

协同创新项目成功的关键在于主体利益分配的动态均衡。目前，我国的协同创新项目大部分是不成功的。我国省部级科技成果已超过 3 万项，但成果转化率只有 25%左右，真正实现工业化的成果还不到 5%（何郁冰，2012）。国家发改委副主任张晓强 2013 年 12 月 21 日在北京指出，中国科技成果转化率只有 10%左右，远低于发达国家 40%的水平[①]。吕海萍等（2004）对浙江省 11 个地市高校进行问卷调查，由结果得知：73.7%的不成功合作是由利益分配不当造成的。协同创新的直接驱动力来自对利益的追求。对于不同的利益分配安排，合作主体将选择不同的努力程度并影响创新活动的整体效果。可见，利益分配是协同创新项目中的关键和矛盾突出的问题。

实际上，协同创新项目各合作主体自身承担的创新成本、风险、谈判地位甚至谈判人性格等不同，对项目的利益需求也就不同，而且这些需求不是静态的，是随着项目阶段不同（研发、小试、中试）而变化的。当前一个阶段的利益分配均衡被打破时，各方新的利益需求经过重新博弈达到一个新的平衡点。当利益分配无法均衡时，至少一方无合作动力，项目将不会正常进行，甚至面临失败。因此，主体利益分配的动态均衡是推动协同创新项目可持续发展的关键因素。

关于协同创新项目利益动态均衡的完整研究仍然缺乏。目前理论界对于产学研项目利益分配研究虽然很多，但大多研究仅在理论上考虑某一个方面，较少综合考虑协同创新项目利益分配的各种实际情况。本书研究协同创新项目多阶段的利益分配均衡问题，即在考虑合作主体动态创新成本、承担项目风险和综合实力等的情况下，设计可操作的各合作主体的利益分配动态均衡解（方案），或者提出无均衡解（方案）时的对策。

本书的意义体现在两个方面。理论上，本书研究协同创新项目可持续的内在动力机制，为项目的顺利进行提供理论基础，丰富了协同创新理论；实践上，本书设计可行的一系列利益分配动态均衡方案，为企业和科研机构提供管理协同创新项目的有效工具，同时为政府完善相关政策以有效管理协同创新项目提供依据。

本书体现了国家自然科学基金面上项目"协同创新项目利益多层次多阶段动态均衡及促进政策研究"（编号：71473076）的主要成果。

本书分为 7 章。第 1 章是理论基础与现状研究，涉及协同创新理论，以及协同创新项目的概念与内涵、合作主体与运行机制、常见合作模式、合作主体利益需求分析，并根据问卷调查的数据分析协同创新项目的利益分配现状。第 2 章是

[①]《国家发改委官员：中国科技成果转化率仅 10%》（2013 年 12 月 21 日），http://www.chinanews.com/cj/2013/12-21/5647840.shtml。

协同创新项目利益分配机制研究，涉及协同创新项目主要利益分配方式、特点及相关因素分析，以及有形利益与无形利益的建模研究。第 3 章是协同创新项目的选择、风险管理与成本控制研究，涉及区域产业协同创新项目的选择评价研究、协同创新项目风险管理研究、协同创新项目的最优成本分摊研究。第 4 章是协同创新项目的利益冲突研究，构建了一个利益冲突调解模型和一个利益冲突评价模型。在利益冲突调解模型中，分析协同创新下的冲突成因和特征，并提出了治理策略。在利益冲突评价模型中，运用模型计算协同创新项目成功的各指标权重，得到利益冲突的严重程度，并得出利益冲突应对策略的重要度。第 5 章是协同创新项目利益分配动态均衡模型，涉及协同创新项目利益分配动态均衡的内涵与作用、协同创新项目利益分配均衡模型的构建，以及多阶段动态项目利益分配模型的构建。第 6 章是协同创新项目合作主体利益分配均衡效果评价研究，涉及协同创新利益分配均衡效果评价内容、协同创新利益分配均衡效果评价体系构建、协同创新利益分配均衡效果评价方法和思路。第 7 章是政府促进协同创新项目利益分配动态均衡的模式及政策研究，涉及协同创新政策系统分析、协同创新项目合作博弈与政府干预仿真分析、政府介入对协同创新项目成功的影响研究等，发现政府介入与项目成功程度之间的关系，提出促进项目利益分配动态均衡的政策建议，为政府支持协同创新项目提供可操作的方法。

作　者
2019 年 6 月

目　录

第1章　理论基础与现状研究 ·· 1
  1.1　协同创新理论 ·· 1
  1.2　协同创新项目的概念与内涵 ······································ 3
  1.3　协同创新项目的合作主体与运行机制 ······························ 6
  1.4　协同创新项目的常见合作模式 ···································· 10
  1.5　协同创新项目合作主体利益需求分析 ······························ 13
  1.6　基于调查的协同创新项目利益分配现状分析 ·························· 19

第2章　协同创新项目利益分配机制研究 ································ 27
  2.1　协同创新项目主要利益分配方式 ·································· 27
  2.2　协同创新项目利益分配特点及相关因素分析 ························ 29
  2.3　协同创新项目有形和无形利益分析 ································ 34
  2.4　协同创新项目有形和无形利益分配 ································ 36
  2.5　项目案例分析 ·· 50

第3章　协同创新项目的选择、风险管理与成本控制研究 ·················· 57
  3.1　区域产业协同创新项目的选择评价研究 ···························· 57
  3.2　协同创新项目风险管理研究 ······································ 63
  3.3　协同创新项目的最优成本分摊研究 ································ 71

第4章　协同创新项目的利益冲突研究 ·································· 81
  4.1　基于局中人偏好的协同创新项目利益分配冲突分析 ···················· 81
  4.2　基于二元语义-QFD技术的协同创新项目中动态的利益冲突研究 ········ 89

第5章　协同创新项目利益分配动态均衡模型 ···························· 103
  5.1　协同创新项目利益分配动态均衡的内涵与作用 ······················ 103
  5.2　协同创新项目利益分配均衡模型的构建 ···························· 106
  5.3　多阶段动态项目利益分配模型的构建 ······························ 114

第 6 章　协同创新项目合作主体利益分配均衡效果评价研究 …………… 123
6.1　协同创新利益分配均衡效果评价内容 ………………………………… 123
6.2　协同创新利益分配均衡效果评价体系构建 …………………………… 126
6.3　协同创新利益分配均衡效果评价方法和思路 ………………………… 146
6.4　案例分析 ………………………………………………………………… 155

第 7 章　政府促进协同创新项目利益分配动态均衡的模式及政策研究 ……… 167
7.1　协同创新政策系统分析 ………………………………………………… 167
7.2　协同创新项目合作博弈与政府干预仿真分析 ………………………… 171
7.3　政府介入对协同创新项目成功的影响研究 …………………………… 182
7.4　政府介入项目利益分配的分析 ………………………………………… 191
7.5　相关对策建议 …………………………………………………………… 197

参考文献 ………………………………………………………………………… 201
后记 ……………………………………………………………………………… 207

第 1 章 理论基础与现状研究

1.1 协同创新理论

协同理论是由德国物理学家哈肯（Hermann Haken）创立的。他于 1971 年提出协同的概念，1976 年系统地论述了协同理论，发表了《协同学导论》。协同理论的核心思想是通过协同操作生成有序的系统结构，以便系统通过协同作用增加价值。为了实现协同作用的目标，系统内的各子系统和子系统内的各元素必须相互合作以相互促进甚至引起因果关系。只有在这种相互关系下，整个体系才能最终形成有序的结构。目前，协同理论的方法论已经应用于生物学、物理学和其他社会经济领域。

关于"协同创新"的定义，Gloor 等（2003）认为，协同创新是"自我激励的"网络团队，根据人员组成形成集体愿景，并通过网络传播思想、信息和工作条件，合作实现共同目标。他们将协同创新定义为具有共同意愿的自我激励人群网络，通过该网络，他们分享想法、信息和研究成果，以实现共同目标。许多学者也从不同方面研究了协同创新（陈劲和阳银娟，2012）。Ketchen Jr 等（2007）认为，协同创新意味着跨越公司的界限，分享想法、知识、专业知识和机会，使大公司和小公司可以专注于战略创业的过程。Torfing 和 Sorensen（2014）研究了国有企业的协同创新，并认为提高国有企业协同创新能力的关键是确保其具有知识、想象力、创造力、勇气、变革能力，并且对知识的保护程度越高，其协同创新能力越高。

协同创新是基于协同学（synergetics）的范畴提出的概念。协同理论认为，协同作用是系统之间完整性和相关性的内在表现，强调系统中许多子系统的相互协调或同步。协同创新原理包括支配原理、广义演进原理、模式原理、涨落原理等。协同创新理论主要包括三个方面：一是协同效应。子系统之间通过无序的联系构成不稳定的总系统，当外界条件的影响达到某个临界点时，其内部子系统的无序关系变得有序，并且使得总系统从不稳定的状态转变为稳定的结构的效应，这种众多子系统相互作用所产生的整体效应或者集体效应称为协同效应。二是自组织原理。自组织原理是指在不受外界因素干预的情况下，各子系统会依照某种规律自主地构成一种具有内在性和自生性的稳定结构。这说明各子系统会在一定条件下自发通过协同作用形成新的组织。三是伺服原理。伺服原理是指通过系统内部的稳定因素和不稳定因素之间的分析来描述系统自身的作用。协同理论研究的主要内容是在一个不平衡开放的系统中各子系统的自组织现象及如何通过协作现象形成一个有序的组织结构。协同理论的研究对象一般具有复杂性、开放性、不平衡性等特征。

协同创新和以往的各种创新模式不同，其合作模式相对比较复杂。在协同创新过程中，合作主体并不是特别清楚。因为企业、高校或者政府等机构既可以是组织者又可以是参与者，所以无论把谁作为主体，为了成功完成协同创新项目，必须形成三维的螺旋结构。一般情况下，企业在其中起主导作用。

在整个协同创新过程中，很多时候都会涉及协同理论的基本原理。协同理论研究的内容主要是在开放系统下如何让所有的子系统之间形成良好的协同作用来实现系统内外部之间的输入和输出，从而让自己无论在时间上还是在空间上都能够从无序转变成有序的状态。在对众多国内外相关研究进行分析的基础上，再和协同理论的基本原理加以结合，可以知道协同效应、主体多样性以及自组织等均属于协同创新的特性。协同创新中的合作主体具有能动性，另外同一个创新活动一般会有诸多合作者参与，这就使得合作主体具备多样性的特质。

在大的系统环境的前提下，所有要素之间相互联系并相互支持，使其起到的作用要远远大于每个要素单独作用效果之和，从而产生良好的整体效应，这就是协同效应。相同目标的建立、合作意愿的加强以及良好沟通的保持，这些都是协同创新前期准备阶段的关键。只有做好这些，才能保证协同目标的顺利实现。

协同创新理论的核心要素就是汇聚各种资源，让不同的合作主体深度融合，以经济需求、政治需求以及科技进步为主要目标，大力解决国家和社会密切关注的重大问题。

协同创新理论融入丰富的系统论思想和协同学思想，并加以消化吸收。系统论主要讲的是"系统"不是单个要素的简单相加，而是一个有机整体，这些要素属于且不能脱离整体。有机整体就是指所有要素之间并不是简单的相加，而是存在相互联系并相互支持的，它们起到的作用要远远大于单个要素的作用效果。这就是系统论中所提到的整体性原则和协同性原则。协同创新战略的直接理论来源就是协同学，协同学也是系统科学理论的重要组成部分。竞争和合作是协同学的两个最重要的概念，在开放系统中任何自组织现象的产生和演变都离不开竞争和合作这两个因素。在一个有机系统中，它的所有子系统之间都存在相互的联系，并且可以通过对彼此产生影响而产生协同现象,从而使得原系统从无序走向有序。众多的研究和实践表明,如果将高校、科研机构、企业和其他相关合作主体割裂开来,使其各自为战,将无法大幅度提升自主创新能力;只有将这些要素凝聚成一个整体,彼此构成众多的子系统,从而形成一个有机系统,才能取得实质性的效果。而要做到这些,就必须依靠协同创新战略把各类要素、资源很好地整合起来。协同创新战略基于协同创新理论,给予参与者一个开放的平台,实现资源共享,彼此相互依赖、相互辅助,共同协作发展,从而实现双赢甚至多赢的目的。

1.2 协同创新项目的概念与内涵

在知识经济时代,跨界现象变得越来越普遍,这在带来经济增长的同时也带来了许多新的问题。因此,学术界纷纷将目光转移到不同类型组织间的跨界协同上来。协同创新的本质是管理创新,它不受行业、区域以及国别的限制,将不同创新要素放在一起进行整合,从而实现知识增值。协同创新最显著的优势就是可以将各合作主体掌握的信息、资源进行整合再利用,从而达到降低成本、规避风险、实现整体经济效益最大化的目的。最普遍的是产学研协同创新。

其中,协同创新项目是产学研协同创新的一种主要形式。协同创新项目是一种复杂的涉及诸多利益相关者的活动,以企业和高校或科研机构为核心,同时辅以政府、中介组织以及非营利性组织等机构,形成一种多元化的协同互动模式,并通过不同主体间的相互合作,实现各种资源的充分整合,这种效用是非线性的,不等同于一般的不同系统间的叠加效果。整体性和动态性是协同创新项目的主要特点。根据整体性特点,协同创新项目的组成方式、存在模式、系统功能以及目标定位都要表现出统一性,分散式管理模式是不可取的。动态性是指协同创新项目的过程是一种变化的过程,它并不是静止的。协同创新项目的周期一般都比较长,在其初期设立的目标、制定的策略以及融资方案等都会随着时间的推移而发生改变,需要针对这些变化进行相应的调整。

1.2.1 产学研协同创新项目的类型

改革开放之后,我国的协同创新项目逐渐起步并缓慢推进,经历了产学研联合、产学研结合阶段后,逐渐发展成为产学研协同创新。与之相对应,协同创新项目的模式也在不断演进,《国家中长期教育改革和发展规划纲要(2010—2020

年）》中要求，鼓励产学研各方特别是高校探索建立新的协同创新模式。在国家创新体系和区域经济发展中，产学研协同创新的地位日益重要，呈现出多样性、多元化的合作模式。

根据主导组织的类型，协同创新模式可以划分为政府推动型协同创新模式、企业主导型协同创新模式、高校和科研机构主导型协同创新模式（解学梅和刘丝雨，2015）。其中，政府推动型协同创新模式是指由地方政府投资主导，重视并强化协同创新基础设施和软环境建设，对地方高校联合科研机构和产业部门进行引导，围绕地方科技、社会、经济、政治、文化发展重大问题开展区域性产学研协同创新；企业主导型协同创新模式是指企业为了一定的目的，如实现利润最大化、提升自身技术水平或者仅仅解决某个技术难题，通过合作、委托开发等方式吸引高校或者科研机构参与企业研发过程，帮助提升企业创新能力和水平，由企业决定其研发活动的时间、内容、形式和范围，并由企业支付费用；高校和科研机构主导型协同创新模式又称为学研主导或者联合开发模式，是指学研两方在地位平等的基础上，为实现共同的目标联合起来，建立研究实体或者形成战略联盟，共同参与研发和经营管理，风险和利益共担，利用各自优势分工协作进行研究和创新活动而形成的一种协同创新模式。

1.2.2 协同创新项目的主要特征

1. 组织的多元性

协同创新项目的参与组织既包含政府部门、事业单位和社会团体，又包含不同产业、企业以及中介组织，甚至是个体法人。协同创新项目的复杂程度高、技术难度大、涉及领域广、参与的组织与人员多，导致协同创新项目组织体系具有多元性。在协同创新项目的组织体系中既有基于行政体系的管理模式，也有基于交叉管理的柔性组织管理模式，还有基于网络化信息的管理模式，更有基于产业链、价值链以及创新链体系的项目管理模式。

2. 需求的复杂性

协同创新项目的需求的复杂性主要是由协同创新项目本身目标实现技术的复杂性、创新过程的复杂性、协同需求的复杂性和项目管理的复杂性决定的。协同创新项目的需求主要是合作主体在协同创新项目实现过程中不断变化的各种利益需求、目标需求和创新需求，以及合作主体为了实现协同创新项目的主要目标而不断调整和协同各自主体需求的过程。协同创新项目组织的多元性导致组织需求的复杂性，同时协同创新项目的主体利益与需求呈现不同阶段的动态性和延续性，从而使得协同创新项目的需求既有主体需求的一致性，又更能呈现个体需求与阶段需求的动态性和复杂性。

3. 目标的一致性

协同创新项目的管理、创新以及协同都是围绕该项目的主要价值目标而开展活动的，因此，尽管在协同创新项目中主体组织多元化、主体利益和需求复杂化，但是各主体和需求却呈现高度的目标一致性。这种一致性也是开展协同创新项目的价值目标、技术目标以及管理目标，正是这种项目目标的一致性促使各利益相关者能够行动一致和团结合作。协同创新项目目标的一致性还表现在不同的项目管理阶段也要而且必须保证这种目标的一致性，这种不同阶段的目标的一致性是协同创新项目管理的连贯性的内在要求。

4. 管理的时效性

协同创新项目是项目的一种，因此，其管理过程、管理阶段以及管理模式具有项目管理的时效（一次性和阶段性）特征。协同创新项目的管理是以时间管理为基础来开展活动的：一方面，时间是协同创新项目管理中的不可逆转的制约性资源；另一方面，加强时间性管理可以为其他管理梳理出更可预见的清晰目标。协同创新项目的管理在不同的协同创新项目中还呈现出阶段性（包含项目的论证阶段、开始阶段、执行阶段、运营阶段以及验收阶段）的时效特征，不同阶段的管理重心和管理体系各有不同。论证阶段主要保证协同创新项目决策的科学性；开始阶段主要把握协同创新项目的资源筹备工作，特别是融资管理、组织架构以及关键设备的准备；执行阶段主要根据协同创新项目的计划和组织，把握时间管理、质量管理以及进度管理的具体要求，强调协同创新项目按部就班、有条不紊地运行，执行阶段是实现协同创新目标的具体过程；运营阶段主要是指协同创新项目执行阶段的目标实现后的开始投入使用和运行阶段的管理，这一阶段的管理模式主要呈现企业化和市场化的运行模式，其时效性管理特征是企业的日常管理和规范管理成为重心，以市场为导向、以客服为中心、以效益为生命线；验收阶段的管理模式以绩效评价和绩效管理为主要特征，其管理重心是组织验收工作，不断反思协同创新项目在各阶段的目标是否实现，以及在每一个阶段协同创新项目的经济效益性、社会效益性、生态效益性以及目标协同性。

5. 价值的创新性

价值的创新性主要是指协同创新项目的最终评价目标是价值创新，没有价值创新的协同创新项目就是一个失败的项目，价值创新是协同创新项目区别于其他项目的主要特征。协同创新中的价值创新主要体现在技术创新、产品创新、组织创新、管理创新，以及这些创新组合带来的产业创新、市场创新和社会创新。

6. 利益的动态性

协同创新项目利益的动态性主要是指协同创新项目的合作主体的需求具有多元性和动态性，导致合作主体的利益分配与利益协调具有动态性、多元性和复杂性。协同创新项目的利益主要体现在经济利益、社会利益以及生态利益，这三大利益的均衡在协同创新项目的不同管理阶段具有不同的指标体系、动态系数和均衡系数。协同创新项目的利益的动态性既指协同创新项目合作主体利益需求的动态性，也指对主体利益进行分配和协调过程的动态性，更指协同创新项目的整体利益在不同阶段的动态性。协同创新项目合作主体利益需求的动态性主要是指：利益需求的阶段周期具有动态性，利益需求的协调形式具有动态性，利益需求的均衡模式具有动态性，利益需求的分配格局具有动态性，利益需求的价值体系具有动态性。

1.3 协同创新项目的合作主体与运行机制

1.3.1 协同创新项目的合作主体

政府是协同创新项目规则和标准的制定者，也是一些重大协同创新项目的推动者和发起者，还是政府类协同创新项目的主体参与者，同时，政府还是特殊行业或者产业协同创新项目的优惠政策制定者，以及所有协同创新项目的监管者。这里的政府不仅是指中央政府和地方政府所在的权力机关，而且包含各级政府主管下的行政管理部门以及司法部门。协同创新项目不同于普通的单一组织参与项目，其项目的特点是组织跨度大、涉及部门多、牵涉利益广、技术难度系数高、协调层级复杂、突破改革领域多、监管难度大，没有政府的支持和协助，很难全面推动和实施，这也是政府在协同创新项目中的特殊地位和作用所决定的。

高校是协同创新项目的知识输出方和科技创新的发源地，也是协同创新项目的主要合作主体。高校是理论协同创新项目的主要发起者、推动者和执行者，是科技协同创新项目的中坚力量，是所有协同创新项目的人才资源库和专家基地，是培养协同创新项目科学家、企业家和创业者的摇篮。此外，高校还是大量产业协同创新项目以及经济协同创新项目的孵化基地和初试中心。

企业是协同创新项目的主要阵地和组织形式，是实现理论协同创新项目到实践协同创新项目转变的重要枢纽；企业的核心作用是实现协同创新项目的规模化、标准化、产业化以及市场化。没有企业的参与，协同创新项目就会成为理论研究和学术研究的空中楼阁；不采用企业的运行规模和产业体系，就很难检验协同创新项目的规模效应、市场价值和经济效益。推动和加强企业参与协同创新项目，一方面为协同创新项目的产业化找到合适的组织载体，另一方面为协同创新项目补充必需的社会资本、产业资本以及工业基础。

金融部门主要是指财政、税务、银行、证券机构、保险部门以及与金融体系相关的组织部门。大部分金融部门从属于政府金融体系的组织架构，是政府组织与运用金融资本、产业资本、社会资本的宏观协调工具和组织载体。政府主要通过财政政策、税收政策以及金融政策三大体系来搭建协同创新项目的资本平台和金融运行体系。参与协同创新项目的企业、高校、科研机构、个人、组织在政府的财政政策、税收政策以及金融政策的引导和激励下，通过融资、贷款、保险等各种方式，从金融部门获取协同创新的启动资本和金融支持。同时，金融部门还要依据《中华人民共和国公司法》、财务制度以及金融政策对参与协同创新的企业、高校、科研机构、个人、组织进行财务监管和财务审计，以保障和促进协同创新项目资本的高效与可持续发展。

科研机构主要是指涉及不同行业的从事理论与实践研究的科研组织、社会团体以及企事业单位。科研机构一般都是所在行业技术人才、工程人才以及专业人才的所在地，科研机构的研究不仅涉及该行业的理论领域，而且涉及该行业的实践领域的技术、成果以及案例。在协同创新项目中，科研机构是专业技术、工程技术以及管理技术的支撑单位和承载组织。如果说高校是不同行业的理论研究和前沿探索的先锋组织，那么科研机构就是将理论研究和实践检验相结合的研究机构，是从理论探索到实践应用推广的专业组织。科研机构不仅有专业技术和专业团队，而且有所在行业的高精尖的专业设备，这是高校和企业所不具备的优势条件，因此，协同创新项目不可缺少科研机构。但是，科研机构的职能和优势也仅限于所在行业的专业技术和专业成果，不具备项目产业化、市场化以及企业化的资源和条件。

中介组织主要是指参与协同创新项目所必需的法律、财务、金融以及科技相关的专业组织。中介组织是专业的平台和机构，是推动协同创新项目所必需的辅助机构和中间组织。中介组织还指第三方独立的评级机构和评价组织，是推动、协调以及辅助协同创新项目必需的平台。

协同创新项目一般涉及多个合作主体单位和组织甚至个人，协调和保障这些组织或者个人的权益、分清这些组织的权利与义务，规范协同创新项目的法律关系、合同基础以及合作章程，这是法律以及相关中介组织的重要工作和职能。大部分协同创新项目都需要融资、贷款、上市以及担保，在获取这些金融与财务支持的过程中需要专业的财务分析、资产评估、财务审计等相关的财务专业技术支持,这是财务以及相关中介组织的重要工作和职能。一些协同创新项目涉及金融体系或者金融领域的创新和改革,需要金融中介组织的支持,特别是中小企业协同创新项目,更需要金融中介组织提供质押、担保或者上市融资的论证和分析以及证明。科技中介组织主要是指从事知识产权交易或者知识产权资信证明的中介组织。

科学家是协同创新项目的技术专家以及科研团队的核心人物,是协同创新项目的核心技术和重点领域的攻坚人。没有科学家参与的协同创新项目的协同效益、创新价值和技术价值是值得怀疑的,没有科学家参与的协同创新项目的推动进程毫无保障而且异常艰难。科学家赋予协同创新项目最新的思想和最初的灵魂,为协同创新项目的推动、执行以及实现设计出科学的路径和严谨的渠道,为协同创新项目规避以及防范技术风险、理论风险、路径风险提供必需的指导和保障。科学家以专业、严谨、科学的责任和态度来审视协同创新项目的价值、效益以及实现过程,科学家是协同创新项目进行论证、分析以及评价的最初环节,是最重要的环节,同时也是技术论证的关键环节。

企业家是推动协同创新项目由理论探索到实践应用以及产业化和市场化的核心人物和领导者。企业家有远见,能够预见协同创新项目的市场价值、产业效益以及社会作用;企业家有资源,能够推动协同创新项目立项、论证、建设、运营以及产出这一漫长的流程的实现,能够提供协同创新项目产业化和市场化所必需的资本、土地、厂房以及设备,能够汇集和管理协同创新项目所必需的资本、人才、技术以及信息;企业家有胆识,能够在协同创新项目的风险中看到价值和机遇,能够做很多科学家想做却又不敢做甚至做不了的事情,是挑战项目现实困境与追逐理想价值的勇士。企业家是最终促使协同创新项目落地以及成功的领导者。

创业者是协同创新项目的重要人力资源群体,这是由协同创新项目的创新性和价值性决定的。在协同创新项目的提出、论证、建设、运营以及上市等一系列的过程中,推进协同创新项目不断发展和完善的主流人群是科学家、企业家以及创业者。如果说这三类人群构成了一个协同创新项目以人力资源为基础形成的稳定三角形人才库,那么科学家和企业家就是人才库的两条腰,而创业者则是人才库的底边,只有这样的人才库架构才具有稳定性、推动性和创新性。协同创新项目的技术难度高、涉及范围广、整合资源多、对人才的要求苛刻和严格,因此,参与协同创新项目的全体员工只有以创业者的信念、行动以及价值观参与其中,才能真正实现协同创新的价值和目标。

1.3.2 协同创新项目的运行机制

协同创新项目的运行机制即在协同创新项目中影响其协同创新活动各因素的结构、功能、相互关系、作用原理和运行方式等的总和，主要包括以下方面。

1. 动力机制

目前，协同创新项目的主体在概念、制度、管理、思维模式等诸多方面存在显著差异。在协同创新中，既有合作又有竞争，导致各合作主体缺乏动力和活力。要提高协同创新能力，就必须识别和推进协同创新的动力机制。动力机制分为内部动力机制和外部动力机制。内部动力是合作主体从内部产生的创新动力，包括内部激励、自我完善和发展需求、利益驱动、资源互补等因素。外部动力是合作主体的外部驱动力，它是由市场需求、竞争压力、技术推广和政府支持等因素带来的。

2. 知识转移机制

协同创新项目是各学科之间知识扩散、传播、整合、新知识生成和应用的过程，是产业部门新产品最终形成的过程。知识包括显性知识和隐性知识。显性知识的传递是以文字、数字和报告的形式进行的。隐性知识来源于个人的表达，难以分享和实现。产业界、高校、科研机构所掌握的知识在数量、质量、构成上存在显著差异，存在从知识富集点（高）向知识穷集点（低）转移的自然动力。高校和企业都可以提供和接受知识，通过知识转移机制，知识可以获得传播、互动和欣赏的放大效应。

3. 风险控制机制

除高校、企业、科研机构外，政府和金融部门也可参与协同创新项目。产学研协同创新的参与者为了防止可能的损失，需要客观地认识风险，运用一定的方法对风险进行测度和控制。首先，明确参与者的目标、责任、权利和义务，制定评估标准，在项目实施过程中端正态度，保持审慎理性，分阶段分解风险和责任；然后，运用专业的方法对风险进行分析和评估，计算风险的大小，进行了解；最后，制定风险分担条款，在不利情况下，根据合同承担各自的责任。

4. 利益分配机制

协同创新项目不是政策性活动，也不是扶贫活动，而是通过优势互补实现各自利益。为了保持协同创新的稳定性和可持续性，需要建立良好的利益分配机制。

如何分配理论创新、中间成果和企业最终产品是关键问题。不同的利益相关者在协同创新过程中有着不同的需求。政府最关心的是创新成果能否真正解决社会、经济和技术问题。高校和科研机构应考虑经济效益等直接效益和社会影响、科学声誉等隐性效益。企业应关注创新成果是否能带来生产率提高、销售收入增加等直接效益，并确保参与研究的人员能够从协同创新中获得合理的利润分配，从而调动他们的积极性和主动性。

5. 激励机制

人是创新活动的主体，作为协同创新的核心关键人物，只有有效地激励他们，才能保证他们对协同创新的积极性，提高创新成果的产出。在分析和评价人的内在需求与心理特征的基础上，设计科学合理的激励机制，采取有针对性的激励措施，真正实现激励管理的目标。政府、企业、高校、科研机构或新成立的科研团队都可以作为激励的主体，激励包括荣誉称号、佣金、奖金或职位晋升。协同创新项目完成后，对激励机制效果进行跟踪，对不同激励机制效果进行对比和改进。

6. 绩效评价机制

评价是为了更好地管理协同创新项目的成果是否具有创新性，是否达到既定目标，因此，有必要建立合理、科学的绩效评价机制。为保证评价的客观性，第三方应建立绩效评价标准和绩效评价体系，并根据评价结果进行利益分配和成员激励。绩效评价机制不仅要考虑最终结果，还要关注过程和阶段结果，实现资源的最优配置。在公平合理的指导下，综合考虑新产品销售收入、专利、论文、奖励等成果，建立动态、科学、合理、有序的绩效评价机制。

1.4 协同创新项目的常见合作模式

协同创新项目各方根据参与技术创新合作的资源投入形式、参与程度、协同创新目的等具体情况，确定适宜的协同创新项目合作模式。根据合作利益的紧密程度，将协同创新项目合作模式分为委托开发模式、合作开发模式、共建实体模式。

1.4.1 委托开发模式

委托开发模式是指企业因业务需求联合技术和经济的合作模式，并委托相应的学研方（一般为高校和科研机构，有时也包括企业，也称研发方）进行技术研发。在这种合作模式下，企业可以通过委托技术研发来实现产品创新，学研方在转让科研成果所有权后也会得到相应的报酬。尽管如此，学研方仍无法为后来的技术提供改造和升级服务。合作的形式仅仅是技术交易的层面。各方成员之间几乎没有交流和学习，企业自身的研发实力无法改善，即高校和科研机构、企业在不同发展阶段先后进入研发过程。因此，这种合作模式属于"基于接力式的开发技术驱动"，一般适用于研发资金有限的中小企业。通过委托开发模式，科技成果可以快速转化为产品，缩短产品开发周期，快速获得竞争优势。

在产学研协同创新项目的实践中，可将委托开发模式具体分为技术转让、技术咨询和技术服务。技术转让是指通过交易方式把专利技术转让给企业，通过技术转让合同得以实现。该模式基于技术合同、风险分担和利益分享，是最常见的类型，也是产学研协同创新项目的重要模式。技术咨询是指企业通过聘请学研方为相应的投资项目提供可行性分析、预测和评估等咨询服务。技术服务是指企业委托学研方提供产品技术升级服务，对车间生产线流程进行优化，减少资源消耗。

委托开发模式是产学研协同创新项目的主要合作模式，具有相应的优缺点。委托开发模式的优势是加快科研成果进入实际产品的进程，在短时间内，企业可以投入生产并获得收入。该模式适用于中小企业。中小企业对技术创新的投入有限，在短时间内获得成熟的技术成果，迅速形成产品，在竞争中获得优势，作为合作模式的初级形式，为建立长期稳定的技术经济联盟奠定基础。委托开发模式的缺点是合作内容集中在技术流通领域，合作伙伴之间的沟通不紧密，联盟成员在风险分担机制中存在固有的缺陷，这反映在企业需要支付高校或科研机构的技术转让费用上，服务费和经济效益风险仍由企业承担。因此，要积极推动产学研协同创新项目向更高层次发展。

1.4.2 合作开发模式

合作开发模式是指企业与学研方之间共同提供人员、设备和资金进行技术创新研发的合作模式。随着科学技术的进步，企业由于自身的发展需求，对技术的需求也越来越高。与此同时，产业和科学研究的分工正变得越来越专业化，任何一方都很难依靠自己的资源独立完成。因此，许多投资项目必须进行共同开发，集中各自优势和资源，分担技术开发风险，克服技术难题。合作开发技术比较困难，因此该模式一般适用于大中型企业。合作开发模式是"市场驱动的"，通常基于项目。通过合作开发，可以有效缩短"市场需求—研发—投入生产—创造效益"的循环周期。企业、高校和科研机构可以在相互交流和学习中提高所有成员的研发和创新水平,提高技术研发的效率和质量。

合作开发模式是现阶段产学研协同创新项目最重要的合作模式,其优势在于所有成员共同投入研发,共同开展各项工作,分担研发风险,分享合作成果,解决企业自主承担风险的问题。整体而言,联盟作为一个整体有能力承担技术发展的风险,所有成员都依赖合同并与经济利益密切相关,充分发挥各方的优势互补,合作过程从技术流通领域扩展到生产、销售和管理领域,成员之间有高度的交流和学习,可以增强产学研三方的创新力量,提高各方的科技水平,保持长期稳定的合作和创新关系。合作开发模式的缺点是这是一种临时的合作关系,没有固定的组织实体;只依赖合同,当事人的成员可能具有"机会主义"倾向,特别是在合同内容不完善或者操作不规范的情况下,由个人理性驱动的成员可能会导致个人利益偏离联盟利益的方向;如果企业、高校和科研机构的文化、工作方式和管理体制存在差异,以及协同创新的整体组织管理不严格,技术、管理方法和利益分配将存在差异,不利于合作的进展。

1.4.3 共建实体模式

共建实体模式是指产学研三方建立新的组织实体,综合多方设备、技术、资金、信息和人才,共享资源,共同分配资源,统一规划和管理,使协同创新项目联盟的整体资源配置是最优化的。企业一般投资资本设备,学研方利用技术和人才参与股份。共建实体模式具有以下特定形式:建设高科技企业、研发机构和高科技工业园区。在这种合作模式下,伙伴关系具有长期稳定性,团队的所有成员在技术研发的各方面共同努力。在这个组织严密的组织实体中,有必要规定各方的责任和权力,各方团结和相互依存、优势互补,提高风险承担能力。该模式对参与者有较高的要求,适用于具有较强科研实力的大型企业、高校和科研机构。共建实体模式是发展阶段最先进、联系最紧密的联盟合作模式。其优势在于建立一个密切相关的实体组织,所有成员都参与工作流程,没有"命令"和"被命令"的关系。它反映了协同创新项目所涉各方的共同利益,并发挥了产学研的综合优势。通过更为紧密的合作,技术和资本相结合的协同创新项目将提高联合创新和研发的质量,有助于促进学研方与企业之间的信息交流,使高校、科研机构改变"埋头搞科研"的传统,真正"走出去",可以将科研活动应用到实际的生产和管理中。在国家的整体产业战略中,从教育和科研到实际生产力的转变有利于产业转型升级,从而提高了国家的整体创新能力。

由于联盟水平较高,共建实体对所有成员的条件和综合实力有较高的要求,这是共建实体模式的缺点。如果参与协同创新的各方不考虑合作事项、市场动态和管理方法，它们也将面临很多风险。产学研协同创新项目成员之间在组织管理和地理区域方面存在巨大差异，难以管理，导致实体组织的运营成本增加。

在产学研协同创新项目实践中，应用最多的是委托开发模式，占比超过50%，再者是合作开发模式，最少的是共建实体模式。首先，我国的科研力量总体较弱，特别是企业的研发和创新能力薄弱，技术创新资金匮乏，研发创新概念不足，而大部分高校和科研机构的学者都是"关门做研究"，并没有将科研活动与实际生产结合起来；其次，我国产学研的发展才刚刚开始，合作模式正处于从初级到高级的发展过程，产学研各方在机械设计和合同设计方面经验不足。

1.5 协同创新项目合作主体利益需求分析

协同创新项目合作主体包含政府、企业、高校、科研机构、金融部门、中介组织、科学家、企业家以及创业者共计九类。其中前六类是组织形式，后三类是个体形式。组织有组织的利益需求，个体有个体的利益需求，其各自的利益需求的形式、内容、结构以及特征既有共性又有差异。利益需求是推动协同创新项目不同主体参与其中同呼吸共命运的远景目标、内在联系、价值枢纽以及协同契约。

1.5.1 协同创新项目利益需求的概念

利益一般指对人或物具有良性、积极影响的事物权、财、物资源。利益是法学中的一个基本范畴。利益就是受客观规律制约的，为了满足生存和发展而产生的，人们对于一定对象的各种客观需求。

利益反映了一定阶段人们的生产能力和生产水平。利益是人们企图借助生产来满足的需要。凡是不用人们生产或劳动就能满足的需要，如空气、阳光等，都不是物质利益的内容，超越人们现实生产水平和生产能力的需要，也不构成利益的基本内容。利益反映着特定历史阶段人与人之间的社会关系。利益是人们需要的社会转化，它反映了人与人之间的关系，特定的社会关系是其实质。反过来说，为了实现自己的需要，人们结成了一定的社会关系，因此人与人之间的关系本质上是利益关系，社会关系也必须要体现为各种利益。正因为如此，人类社会中才有了政治利益、文化利益、个人利益、阶级利益、阶层利益、经济利益、群体利益、民族利益、国家利益等形形色色的利益。

协同创新项目的利益驱动主要包含五个层面：使命和远景、安全和荣誉、品质和功利、情感和尊重、欲望和生存。这一区分的理论来源于马斯洛的人的基本需求层次理论。该理论系统阐述了人的基本需求类型和结构组成，并对人的需求的层次模型和递推演进过程进行了初步的分析与阐述，这也成为社会组织需求层次理论的前提和基础。显然，该理论的基本框架和分析思路对协同创新项目的利益驱动具有很好的借鉴作用。

利益关系主要是指不同利益主体的利益之间的社会联系，它表现为纵横两个方向。纵向利益关系包括个人利益与群体利益的关系，不同层次群体利益之间的关系，个人利益、群体利益、社会利益之间的关系；横向利益关系包括个人与个人之间的利益关系、同一层次社会群体之间的利益关系等。

利益需求是指在一定的利益驱动、利益构成和利益关系下的不同利益相关者或者合作主体之间利益需求形式、利益需求数量以及利益需求结构。

因此，协同创新项目的利益涉及在项目阶段和周期中呈现的协同创新项目合作主体之间的利益驱动、利益关系以及利益需求。

前面系统阐述了协同创新项目的合作主体主要包含政府、企业、高校、科研机构、金融部门、中介组织、科学家、企业家以及创业者九种类型，这九种类型合作主体又可分为六个社会组织和三类社会个人两种类型。因此，要分析协同创新项目的利益驱动，显然要分别讨论社会组织利益需求和社会个人利益需求。社会组织的利益需求主要是社会责任、生态效益、经济效益和组织使命这四类。社会个人的利益需求主要是理想、责任、名誉、情感和钱财这五类。

1.5.2　协同创新项目利益需求的边界

边界是指对一个事物的内涵和外延进行描述、分析和理解的判断标准与区分要素。边界既是对同类事物之间共性的高度提炼和准确概括，又是对不同事物进行区分的重要标准和必要条件。

利益需求的边界主要是指利益需求的内涵要素、特征体系以及区分标准。利益需求的边界既指利益需求的内涵边界和外延边界，也指利益需求的内容边界和形式边界，更包含利益需求的定性边界和定量边界，还指利益需求的静态边界和动态边界。

协同创新项目利益需求的边界是指协同创新项目合作主体之间的利益需求的内涵要素、特征体系以及区分标准。协同创新项目合作主体间利益需求的内涵要素是指利益需求的核心本质、主流特征以及关键指标。协同创新项目合作主体间利益需求的特征体系是指内容特征、结构特征以及形式特征。协同创新项目合作主体间利益需求的区分标准是指共性标准、差异标准以及关联标准。

1.5.3 协同创新项目利益需求的表现形式

协同创新项目利益需求主要是指协同创新项目的主体之间的心理驱动前提、关联动态关系以及结构内容组成。协同创新项目的利益需求既指参与协同创新项目的各主体的个体利益需求，也指协同创新项目本身的整体利益需求；既指各合作主体的物质利益需求，也指各合作主体的精神利益需求；既指协同创新项目的政治利益需求，也指协同创新项目的经济利益需求；既指协同创新项目的社会利益需求，也指协同创新项目的生态利益需求。

（1）政府的利益需求。政府推动协同创新项目的利益需求是为公众利益的最大化、社会效益的最大化以及政府影响力的最大化。协同创新项目如果不能够推动公众利益的最大化，政府在推动项目的过程中会遭遇到很大的决策阻力和公众分歧，更多的时候公众利益为国家利益所取代；不管是中央政府还是地方政府都必须以国家利益至上，也就是说，政府推动协同创新项目的最重要的原则是国家利益至上原则，即公众利益的最大化。如果不能提升社会效益，协同创新项目的影响力和紧迫性就会大打折扣。社会效益主要包含经济效益、生态效益和影响效益三个层面。协同创新项目的社会效益最大化是指这三个层面整体效益的最大化，在不同的发展时期，可能社会效益会偏重于某一个层面，但是总体而言，三个层面整体效益的最大化才是推动协同创新项目中政府利益的第二个出发点和原则。还有一些协同创新项目不能实现公众利益和社会效益的最大化，但是却能够提升政府的影响力和公信力，这种项目也会是政府积极推动的项目，这是当代政府施政的政治驱动、政治资本与政治利益。

（2）企业的利益需求。企业的利益需求主要体现在市场需求、效益需求以及创新需求。首先，企业要发展就必须紧跟市场的需求，以市场需求和用户体验为导向，以满足市场的需求和用户的需求为发展的基本准则，才有可能获得生存的资本和发展的机遇。其次，企业的利益需求不仅以市场和用户为导向，还必须结合自身的管理组织、管理文化和管理技术提升管理效益，所以优秀的企业必定有优秀的管理效益。任何企业都不能放松对管理效益的追求，效益需求是企业组织创新和市场运营的价值内核。最后，企业的利益需求中存在更高阶段的创新需求，这种需求是由为使企业走得更远、走得更好以及走得更轻松的组织形式和文化内核决定的。创新需求看似虚无缥缈，实则无处不在。企业节约成本、凝聚人心、创造效益、获得核心竞争力的一系列改革和创新过程，就是不断追求创新需求、满足创新需求和实现创新需求的过程。企业通过经济效益的需求来实现对文化需求、精神需求以及市场需求的整合。

（3）高校的利益需求。高校的利益需求主要是主流意识、价值体系以及理论创新。高校拥有人才培养、价值观教育以及传递知识的远景规划和价值目标，正是这些远景规划和价值目标的实现使高校成为社会主流意识的倡导者、社会价值体系的塑造者以及科学理论创新的探索者。高校是青年群体和高层次文化群体的重要聚集场所，代表了未来社会发展的主流和趋势，代表了社会价值体系的高端目标和远景方向，高校更容易成为改革与创新的基地和源泉。对于协同创新项目来说，高校是协同创新项目的主流意识、价值体系以及理论创新的发源地和集成地。高校的利益需求既包含物质利益需求，也包含精神利益需求，物质利益需求只是基本的组织保障和经济基础，精神利益需求才是高校的远景内核和价值目标。高校通过提升精神利益需求、满足精神利益需求以及丰富精神利益需求来实现对物质利益需求的保障、消费和满足。

（4）科研机构的利益需求。科研机构的利益需求主要是针对所在行业和领域的技术创新、管理创新以及理论创新的探索、实践和应用。科研机构代表了这个行业最新的、最紧迫的、最优秀的科技需求、创新需求以及实践需求；科研机构总是通过对所在行业的科技需求、创新需求以及实践需求的探索和应用来实现本组织所在的行业利益需求、组织利益需求以及个体利益需求。科研机构的行业利益需求主要是指所在行业的价值利益、组织利益以及科技利益的需求。科研机构的组织利益需求主要是指组织的经济效益、社会效益以及规模效益的需求。科研机构的个体利益需求主要是每一个个体科研工作者的物质需求和精神需求的总和。科研机构的个体利益需求的实现与行业利益需求和组织利益需求的实现互为前提：个体利益需求的实现会推动与促进组织利益需求和行业利益需求的实现和满足，同时，组织利益需求和行业利益需求的实现会进一步推动与提升个体利益需求的满足和实现，这三个利益需求相互转换、互为因果和相互促进。

1.5.4　协同创新项目利益需求的重要特征

1. 价值性

协同创新项目利益需求的价值性主要体现在利益的价值性、需求的价值性、协同的价值性以及创新的价值性。利益需求的价值性主要是指协同创新项目的合作主体都有各自的价值追求，这些利益需求是可以用价值量衡量的。政府的政治利益、企业的经济效益、高校的知识价值、科研机构的科技价值、金融部门的货币价值、中介组织的平台价值、科学家的智力资本、企业家的战略追求以及创业者的实干精神，这些组织机构和个人群体的利益需求与价值目标都可以通过参与协同创新的合作模式和责任分工来展现。正是协同创新项目各主体的利益需求的价值性导致不同的参与部门和个人群体可以在同一个项目的环境与氛围中达成价值目标和需求目标的一致性、工作组成的协同性以及利益需求的可交换性和共通性。利益需求的价值性还体现在协同创新项目协同的价值性上。合作主体基于项目的协同、基于分工的协同、基于利益的协同以及基于使命和责任的协同都可以为协同创新项目带来利益驱动、价值创新和效益提升，而这些价值标准和协同模式正是利益需求的内在效应与外在关系的体现。利益需求的价值性还体现在协同创新项目创新的价值性上。合作主体基于项目组织创新、基于项目技术创新、基于项目管理创新以及基于项目产品创新都可以为协同创新项目带来利益驱动、价值创新和效益提升，而这些价值标准和创新模式也正是利益需求的内在效应与外在关系的体现。

2. 复杂性

协同创新项目利益需求的复杂性主要是指利益需求的内容复杂、利益需求的主体复杂、利益需求的结构复杂以及利益需求的关系复杂。协同创新项目的合作主体复杂，既有单位组织也有个人群体，既有政府组织也有企事业单位，既有金融部门也有中介组织，既有科学家也有企业家以及创业者。正是合作主体的多元性、专业性以及组织性使得协同创新项目合作主体的利益需求多元化、组织化以及复杂化。

协同创新项目利益需求的内容组成既有物质需求也有精神需求，既有自然需求也有社会需求，既有个体需求也有群体需求，既有生理需求也有心理需求，既有短期需求也有长期需求。任何一个协同创新项目合作主体的利益需求总是上述这些需求内容的组合体、复合体和综合体，也导致协同创新项目的利益需求呈现利益需求内容的复杂性、利益需求主体的复杂性、利益需求结构的复杂性以及利益需求关系的复杂性。

利益需求结构的复杂性主要是指协同创新项目的利益需求结构呈现五位一体的结构模式，基本面是物质需求和精神需求，主体面是生理需求和心理需求，组织面是个体需求和群体需求，时间面是短期需求和长期需求，范畴面是自然需求和社会需求。任何一个合作主体的利益需求内容总是可以分成这五个需求结构维度的每一个参照点，五个参照点的维度之和就是该合作主体的利益需求结构和内容表现形态。五位一体的利益需求维度和结构可以演化出千变万化的利益需求内容和利益需求关系，结构的复杂性是协同创新项目利益需求复杂性的内在表现形式和关系模式载体。

利益需求关系的复杂性体现在协同创新项目的利益需求的主体关系、结构关系、价值关系以及补偿关系的复杂性。利益需求的关系要体现主体之间分工的关系、主体之间协同的关系、主体之间使命的关系以及主体之间价值的关系，还要体现主体需求内容的结构关系，即体现精神需求与物质需求的结构关系、生理需求与心理需求的结构关系、个体需求与群体需求的结构关系、短期需求与长期需求的关系，甚至可以进一步拓展到社会需求与自然需求的结构关系。

3．动态性

协同创新项目利益需求的动态性主要是指利益需求的时间变化性、利益需求的关系变化性、利益需求的结构变化性以及利益需求的内容转化性。

利益需求的时间变化性是指协同创新项目的整体利益需求与个体利益需求随着时间的推演和项目周期的转换而发生结构性、内容性以及关系性的动态演变和均衡演变。

利益需求的关系变化性是指协同创新项目的整体利益需求与个体利益需求的关联性、互动性和均衡性随着项目的周期发生变化，协同创新项目各合作主体的利益需求之间的结构关系、内容关系以及互动关系也随着项目的生命周期而发生变化，协同创新项目利益需求的量变和质变的关系也在不断地演化并达成新的动态均衡。

利益需求的结构变化性主要是指协同创新项目的整体利益需求的结构模型与各主体利益需求的结构形式存在关联变化性和动态均衡性，利益需求的自然属性与社会属性存在结构相关性和动态演化性，利益需求的物质属性与精神属性存在结构相关性和动态演化性，利益需求的生理属性与心理属性存在结构相关性和动态演化性。

利益需求的内容转化性是指协同创新项目利益需求的目标内容、过程内容、价值体系以及表现形式存在量变的转化性和质变的动态均衡性。

4．阶段性

协同创新项目利益需求的阶段性主要是指项目整体利益需求与个体利益需求的关联关系呈现阶段动态性和阶段均衡性，项目整体利益需求与个体利益需求的结构关系呈现阶段动态性和阶段均衡性，项目整体利益需求与个体利益需求的价值关系呈现阶段动态性和阶段均衡性，项目利益需求的量变关系与质变关系呈现阶段动态性和阶段均衡性，项目利益需求中的主体关系与客体关系呈现阶段动态性和阶段均衡性，项目利益需求中的物质需求与精神需求呈现阶段动态性和阶段均衡性，项目利益需求中的自然需求与社会需求呈现阶段动态性和阶段均衡性。

1.6 基于调查的协同创新项目利益分配现状分析

1.6.1 案例项目的统计分析

为了了解协同创新项目的利益分配现状,我们设计了初步的问卷。为了进一步确认问卷中的内容选项,我们采访了十位项目的技术负责人并咨询了他们的意见,初步的问卷揭示的若干含糊不清的情况得到纠正。

1. 调查项目的基本情况

1) 问卷的填写人情况

我们共发放了 380 份问卷来调查我国的协同创新项目,地区分布在深圳、上海、北京、长沙、贵州等地,这些数据是在 2018 年 2～9 月收集的。在参与者完成并返回的问卷中,剔除一些大量缺失数据的问卷,最后统计分析 256 份问卷,问卷回复率为 67.4%。

由表 1-1 可知参与问卷调查的相关人员在项目中的角色情况,其中项目技术负责人占比 7.4%,项目负责人占比 10.2%,项目骨干占比 16.8%,项目辅助人员占比 57.0%,了解该项目的人员占比 8.6%。因此,项目辅助人员最多,项目骨干与项目负责人次之。

表 1-1 问卷的填写人员情况表

角色	频率/个	有效百分比	累积百分比
项目技术负责人	19	7.4%	7.4%
项目负责人	26	10.2%	17.6%
项目骨干	43	16.8%	34.4%
项目辅助人员	146	57.0%	91.4%
了解该项目的人员	22	8.6%	100.0%
合计	256	100.0%	

注:根据 SPSS 统计结果得出

2) 参与协同创新项目的核心企业的特征性质

在参与协同创新项目的企业性质上,有限责任公司占比最高,比例为 69.2%,其次是股份有限公司和国有企业,分别为 11.6% 和 9.6%,私营企业占比 5.5%,联营企业占比 3.0%,股份合作制企业占比 1.1%。如果按企业人员划分规模,调查的项目中，100 人及以下规模的企业占比 25.5%，101～300 人规模的企业占比 39.8%，301～1000 人规模的企业占比 24.2%，1000 人以上规模的企业占比 10.5%。

3）企业所属行业的具体情况

信息产业、汽车零配件与机电产品制造业、机械制造业和其他行业占比比较高，分别为 25.7%、19%、17.6% 和 21.9%，光电子产业、生物制药业、能源动力业和农业及相关行业调查量接近，占比分别为 3.7%、3.9%、3.9% 和 4.3%。由此可见，协同创新项目在各行业均有一定的采集量。

4）调查的项目所属的创新阶段情况

处于研发阶段的项目占比 19.1%，处于小试阶段的项目占比 20.3%，处于中试阶段的项目占比 28.9%，处于产业化阶段的项目占比 22.7%，还有 9.0% 的项目处于各种阶段组合的情况。

2. 调查项目的利益分配现状

1）开展协同创新项目的动机

企业开展协同创新项目的动机大概可以分为 7 类。其中，动机出于市场竞争与对手的压力、新技术和工艺、产业升级与企业转型需要，新技术或新工艺、项目可以匹配企业发展战略的比较看重或者特别看重的比例分别高达 84.7%、85.5%、82.0%，均达到 80% 以上；动机出于受政府政策的引导、通过合作申请可以获得政府的资金、提高企业社会声誉的比较看重或特别看重的比例分别为 67.1%、65.1%、74.5%；动机出于企业主要领导的个人情怀的比较看重或者特别看重的比例仅为 53.3%。由此可见，企业开展协同创新项目的动机中对是否出于企业主要领导的个人情怀并不很看重。

学校（或科研机构）开展协同创新项目的动机如下：动机比较强烈的（60%以上）有受政府产业发展政策的引导、通过合作申报可以获得政府的资金、得到新技术或知识产权的部分产权、获得合作企业的资金支持、利用合作企业的资金做实验以发表论文、利用合作企业的资金研发新技术、利用合作企业发展人脉；动机极为强烈的（70%以上）有完成单位的工作量任务、利用合作企业的资金将某技术的初步想法完善形成成熟的技术、学术成果转化（推广自己的技术）、利用合作企业的资源；动机出于提高社会声誉的比较看重或者特别看重的比例仅为 54.9%。学校（或科研机构）对是否提高社会声誉并不很看重。

2）协同创新项目组织模式

协同创新项目组织模式大致可以分为技术转让模式、委托研发模式、联合研发模式、共建合作平台模式、校企战略联盟模式、合作培养人才模式、企业出资建设并运营学研方技术产业化项目模式等七大类。所调查的项目中采用这七大类的组织模式的数量占比分别是 4%、4%、67%、6%、12%、3%、4%。由此可见，组织模式为联合研发模式的占比最高，而组织模式为合作培养人才模式的占比最低。

3）协同创新项目团队组织结构

协同创新项目团队组织结构大致可以分为人责对应型、专业分工型、集体负责型、经理负责型、企业为主负责型等五种，其中人责对应型、专业分工型、集体负责型、经理负责型、企业为主负责型等占比分别为 26%、33%、12%、19%、10%。由此可见，项目团队组织结构中人责对应型、专业分工型占比较高，企业为主负责型占比最低。

4）协同创新项目中的冲突

协同创新项目中的冲突包括：创新方向不同造成战略分歧严重；决策权冲突；利益分配冲突；项目启动前知识产权归属、比例冲突；合作主体之间管理权限冲突；项目完成后个人利益受损冲突；企业部门权限冲突；合作主体之间管理流程冲突；现有或预期利益受损冲突；各主体利益分配冲突；项目完成后知识产权归属、比例冲突；项目启动前企业未按计划支付费用冲突；个人价值观冲突；企业部门利益受损冲突；项目实施中个人利益受损冲突；项目实施中企业未按计划支付费用冲突；项目完成后企业未按计划支付费用冲突；合作主体之间管理文化冲突等。

其中，创新方向不同导致的战略分歧严重是利益冲突的最主要因素，其次分别是决策权冲突和利益分配冲突，合作主体之间管理文化冲突是利益冲突的最不重要因素。

5）协同创新项目的成功程度

由表 1-2 可知，在协同创新项目的成功程度中，项目质量的成功度得分最高，说明对项目质量的满意度最高，其次分别是项目结果的成功度、企业的总体满意度，项目成本的成功度得分最低。

表 1-2　描述性统计表

分项	N	最小值	最大值	平均数	标准偏差
项目质量的成功度	250	1.00	5.00	3.912 0	1.101 41
项目结果的成功度	251	1.00	5.00	3.844 6	1.071 34
企业的总体满意度	250	1.00	5.00	3.832 0	1.113 88
项目进度的成功度	251	1.00	5.00	3.820 7	1.129 48
合作主体的总体满意度	250	1.00	5.00	3.816 0	1.063 33
项目过程的成功度	251	1.00	5.00	3.757 0	1.077 36
项目任务书考核目标的完成程度	247	1.00	5.00	3.749 0	1.063 89
项目成本的成功度	249	1.00	5.00	3.730 9	1.005 97

6）协同创新项目的投入

牵头方通常会倾向于在人力（89%）、时间（87%）、资金（87%）、信息（87%）、场地（91%）、技术（85%）、知识产权（83%）和其他生产资源（91%）上投入较多；而合作主体则会在人力（85%）、时间（85%）、信息（89%）、技术（62%）上进行较多投入。综上，协同创新项目合作各方均倾向在人力、时间、信息和技术四个方面加大投入。

7）协同创新项目的产出

68%的项目成果有发明专利，43%的项目成果有实用新型专利，12%的项目成果有外观设计专利，40%的项目成果有著作，9%的项目成果有新品种，29%的项目成果有论文。企业新增营业额在100万元（含100万元）以上的占比31%，新增税额在10万元（含10万元）以上的占比25%。73%的合作主体认为项目结果匹配企业的战略；70%的合作主体认为项目进度满足原计划的要求；47%的合作主体认为项目成果可二次开发（改进或开发）；80%的合作主体认为项目成果会得到新产品的样品；76%的合作主体认为项目成果会得到原创技术（0-1型技术）；53%的合作主体认为项目成果会得到 $1\text{-}N$ 型技术；42%的合作主体认为项目成果会得到 $N\text{-}N+1$ 型技术。

80%的合作主体申请了专利，得到了专利的所有权；65%的合作主体得到了政府支持的资金；60%的合作主体牵头企业得到了社会声誉；55%的合作主体看重合作发表了研究论文，得到了政府奖项；66%的合作主体看重得到了关键的技术人才；56%的合作主体看重知识得到了流动、传播。

8）协同创新项目的利益分配

大部分学研方（55%）选择分期付清报酬的方式，还有一部分学研方选择一次性付清所有报酬的方式。大部分牵头单位与合作主体（77%以上）都对分配方案满意。由此可见，大部分产学研合作各方对协同创新项目利益分配方案还是较为满意的。

9）协同创新项目的风险

各方认为协同创新项目各类风险发生的可能性偏低，其中认为市场风险、技术风险与执行风险发生的概率相对高一些，分别约为6%、11%和8%。由此可见，各方对协同创新项目发展持乐观态度。合作各方认为，如果发生各类风险，其对协同创新项目造成的损失还是比较大的。

学研方认为其面临的较高的风险有企业不按约定付款、企业战略变化和市场发生变化。企业认为其面临的较高的风险有学研方将技术卖给多家企业、技术风险、项目不能按时完成。

其中，项目不能按时完成、企业不按约定付款、执行风险对项目进度造成的损失程度较大；技术风险、企业战略变化和市场发生变化对技术质量造成的损失程度较大；技术风险、学研方将技术卖给多家企业、执行风险对项目成本造成的损失程度较大。

1.6.2 协同创新项目利益分配中遇到的主要问题

1. 微观问题

1) 缺乏良好的利益分配机制来规范协同创新行为

目前协同创新项目合作主体包括政府、企业、高校、科研机构和相关中介组织等。这些机构的利益不同，高校和科研机构希望从协同创新过程中获得更多的科学研究成果，包括一些专利、期刊和著作，它们并不特别关心所获得的科学研究成果是否能够有效地转化为生产力。这些学者更加关注自我价值的实现，更重视声誉，而不是利益。加上目前的职称评估体系，他们并不关心所获得的科学研究成果是否具有经济价值。这客观上刺激了一些学者只重视科学研究出版量，导致我国科技成果总体转化率低、科研成果不能转化为经济效益的恶性循环。

2) 缺乏科学合理的评估体系

企业在协同创新中更关注投入产出比，希望所开发的产品能够取得更高的成功率并能迅速占领市场。高校和科研机构将投入产出比、课题数、研究经费和专利数视为自己的评估标准。政府更重视项目可为社会带来的社会、经济和环境效益。

3) 忽视了项目失败的重要因素——按量付经费

项目启动前，企业未按计划预先付部分经费；项目实施期间，企业未按计划进度按时按量付部分经费；项目结束后，企业未按计划按时按量付余下的经费。这些很有可能导致高校和科研机构的严重不满，使得项目进度延误，冲突增加，质量下降，甚至失败。由此可见，企业未按计划按时按量付经费最有可能导致项目合作存在障碍甚至失败。

4) 企业、高校以及科研机构的组织观念、文化差异严重影响了协同创新

企业、高校和科研机构的协同创新项目来自不同领域，这将使它们在文化、价值观、制度和组织上存在差异。由企业、高校以及科研机构组成的协同创新项目的组织机构、战略规划、项目流程、文化、市场等非技术因素与技术因素无法实现全面协同，造成协同创新项目管理障碍很多。这种差异将使合作主体之间出现辩证的关系——排斥与互补、竞争与合作，将增加协同创新的难度。由企业、高校以及科研机构组成的协同创新项目的经营战略与技术创新的目标战略没有进行协同。由企业、高校以及科研机构组成的协同创新项目缺乏很好的制度去完善、保障协同创新的进行。合作主体更多的是从自身的角度来思考，这基于自身利益，

忽视了协同合作另一方的感受，使得各方思想不统一，最终导致协同创新项目流产或未达到预期的效果。

2. 中观问题

1）产学研协同创新项目融资渠道不畅通

目前，除东部沿海地区和发达地区外，其他地区的产学研协同创新项目融资渠道不畅、缺乏发展资金是企业孵化园区的瓶颈，也是产学研协同创新过程中遇到的另一个问题。高校和高新技术企业在研发中科研经费使用不足，缺乏技术研究和试验基地。特别是对一些中小企业，缺乏高科技人才，缺乏政府支持和基础技术投入。项目资金主要来自企业的自筹资金，产学研可用资金较少，问题更为突出。虽然高新技术企业可以在民间获得足够的融资资金，但高投资风险的压力使企业长期面临融资支持、中介服务等短板因素，制约了企业技术研发的发展。因此，扩大资金来源和合理分配资金用于产学研协同创新项目是需要解决的问题。目前我国出台了相关的政策来解决这些问题，但理论研究的文献相对欠缺。

2）缺乏中介服务建设

中介组织是指在科技成果供需双方科技成果转化中发挥桥梁作用的机构和组织。近年来，随着我国产学研协同创新的快速发展，各级中介组织也纷纷发展。但总的来说，我国的大多数中介组织在科技产权交易、专利服务、咨询服务、技术转让、生产力转换等方面都存在功能单一、业务不精细、信息不畅通、服务不到位等问题。这些问题将导致产学研协同创新的进程中断，延误了许多科技成果的合作、转化、投入和应用，影响产学研协同创新的有效性。因此，协同创新项目中介组织的服务和质量需要升级与建设。目前我国出台的相关的政策较少，理论研究的文献相对欠缺。

3）科研组织管理不协同

目前，中央政府和地方政府缺乏有效协调的管理组织与系统，因此，产学研协同创新项目中的一些合作主体侧重方向不协同。例如，一些高校和科研机构更加关注理论问题的研究与理论技术创新的获得，合作中的"价值"评价体系一直停留在对研究项目、专利、论文、奖励等科研成果的获取上，忽视和影响了科研成果的实际应用价值。高新技术企业更加注重如何将科研创新转化为生产力，将科研成果转化为实际生产，为企业创造利润。这导致在实际合作中，企业往往特别重视技术的尽早使用，不愿花更多的时间和费用培养一批高技术人才、转变一些技术研究成果和二次创新，使许多转让的科技成果无法有效发挥作用。因此，在产学研协同创新管理中，迫切需要建立一个管理组织和系统来协调产学研协同创新的信息沟通，使协同创新能够更好地适应企业和市场的需求。

4）政府管理的作用还不够

虽然协同创新项目的发展引起了各方的关注，但政府领导、指导和管理的作用尚未得到充分体现，需要进一步加强。首先，中央和省级财政投入用于产学研协同创新项目的科技资金力度比较大，但这些资金对生产、教育和科研主体的激励与创新活力尚未得到很好的发挥。其次，各级政府对高校、科研机构和高科技企业的产学研协同创新项目的鼓励不够，缺乏有效的政策指导，缺乏跨行业和跨领域的整合与创新，缺乏市场和工业需求项目的创新设计。最后，政府在产学研协同创新实体之间缺乏有效联系，导致研发、试点、转换、推广和应用等环节不能顺利进行，科技成果的转化水平较低。

3. 宏观问题

1）协同创新成果转化率不高

从专利成果转化率来看，中国的专利成果转化率远低于世界发达国家。美国拥有世界上最多的专利，专利成果转化率超过45%。中国虽然是世界上专利申请量最多的国家之一，但专利成果转化率却很低。中国绝大多数专利尚未成功进入市场并取得生产，其价值尚未得到充分利用。据统计，中国每年有3万多项科研成果，但其中只有不到7500项可以实现成果转化，只有1500多项能真正实现工业化，转化率仅为5%，科技对经济的贡献率不到40%，而发达国家的比例则在60%以上。虽然近些年协同创新的专利成果数有了大幅提高，但是转化率还有较大的提升空间。

2）国家科技研发投入不足

国家科技研发投入总量不足，尤其是基础理论研究和应用基础研究领域经费严重不足，国家重大科技计划投入分散，联合创新机制没有形成。

3）科技协同创新治理机制不完善

一是我国科技协同创新治理涉及国家发改委等多个部门，科技协同创新治理可谓"九龙治水"，分工不明、职责交叉，有些行业领域政出多门。二是相关法律法规建设滞后，政府督导、激励与评价机制不健全、不配套，与科技创新发展的要求不适应。创新相关的人、财、物等制度由人力资源和社会保障部、财政部、中央机构编制委员会办公室等机构制定，而创新体系与创新能力则分别由科技部、教育部、国家发改委、工业和信息化部、国务院国有资产监督管理委员会等机构建设，创新资源难以有效配置，部门之间协同性差，甚至相互扯皮，致使科技创新效率不高。三是金融服务科技创新的机制构建不成熟，金融服务力度不够。

4）相关政策支持不够

现行科技创新企业的财税政策、科研费用的加计扣除政策以及科技金融服务政策对科技创新支持力度不够。现行增值税抵扣政策难以落地，企业的税负严重偏高，大大降低了企业营利能力，企业缺乏足够的研发资金。

5）科研经费管理待完善

科研经费的审计、监督和管理与科技创新规律严重不符，成为我国科技协同创新的重要障碍，严重干扰科研人员的积极性与创新效果，科研人员的很多精力经常用于应付审计、监督环节。目前国家出台了这方面的相关政策，但理论研究的文献相对较少。

6）知识产权保护力度不够

产品和技术被侵权的现象普遍存在，全社会尊重、运用和保护知识产权的意识有待进一步提升。目前这方面理论研究的文献不少，国家也出台了不少相关政策，但缺乏有效的执行。

7）科技协同创新人才管理机制滞后

一是引进与选拔尖端人才的制度竞争力不强，目前核心问题依然是真正的尖端人才缺乏；二是科研人员跨部门跨区域流动十分困难，不能够给科研人员创造一个宽松、无障碍的工作环境，创新潜力与积极性不能得到充分发挥；三是高校、科研机构科研人员的科技创新激励机制与评价体系不尽完善，科研人员把更多的精力和时间放在发表文章上，缺乏动力进行协同创新。

我国各级地方政府长期以来倾向于产业发展规模的扩张，重产值轻研发，忽略核心技术，由此导致我国自主创新能力不强，关键领域核心技术受制于人，"缺芯少核"局面难以改观，这已成为我国传统产业转型升级、新兴产业培育发展的短板和软肋。目前我国科技创新体系建设尚不完善，企业的创新主体地位远没有形成，距离2030年跻身创新型国家前列和2050年建成世界科技创新强国、成为世界主要科学中心和创新高地的目标存在较大差距。

第 2 章 协同创新项目利益分配机制研究

2.1 协同创新项目主要利益分配方式

2.1.1 固定薪酬支付

固定薪酬支付是指企业根据学研方承担的具体任务和风险向学研方支付的金额。固定金额与联盟的总收入无关,学研方一次性获得研发资金,企业承担一切风险,并获得所有剩余的利益。在固定薪酬支付下,可以进行一次性支付,也可以在合作过程的不同阶段以不同比例进行支付。这种利益分配方式接近市场交易的形式。固定薪酬支付在福利分配上比较简单,但存在许多不完善的问题:学研方一次性收取固定报酬,交易完成,合作关系终止,企业下一个产品的开发和营销与学研方无关。这不利于企业掌握和改进技术,特别是当外部市场技术和需求发生变化时,不可能进一步鼓励或制约产品的研发。此外,这种利益分配方式未能反映"风险分担和利益共享"的原则。

固定薪酬支付对企业的风险承担能力是一个测试。如果研发成果相对成功,企业将获得很多利益,学研方的收入占比很小。如果技术项目不成功,企业将承担合作失败的全部损失,学研方可以保证部分收入。此外,各方难以就固定薪酬支付金额达成一致,这主要是因为研发产品的价值取决于外部市场条件,未来的经济利益高度不确定。在签订合同时,各方难以准确估计未来产生的利益。特别是当学研方在合作初期需要一次性集中支付时,企业尚未获得经济利益,这无疑加大了企业的现金压力。

2.1.2 提成支付

提成支付是指合作主体成员协商一定的分配比例系数，并从协同创新项目的总收入中获取各自的份额。提成支付弥补了固定薪酬支付的不足。首先，研发产品的价值取决于投放市场后的经济效益，各方成员的利益密切相关；其次，在合作过程中，有利于各方根据外部市场条件不断改进和升级产品技术，直至产品满足市场需求，以获得最大利益；最后，企业根据利益向学研方支付奖励，避免一次性支付带来的现金压力。

根据提成标准，可以对提成支付进行划分：按照利润提成和按照销售额提成。从理论上讲，利润是反映经济效益的最佳指标，但在实际运作中则更为复杂，它需要有关销售市场的综合信息，这主要是因为企业投资项目的利润缺乏一致的会计准则。企业比学研方具有更大的信息优势，并采用较少的"承诺和利润相关"的方法。销售额是所有成员都能准确理解的指标，操作性更强。此外，销售额可以反映研发产品在市场中的竞争力，反映研发产品的产品成熟度和技术创新水平。

因此，"提成与销售挂钩"是一种常见的方法，90%的技术合作是采用这种利益分配方式的。按产品销售额的一定比例对企业和学研方的收入进行分配，这种分配方式可以鼓励或约束产学研各方对产品进行改造和升级，使各方均能够参与并共同发展，实现风险和利益共享。

2.1.3 混合支付

混合支付是指企业首先向学研方支付一定的报酬，作为补贴学研方的研发费用的"入门费"。产品投放市场后获得经济利益，相应的提成费按照佣金支付方式支付。混合支付是前两种支付方式的组合，合作开始时支付的"入门费"是对研发费用的补贴，有利于学研方及时收回部分资金用于研发。此外，混合支付避免了固定薪酬支付下一次性集中支付给企业带来的现金压力，企业与学研方的利益紧密相连。因此，混合支付是产学研之间合作的相对稳定的利益分配方式。

2.1.4 按股分利

按股分利是指各方根据投资比例分配利益的方式。企业投资资本设备等有形资产，学研方投资知识产权和技术专利等无形资产，所有成员都参与了一定比例的投资。所有成员的利益与联盟的整体运营效率和经济效益密切相关，共同分享利益并分担损失。根据股权分配原则,以"风险共担、利益共享"作为合作的原则。但是,按股分利在实践中操作困难,企业的主要投资是易于评估的有形资产,学研方的投资则是不具有评估标准的无形资产。采用这种利益分配方式时,应选择合理的资产评估方法,对学研方的无形资产进行科学评估。

产学研协同创新的常见利益分配方式见表 2-1。

表 2-1 产学研协同创新的常见利益分配方式

利益分配方式	具体内容
固定薪酬支付	一次性付清
	不同阶段分期支付
提成支付	按照利润提成
	按照销售额提成
混合支付	"入门费"+按照利润提成
	"入门费"+按照销售额提成
按股分利	学研方以技术入股

2.2 协同创新项目利益分配特点及相关因素分析

2.2.1 概述

近年来,国内外对利益分配的研究主要集中在各种传统利益分配模型的应用创新上,其研究内容主要包括方法论研究、模型构建研究、实证分析研究等。方法论研究主要涉及利益分配的原则、影响因素、执行措施等;模型构建研究主要是结合协同创新项目的特点,对传统利益分配模型加以应用;实证分析研究主要是对某一具体行业或者地域的协同创新项目中的利益分配问题通过特定的方法或者模型进行分析,在此基础上提出相关结论或改进意见,为协同创新项目后续发展提供理论支撑。

国外学者沙普利(Shapley)于 1953 年提出了 Shapley 值法,其目的是解决多人合作中的利益分配问题。Xu(2013)在考虑投资、信息泄露、合作风险以及第四方物流供应链联盟特点的基础上,进一步修正了 Shapley 值法。Meade 等(1997)认为产学研联盟能够有效运行并且能够保证各方成员达成"共赢"的基本条件是建立一个公平合理的利益分配机制。Sakawa 等(2001)以对策论的方法为基础,运用规划模型求解出让各方成员都满意的利益分配方案。Etzkowitz(2012)基于三螺旋理论，重点阐述了产学研协同创新的协同方式，并对产学研协同创新组织的共同利益进行了详细的分析。Flam 和 Jourani（2003）基于成本的视角，对如何将产学研协同创新成本降到最低进行了具体的分析，并给出了对于不同合作主体来说最优的博弈策略选择。Cao 等（2011）分析了产学研协同创新项目中主要利益冲突，并且构建了一个关于工业的动态博弈模型，通过均衡分析给出利益分配的一些启示。Lv 和 Zhao（2013）首先指出软件外包协同项目中利益分配是否合理将直接影响联盟的稳定性，然后用层次分析法分析其影响因素并对原模型进行调整，为软件外包协同项目中的利益分配问题提供理论支持。

国内罗利和鲁若愚（2001）以一种全新的视角审视产学研合作，将其看作两者之间的对弈，以此作为基础，尝试构建协同创新的对策模型，并就模型中的相关定义和公式进行了分析，为协同创新中利益分配问题的研究提供了一种十分可靠的思路。孙东川和叶飞（2001）尝试运用纳什（Nash）谈判模型来解决利益分配的问题，指出利益分配的过程就是一个群体决策协商的过程，并在该过程中努力提高所有合作主体的满意度。陈菊红等（2002）对一般的利益分配方式进行了分析，认为可以概括为三种模式，并在此基础上构建了利益分配的模型。董彪和王玉冬（2006）对协同创新项目利益分配的各种方法进行了整理，并在此基础上对相关方法进行了比较分析。刘云龙和李世佼（2012）对合作主体间的利益分配系数进行了探讨，并就其中的主要影响因素进行了深入详细的分析和讨论。高宏伟（2011）对产品的创新问题进行了大量的研究，将协同创新过程划分成独立的几个阶段，并在此基础上运用博弈论的知识构建了利益分配模型。梁喜和马春梅（2015）将不同的产学研联盟进行了比较分析，并就技术创新对各利益相关者间利益分配的作用效果进行了研究。李林等（2017a）提出针对协同创新项目利益分配的不同阶段，并设计了多阶段的利益分配方案。

综上所述，学者针对利益分配的问题提出了很多解决思路，也通过构建模型对其加以求解，并且普遍认为利益分配可以加强各参与者之间的协同效应，只有达到利益分配均衡才能保证项目的顺利完成。现有的关于利益分配的研究多集中在模型构建研究、实证分析研究以及对利益分配方式探索的研究等方面。虽然对利益分配的研究已经考虑了很多方面，尤其在模型构建方面已经得出诸多优秀的结论，但是在对利益进行分配时，"利益"这一概念显得十分模糊，大多数都笼统地指代一般意义上的利益，或者干脆粗略地指代有形利益，忽略无形利益的影响。这种处理实际上是十分不严谨的，很大程度上会破坏利益分配均衡，以至于达不到预期的效果。

在进行利益分配时，首先应该对利益进行分类，因为协同创新项目中涉及的利益不仅有有形利益，而且有一些十分重要的无形利益。构建利益分配模型时，需要考虑这两种利益的综合作用效果，只有这样才能够真正实现最优利益分配。本章正是从这个角度出发，尝试从协同创新项目涉及的利益种类入手，为最优利益分配的实现提供一种新思路。

2.2.2 利益分配的主要特点

协同创新项目利益分配是指在协同创新取得一定成果后，如何对其技术价值、品牌价值、投入以及风险等进行评估，并结合市场化成果，将总体收益在所有参与者之间进行分配，也就是根据各合作主体在前期的投入度、合作收益以及各方的需求进行合作收益的分配。这种利益分配的结果对项目的成功率起到直接的决定性作用，并对合作的稳定性和各合作主体后续的投入有十分重要的影响。宏观意义上，协同创新项目的收益分配即对协同创新项目整体收益在不同主体之间进行分配，为传统意义上的产学研收益分配；微观意义上，协同创新项目的收益分配是指在合作主体内部之间进行分配，这种分配对合作个体的正常运行起着至关重要的作用。这是因为在协同创新项目中，每个合作主体都由多个团队或部门组成，合理的收益分配对个体的稳定性起决定性作用。

利益分配是协同创新项目运行的一个关键部分，科学合理的利益分配方案是协同创新项目顺利运行的有效保证。秉持着从源头解决问题的原则，本节通过对比协同创新项目和一般项目在利益分配方面的区别，研究得出协同创新项目利益分配的特点，并且将其利益分配特点概括为协商性、动态性、复杂性以及滞后性四个方面，为利益分配研究提供扎实的理论依据。

1. 协同创新项目利益分配的协商性

协同创新项目是企业与高校、科研机构（最简单的情况）组建的共同组织，各主体间在地位上是平等的，它们之间没有上下级的关系。基于此，合作主体只能通过协商探讨的方式来确定最终的利益分配方案。各合作主体在协商探讨的过程中按照整体利益最大化的要求，结合各方面的考虑，提出对自己有利的分配方案，再从所有的方案中选择最适合该项目的方案，并对方案进行修正，解决存在的意见冲突和隐患，最终得出一个使得所有合作主体都比较满意的方案。

2. 协同创新项目利益分配的动态性

协同创新项目所面临的内外部环境具有很大的不确定性，随着项目的进行，很多隐性的问题会被逐渐放大。这就会导致在合作初期制定的合约和现状发生冲突，而这些冲突最容易在利益分配方面激化，阻碍项目的顺利开展。这就需要合作团队根据实际的情况，在不同的合作阶段，根据项目进度对利益分配方式进行不断修正，不断提高利益分配方式的合理性，保证项目的有效运行。

3. 协同创新项目利益分配的复杂性

协同创新项目涉及的合作主体比一般项目更复杂，在进行利益分配时要考虑的对象和因素十分庞杂。这导致协同创新项目利益分配具有复杂性的特质。在项目合作中，不同主体在资源投入、努力程度以及创新能力方面具有较大的区别，这些差异是在利益分配时需要考虑的关键点。另外，协同创新项目还会受到很多内外部因素的影响，在进行利益分配之前，需要对这些影响因素进行科学评估，而评估需要消耗大量的人力和物力，具有一定的难度。

合作主体投入的资源纷杂多样，其中既有有形资产也有无形资产。对于有形资产，一般都有比较明确的评价标准，很容易进行评估；但对于无形资产，评价标准相对比较复杂。不同的合作主体可能具有不同的评价标准，出发点可能也不一样：一方可能会从成本的角度进行考虑，另外一方则有可能从收益的角度进行分析。这就导致彼此在评价标准上具有很大的分歧，很难达成一致，致使协同创新项目利益分配愈加复杂。

4. 协同创新项目利益分配的滞后性

协同创新项目的建设周期相对较长，前期的投入大、风险高，而后期将其研发的产品投放市场以获得收益则需要经历很长的时间。因此，协同创新项目各合作主体在项目前期需要投入比较多的资金、资源，但同时需要共同承担很大的风险，利益的获得相对于一般的项目滞后。

2.2.3 利益分配涉及的投入与产出因素

在协同创新项目进行的过程中，利益是所有合作主体所追求的目标，但它们各自的利益诉求在形式上又不完全一样。在制定利益分配方案时，如果对某方面的影响因素考虑不周，很可能会引起各合作主体的不满，这样就很容易造成在整体利益面前每个人只考虑个人利益的局面，最终使得项目失败。协同创新项目是一个动态的多阶段过程，这个过程中的利益分配受到多种因素的影响。为保证利益分配的合理性以及项目的有序进行，项目成员必须要对这些影响因素进行准确的分析和判断，明确协同创新项目的利益分配的影响因素，并判断其对利益分配过程产生的影响。本节在整理分析大量相关研究的基础上，结合协同创新项目自身的特点，分别从投入角度和产出角度分析得出以下影响因素，如图2-1所示。

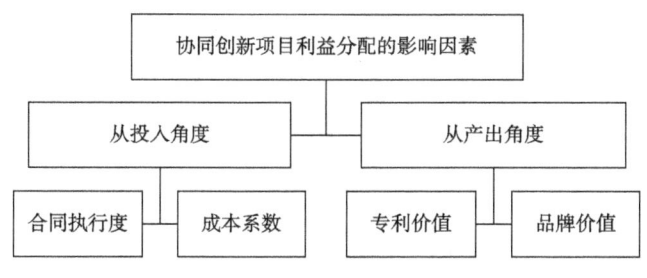

图 2-1　协同创新项目利益分配的影响因素

1. 成本系数

协同创新项目的成功离不开所有合作主体的共同努力，更离不开各种人力、物力资源的协同作用，只有各方面的因素共同发挥作用，才能够保证项目的顺利实施。为了获取和利用这些资源就不得不付出一定的成本，这些成本和成员付出的努力之间又存在紧密的联系，而且是一种正相关关系。

2. 合同执行度

合同执行度是指各合作主体为了达到预期的项目最大收益，按照合同约定在项目实施过程中采取积极行动的程度。协同创新项目以各方合作为基础，这就免不了进行一系列合同的签订。而在项目进行过程中很有可能会出现个别成员只考虑自身利益而忽略整体利益、偷懒、投机取巧从而违背合同内容的现象。这会严重影响协同创新项目的顺利开展。合同执行度可以衡量各合作主体在项目实施过程中所付出的努力程度。在利益分配方案中考虑这个因素，可以使这种消极合作的行为降至最低，从而使协同创新项目达到预期的目标。

3. 品牌价值

协同创新项目如果能够顺利完成，必然就会有技术成果的转化。在产品市场化的初期，主要收益来源于对产品的销售；一旦产品占有足够的市场份额，有了一定的市场地位，就要考虑从产品走向品牌的蜕变。当形成这种品牌价值时，尤其是该品牌成熟以后，所带来的是长期的、稳定的、更大的价值。因此，在利益分配时理应考虑品牌所产生的价值对不同合作主体的影响。

4. 专利价值

协同创新项目合作主体经过漫长的研究研发出一种新技术，可以对该技术申请专利，一旦申请成功，获得专利的该技术本身的价值将会得到大幅度的提升。因此，在利益分配时也应该考虑专利所产生的价值对不同合作主体的影响。

2.3 协同创新项目有形和无形利益分析

2.3.1 无形利益与有形利益概述

为了制定合理的利益分配方案，必须明确协同创新项目中涉及的利益类型以及各种利益之间的关系。协同创新项目主要包括有形利益和无形利益两种利益类型。无形利益一般指没有实物形态的可辨认的非货币性资产，通常包括专利权、品牌、著作权、土地使用权等。无形利益主要具有以下特征：①独立性。相对于有形利益来说，无形利益有其相对独立性，它可以独立发挥作用而不依赖于有形利益，这是一种权利的体现，也代表着获取经济效益的动力。②增值性。无形利益在不消耗本身价值的情况下具有超强的增效功能。③交易性。无形利益可以在市场上进行转让、拍卖等交易活动。

有形利益通常情况下都具有实物形态，如货币资金、固定资产等。无论是在工业时代还是在当下的知识经济时代，有形利益所发挥的作用都是巨大的。有形利益一般是指看得见、摸得着的利益，它具有特定的形态，因此有形利益具有实物性；有形利益可以独立地发挥作用，它可以不依赖其他任何形式的利益，因此有形利益也具有独立性；有形利益的价值可以进行交易，因此有形利益也具有交易性。

无形利益与有形利益之间存在紧密的联系，具体表现为以下两个方面。

（1）无形利益与有形利益之间可以相互转化。无形利益虽然具有一定的抽象概念，有时也不是很好理解，但当它和有形利益进行结合时，彼此就能够相互转化并带来十分庞大的经济效益。

（2）无形利益与有形利益之间可以相互促进。无形利益可以提升产品的销量，增加产品的市场份额，从而使得产品的知名度大幅提升；反过来，产品知名度的提升又能增加无形利益的价值。

2.3.2 无形利益与有形利益的区别

无形利益与有形利益在诸多方面都存在较大的区别，主要表现为以下几点。

（1）无形利益与有形利益的价值构成不同。在有形利益的价值构成中，其历史成本占据更多的成分，而无形利益的价值主要体现在其丰富的功能属性可以带来巨大的收益，因此，无形利益所能创造的不可预期的未来收益在其价值构成中扮演着重要的角色。

（2）无形利益相较于有形利益具有独占性。无形利益只属于权利人，在未经许可的情况下其他人不可使用，所以其使用权和所有权都具有独占性。通过加强生产可以大批量地制造出有形利益，而无形利益的产生是单一的，只与其权利人有关。在其独占性的影响下，无形利益的价格与价值相背离，导致很难对无形利益的价格进行评估。

（3）无形利益收益具有不确定性。有形利益有具体的体现，是看得见、摸得着的，它所产生的收益在很短的时间内即可显现。而对无形利益的投资则伴随一定的风险，是否会成功难以进行预测。无形利益可能在未来的某个时间点带来巨大收益，但难以考量社会需求、替代产品出现以及市场竞争等因素对其产生的影响，使得无形利益在取得经济收益上具有一定的不确定性。

（4）无形利益可以多重利用。有形利益一旦用于某一特定用途，就不能再用于其他方面。而无形利益则不同，专利、品牌、系统软件等可以复制并多重利用。

2.3.3 协同创新项目无形利益分配量化

一般情况下，无形利益的价值很难用货币进行量化体现，其使用价值体现在无形利益所产生的效果上。在协同创新项目中，整体价值与无形利益的价值之间存在紧密的联系，无形利益的价值只有在收益水平达到相对程度时才能够得到体现，如图2-2所示。

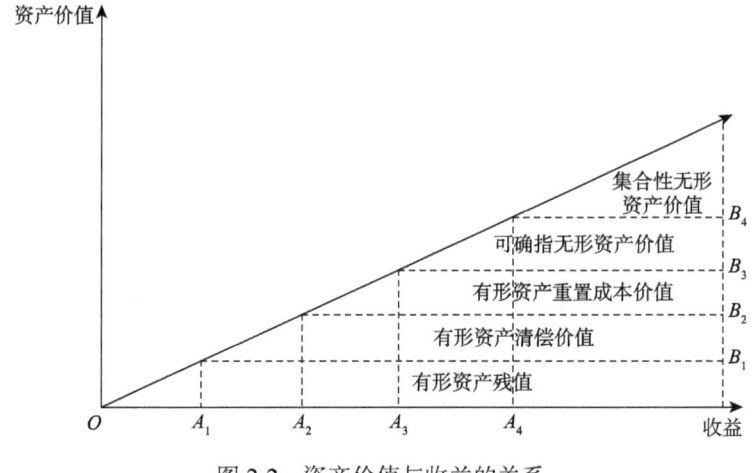

图 2-2　资产价值与收益的关系

从图2-2中可以看出，当收益达到 A_3 点时，有形利益的价值就已得到充分体现；只有收益超过 A_3 点时，无形利益的价值才能得到体现。如果收益超过 A_4 点，那么超过 A_4 点的收益就是由集合性无形利益创造的。有形利益价值的形成需要无形利益来作为杠杆，技术发明、技术工艺等诸多无形利益的投入使得有形利益的组合效能不断被放大。因此，无形利益对于提升产品知名度和提高市场占有率都起到了十分重要的作用。

2.4　协同创新项目有形和无形利益分配

在协同创新项目的整个过程中，必然也会出现一些在现实生活中难以量化的利益。由于项目构成具有复杂性，人们往往会忽略一些无形利益在其中扮演的角色，很多设计的利益分配机制中没有考虑合作主体对无形利益的需求，或者将所有利益放在一起、混为一谈。这样的模型、方法看似可行，但在实际操作中往往很难得到让所有合作主体满意的结果，无法实现利益分配均衡的效果。要想实现项目利益的最大化以及项目的长远发展，就得以崭新的眼光来看待无形利益，同时要加强对无形利益各方面的研究，尤其是对其量化处理的研究。知识产权的转化对于协同创新来说至关重要，转化过程中必然会使得无形利益自身的经济价值得以实现。这样一来，在所有合作主体都投入资源的情况下，形成一个良好的既包含有形利益又包含无形利益的分配机制，就可以保证协同创新项目的持续发展。

协同创新项目利益分配问题之所以长期存在，就是因为不同主体的利益需求十分繁杂，一时间又难以找到合适的量化评估方法，尤其缺乏对无形利益的量化研究，导致合作主体对合同的不满，提出更多额外的要求，最终导致项目的失败。因此，对协同创新项目中难以测度的利益进行量化处理可以起到简化过程的作用，并且有利于促进项目顺利开展，增强不同主体之间合作的稳定性，提高协同创新项目的成功率和成果转化率，从而保证协同创新项目利益最大化的目标得以实现。

因此，本节在对有形利益和无形利益进行充分分析的基础上，结合以往突出的研究成果，制定考虑有形利益和无形利益的分配方案，构建目标规划求解模型，尝试达到最优利益分配的效果。

关于协同创新项目利益分配的模型研究已有很多，但是大多数模型对利益的处理比较模糊，一般只笼统地指代有形利益。鉴于研究的科学性，本节利用目标规划求解模型，同时考虑有形利益和无形利益，从而得出利益分配系数，达到利益分配均衡的效果。

2.4.1 模型假设

学研方和企业进行合作是因为双方都可以满足彼此的需求。企业拥有丰厚的资本，而学研方拥有众多的创新人才，彼此进行协同创新可以使得研发的新技术实现产品化和商业化，从而实现经济效益和社会效益。在协同创新项目利益分配中，合作主体前期的投入和后期的收益都需要进行评估。以往的研究中在考虑收益时往往只考虑货币收益，忽略品牌、专利等无形利益，而这些都是利益分配中的关键因素，不容忽视。本节选用品牌和专利这两种无形利益作为代表，提供一种研究思路。为了研究方便且具有普适性，进行如下假设。

【假设 2-1】 高校和科研机构（学研方）用 E 表示；企业用 C 表示。

【假设 2-2】 项目所得的货币收益设为 v_g，通过适当的方法对品牌价值和专利价值进行评估，设其值为 v_b 和 v_p，学研方和企业的合同执行度（也称努力程度、努力水平，本书不做区分）分别为 h_1 和 h_2；学研方和企业的投入成本分别为 D_1 和 D_2。

【假设 2-3】 $\alpha_i(v_b, v_p, v_g)$ $(\alpha_i > 0, i = 1, 2)$ 分别表示学研方和企业的贡献系数。

【假设 2-4】 设努力成本 $= \frac{1}{2} \times ($成本系数$\times$努力程度$)^2$。随着相关人员的努力程度的增加，努力成本不断上升，且努力的边际成本递增。x_1 和 x_2 分别表示学研方和企业付出努力对应的成本系数。

【假设 2-5】 a 和 b 分别表示学研方和企业对于整体利益的分配系数。

【假设 2-6】 假设 2-2 中所有的变量的值在经过协商谈判后确定，最终收益函数是涉及品牌、专利、环境变量等的函数。

2.4.2 模型建立

学研方主要从事技术创新工作，他们希望能够做出一番成就，并且希望能够从这份成就中拥有足够的回报。于是学研方会把合作目标定位到企业，尝试与其进行谈判协商，共同研发出适合彼此的并且可行的新技术，探讨该技术运用到产品中的可能性，并试图共同合作去开发出一种全新的产品或对已有的产品进行改造升级，从而实现并提升技术价值。首先学研方会找到最适合的企业，并向其提供相关资料、商业计划书和投资申请，但由于信息不对称，企业会对这些信息进行进一步的鉴别，通过更多的渠道对学研方进行更多更全面的了解。与此同时，学研方也会对企业进行全方位的了解，以判断企业的综合实力。在满足彼此的基本条件的情况下，双方才有达成合作的可能。通过双方的沟通协商，确定学研方的投入成本为 D_1、企业的投入成本为 D_2。以各自实力、投入及掌握的资料为基础谈判，利益分配系数最终确定为 a 和 b，且 $a+b=1$，$b>a>0$，表示企业在合作中占据主导地位。

设项目的预期的总体收益 π 的函数如下：

$$\pi = \frac{1}{2}\left[\alpha_1(v_b, v_p, v_g)h_1 + \alpha_2(v_b, v_p, v_g)h_2\right]^2 + \alpha_1(v_b, v_p, v_g)h_1 + \alpha_2(v_b, v_p, v_g)h_2 + \theta \quad (2\text{-}1)$$

其中，$\theta \sim N(0, \sigma^2)$ 为随机变量，表示预期收益受不确定因素的影响。根据式（2-1），可以将协同创新的安全合理性约束条件进行如下描述。

从学研方来看，其预期收益应可以覆盖研发期的投入及付出的努力成本，表示为 $a\pi \geq \frac{1}{2}[x_1 h_1]^2 + D_1$。

从企业来看，其预期收益要保证企业愿意投资，并保证其投资的收益性和安全性，表示为 $b\pi \geq \frac{1}{2}[x_2 h_2]^2 + D_2$。

一般情况下，新技术的应用在带来高收益的同时都伴有高风险，学研方和企业只有通力合作才能实现整体利益最大化的目标。分别用 f_e、f_c 表示双方的预期收益，则有

$$f_e = a\pi - \frac{1}{2}[x_1 h_1]^2 - D_1, \quad f_c = b\pi - \frac{1}{2}[x_2 h_2]^2 - D_2$$

根据协同创新的安全合理性约束条件，可以构建合作双方预期收益最大化条件下的多目标最优利益分配模型，最优利益分配系数 a 和 b 由式（2-2）决定：

$$\max \quad f_e = a\pi - \frac{1}{2}[x_1 h_1]^2 - D_1, \quad f_c = b\pi - \frac{1}{2}[x_2 h_2]^2 - D_2$$

$$\text{s.t.} \begin{cases} a\pi \geq \frac{1}{2}[x_1 h_1]^2 + D_1 \\ b\pi \geq \frac{1}{2}[x_2 h_2]^2 + D_2 \\ b > a > 0 \\ a + b = 1 \end{cases} \quad (2\text{-}2)$$

2.4.3 模型解析

该模型中主要有三大需要求解的参数，分别是成本系数、合同执行度以及贡

献系数。

（1）成本系数可以表示为：成本系数=单位时间努力成本/所在行业的单位时间努力成本的平均值。

（2）合同执行度由各合作主体在协同创新项目中所产生的实际工作时间价值进行确定。努力成本可由下式估算：$h_w = \lambda \cdot W \cdot T$。其中，$\lambda$ 为实际工作时间系数；W 为单位实际工作时间的价值；T 为观察到的工作时间。

（3）即便工作的环境相同、合同执行度也相同，协同创新项目合作主体做出的贡献也是不同的，即不同合作主体在工作中的贡献存在差异。贡献系数可以通过产出的价值来进行衡量。产出在本节简要分为三类：货币资产、品牌资产、专利资产。单位时间内产出的总价值由下式估算：$Q = \sum_{i=1}^{n} \overline{w_i} S_i$。其中，$S_i$ 为单位时间内估计的第 i 种产出价值，$\overline{w_i}$ 为第 i 种产出价值的权重，可通过层次分析法获得。贡献系数的估算公式为：贡献系数=$\dfrac{Q_{\text{学研方/企业}}}{\text{所在行业单位时间每种产出价值的平均值}}$。

要想求得贡献系数，就必须先求出品牌价值和专利价值，这也是难点，将在下面进行详细研究。

2.4.4 项目品牌量化

1. 品牌价值分析

协同创新项目如果能够顺利实现目标，就能保证科技成果的转化，好的成果转化可以获得比较好的市场占有率，从而获得良好的口碑，提高品牌的形象，可以达到强化已有品牌甚至打造全新的富有生命力的品牌的目的。反过来，优质的品牌形象不仅可以带来短期利益，而且可以产生长远的利益甚至升值，进行利益评估和利益分配都会变成项目的主要问题。

品牌之所以有价值，不仅仅是因为在创造品牌时消耗了成本，更是因为在未来很长一段时间内品牌可以为其所有者带来稳定的收益。就同类产品而言，品牌好的产品可以制定比竞争者更高的价格，这种长期的溢价收入是巨大的。品牌价值是品牌竞争力的一种体现，将品牌价值以货币的形式体现出来，使其更加具有直观性和可比性。另外，对企业、消费者等所有利益相关者而言，品牌权益是品牌给予产品的额外价值。而以财务价值为基础的品牌权益可以更真实地体现品牌价值。

因此在协同创新项目中，势必要考虑参与者对品牌价值的需求，只有找到正确的对品牌价值的评估方法，才能很好地完成利益分配的工作。

本书对品牌价值的量化计算以改进的 Interbrand 评估法为基础，同时考虑品牌未来收益风险的影响。之所以将品牌未来收益风险作为一个重要因素，是因为品牌预期收益的不确定性在品牌评价中是无法忽略的。

2. Interbrand 评估法使用的前提条件

在对各种评估方法进行比较分析的基础上，本节开发出了独特的对品牌价值进行估算的方法体系；整个开发过程十分严谨，严格保证方法体系中包含以下的内容：首先，满足基本会计准则；其次，考虑财务、营销等多方面因素；再次，进行定期重估；最后，在运用于本土品牌价值评估的基础上，也能保证评估外来品牌价值。Interbrand 评估法认为在短时间内品牌对产品收益的影响可能不是很大，但就长远来看，一个优质的品牌将给企业带来很强势的市场地位，提高品牌资产知名度，得到消费者的支持和喜爱，提高其忠诚度，从而为其赢得更可观的收益。

Interbrand 评估法是以收益法为基础的，其基本公式为 $v_b = R_b \cdot S$。其中，v_b 为品牌价值，R_b 为品牌收益，S 为品牌乘数。本节对此基本模型进行了一些细节改进，将品牌收益 R_b 用企业收益 L 和品牌作用指数 Z 表示，即 $R_b = L \cdot Z$。同时考虑品牌经营风险因子 R（$0 \leqslant R \leqslant 1$）的影响，从而得到如下改良模型：

$$v_b = L \cdot Z \cdot S \cdot R \tag{2-3}$$

对品牌价值的评估流程如图 2-3 所示。下面分别阐述每个要素的测度方法。

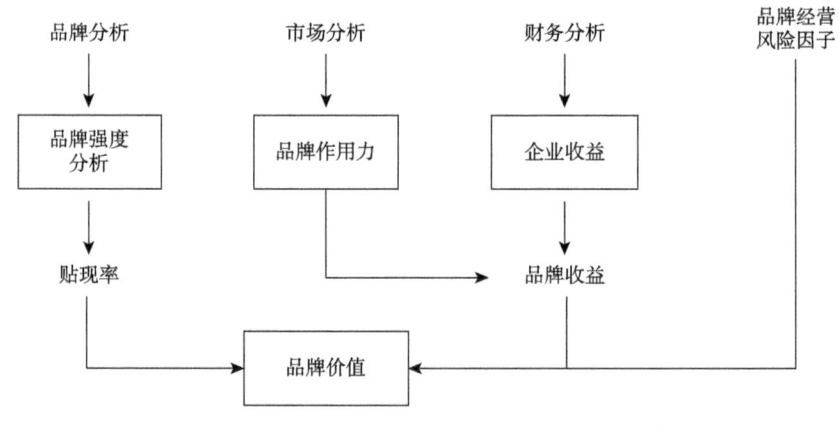

图 2-3　品牌价值评估流程

1）财务分析

从协同创新项目的特点及其发展形势来看，在对品牌价值进行评估时用毛利润而不用净利润作为财务指标会使得计算结果更加合理。第一，若评估方法以净利润为重，发展潜力深厚同时合作意愿强烈的企业不一定愿意参与项目，如有些不具备成熟的发展模式但是发展前景向好的新兴企业。第二，有些产品所在行业内的品牌集中度较低，再加上行业保护、地方保护等因素，竞争成本的增加会直接对净利润造成一定的影响。毛利润也是一种重要的经营指标，不仅可以体现产品的获利能力，而且可以充分反映对市场的占有能力。第三，毛利润和竞争力之间存在正相关性。此外，产品自身的优劣也可以通过毛利润来体现。

为避免收益波动严重影响对收益能力的评价，本书利用最近三年的年平均毛利润来对品牌的收益进行计算，这样可以保持数据的相对稳定：

$$L = \frac{BI_1 \times 3 + BI_2 \times 2 + BI_3 \times 1}{3+2+1} \quad (2\text{-}4)$$

其中，BI_1 为最近第一年的毛利润；BI_2 为最近第二年的毛利润；BI_3 为最近第三年的毛利润。

2）市场分析

国际品牌集团（Interbrand 公司）尝试利用品牌作用指数来对由品牌因素所创造的利润进行分离，起到了很好的效果。所属行业和市场环境不同，品牌作用指数的影响程度也就不同。对于有些产品，消费者很看重其品牌效应，对品牌很有好感，愿意选择相信它。此类品牌在消费者做出购买决策时会产生比较大的影响，通过产品销售获得的利润大部分也来自品牌的贡献，所以其品牌作用指数就大一些。而有些产品的品牌作用指数就小一些，如信息技术行业产品的利润更多来自其专利技术。通过问卷调查，我们让消费者对一系列因素进行自主排序，可以很方便地掌握在消费者做出购买决策时受到品牌影响的程度，从而计算品牌作用指数。

本书利用重要性排序法来确定品牌价值在总利润中的占比情况。首先，找出消费者购买产品的影响因素；然后，根据这些影响因素制作问卷，并将问卷发放给合适的消费者群体，让其根据问卷中的提示对各影响因素进行重要性排序；最后，对问卷进行收集，并对数据进行整理分析。在查阅文献资料的基础上，得出以下消费者做出购买决策的影响因素：X_1 品牌、X_2 价格、X_3 购物环境、X_4 服务态度、X_5 产品包装、X_6 广告宣传、X_7 其他。

问卷设计要让相关消费者对以上 7 个方面影响因素进行排序。例如，当购买产品时，如果最关注的是产品的品牌，就将"X_1 品牌"标记为数值 1；如果第二位考虑的是产品的价格，就将"X_2 价格"标记为数值 2，以此类推，对所有影响因素进行数值标记。问卷收集整理以后，对各影响因素的排序结果进行汇总，如表 2-2 所示。令 M_{ij} 表示有 M_{ij} 人数的消费者将第 i 项影响因素的重要性排在第 j 位。

表 2-2 消费者购买决策的影响因素评价表

影响因素 i	排序 j						
	1	2	3	4	5	6	7
X_1 品牌							
X_2 价格							
X_3 购物环境							
X_4 服务态度							
X_5 产品包装							
X_6 广告宣传							
X_7 其他							
赋值							

在对以上数据进行整理分析后,即可着手计算品牌作用指数,即品牌在消费者实际购买中的影响程度。首先对各影响因素(X_1品牌、X_2价格、X_3购物环境、X_4服务态度、X_5产品包装、X_6广告宣传、X_7其他)根据重要性进行赋值,H_1表示排在首位,赋值最大为7,H_7表示排在末位,赋值最小为1,其余数值依次递减。主要计算公式如下:

$$X_i = \sum_{j=1}^{7}(M_{ij} \cdot H_j), \ i=1,2,\cdots,7 \quad (2\text{-}5)$$

计算 X_i 的总和:

$$T = \sum_{i=1}^{7} X_i \quad (2\text{-}6)$$

则每个影响因素的影响程度为

$$Z_i = \frac{X_i}{T}, \ i=1,2,\cdots,7 \quad (2\text{-}7)$$

这样就可以求出品牌作用指数 Z_1,即产品品牌对消费者做出购买决策的影响程度。通过该方法得到的数据真实客观,求得的品牌作用指数也比较有代表性,理解起来也比较容易。但是该方法也有不足的地方,就是操作起来较不方便。因为在不同行业、不同市场环境的背景下,消费者购买决策的影响因素会有所不同,所以要结合实际情况进行相应的调整。总的来说,该方法能够直观且贴近实际地反映品牌在消费者购买中的作用,具有一定的科学性和适用性。

3)品牌强度分析

品牌强度分析的主要目的是计算品牌乘数,品牌乘数由品牌强度决定,它们之间存在正相关性,即品牌强度的得分越高,品牌乘数也就越大,反之亦然。

（1）品牌强度评分。Interbrand 公司对全世界和品牌价值评估相关的案例进行了整理分析。根据对品牌强度影响重大的各因素的重要性排名，选取表 2-3 中所示的七大要素作为本书的评价指标，并对每个要素的得分范围进行了限制。

表 2-3　影响品牌强度的七大要素

要素	分值	品牌强度得分
品牌市场地位	0～25	x_1
品牌未来发展潜力	0～10	x_2
品牌稳定性	0～15	x_3
品牌行销范围	0～20	x_4
获得投资能力	0～10	x_5
所处市场环境	0～5	x_6
法律保护	0～15	x_7
合计	100	x

注：根据 SPSS 统计结果得出

在对品牌强度的各要素进行打分时，需要根据具体情况，邀请相关领域的具有一定权威性的评估专家分别对各要素进行评分；然后计算平均值；最后所有值相加得到品牌强度得分 x。

（2）计算品牌乘数。通过图 2-4 所示的"S"形曲线，我们就可以根据品牌强度得分求得品牌乘数。从图中可以看出，品牌乘数和品牌强度得分之间存在十分紧密的联系，而且呈正相关。当品牌强度得分为 0～25 时，品牌乘数较小，此时被评估的品牌属于弱势品牌；当品牌强度得分为 25～75 时，品牌乘数居中，此时被评估的品牌属于中等品牌；当品牌强度得分为 75～100 时，品牌乘数较大，此时被评估的品牌属于强势品牌。"S"形曲线是品牌乘数和品牌强度得分关系的综合反映，因此品牌乘数可由该曲线确定，两者的关系如下：

$$\begin{cases} 250y = x^2, & x \in [0,50] \\ (y-10)^2 = 2x-100, & x \in (50,100] \end{cases} \quad (2\text{-}8)$$

其中，x 为品牌强度得分；y 为品牌乘数。

4）品牌经营风险因子分析

品牌经营风险因子 R 是经营能力和经营风险的一种综合反映。在借鉴全球以往品牌发展规律的基础上，总结出以下四个要素来对品牌经营风险进行测度：经营者的经营能力、品牌的未来投入潜力、品牌管理规范程度和危机管理机制。邀请相关领域权威专家对以上四个要素进行打分评价，再通过量表的形式对其进行

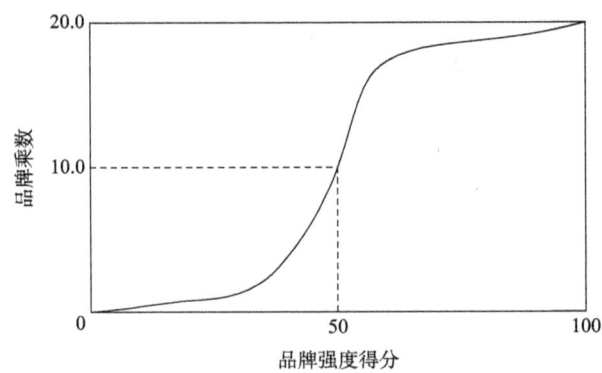

图 2-4　品牌乘数由品牌强度得分转化而成的"S"形曲线

量化分析，诸要素各权重以及计算方式如表 2-4 所示，归一化后便可求得品牌经营风险因子。

表 2-4　品牌经营风险要素分析

要素	权重	评分值	加权分值
经营者的经营能力	0.4		
品牌的未来投入潜力	0.3		
品牌管理规范程度	0.2		
危机管理机制	0.1		

5）确定品牌价值

通过以上四个方面的分析可求得各参数的数值，最后将各参数变量代入式（2-3）便可求得品牌价值。

2.4.5　项目专利量化

1. 专利价值分析

在知识经济时代，专利价值有了更多附加意义，其使用和交换价值都得到了更好的体现。专利作为无形商品，可以给其权利人带来利益，从这一点上看，专利是有价值的。

专利价值主要体现在技术价值、市场价值和权利价值这三个方面。当其价值完成从技术到商品的转化，并被市场所接受时，其所产生的经济效益是巨大的；专利权可以使其所有者对该项技术独立享有，并且可以通过资本的多重运作，使专利价值达到最大化，如专利许可、专利作股、专利担保、专利信托、专利保险等。因此，在通常情况下，专利价值都远远高于研发成本。但是对于一项专利技术，不管其研发成本有多高，如果不能产生足够的市场潜力，那么也是没有价值的。基于以上观点，在度量专利所包含的劳动量的同时，更应该去发现专利的货币价值量。专利价值的量化是协同创新项目面临的一大问题。利益分配中必然要涉及专利价值的度量，不做好专利的量化工作，就无法完成后期的分配任务。

目前国内对专利价值评估的研究大多会用到成本法、市场法以及收益法，但是这几种方法都存在一定的局限性。本节在总结以往实践和理论研究的基础上，创建一种全新的专利价值评估方法：首先构建综合考虑各方面因素的指标体系；然后运用三角模糊层次分析法对以上各指标的权重进行计算；最后引用模糊综合评价法求出专利价值。

2. 专利价值评价指标体系构建

专利在通常情况下包括发明专利、实用新型专利和外观设计专利三种类型，经过实践证明，发明专利的技术含量及其产生的价值要远高于另外两类专利，并且协同创新项目涉及的专利主要为发明专利。综合考虑以上两点，本节主要在分析发明专利的基础上构建指标体系。为了构建科学严谨的指标体系，本节将技术价值、市场价值以及权利价值定义为一级指标，在一级指标下确定了多项二级指标，其具体选择过程如下。

1）技术价值

专利的技术价值是指其本身所具有的性能带来的价值。专利最核心的地方就是它的创新技术，基于此设计出四个指标：①创新度。创新度是指专利技术在其所属领域所做出的技术贡献。专利技术相对于所属技术领域的独创性越大、越进步，其价值越大。②技术含量。专利技术表现得越复杂、越先进，其价值就越高。③成熟度。专利技术所处的阶段会直接关系其所带来的经济效益。一般成熟度越高，专利价值越大。④技术应用范围。专利价值和其应用范围之间存在紧密的联系，应用范围越大，其价值越大。

2）市场价值

专利的市场价值是指专利技术在商品化和市场化的过程中带来的收益。本书参照以往的研究，给出以下六个指标：①市场化能力。市场化能力是指专利技术市场化以后带来的影响和效果及其在市场中的营运能力。②市场需求度。市场需求度是指市场对专利技术及产品的需求量。③市场垄断程度。市场垄断程度是指技术市场化以后产品在市场中所占有的份额，份额越大，其获利能力就越强，专利的市场价值也就越大。④市场竞争能力。产品的竞争性越强，专利的市场价值就越大。⑤利润分成率。无形的专利技术转化成商品后会给产品带来额外的附加值，利润分成率就是指在产品总利润中这部分附加值所占有的比例。⑥剩余经济寿命。专利技术是有生命周期的，其具有市场价值的剩余期限越长，专利的市场价值也就越大。

3）权利价值

权利价值是指因法律赋予权利人专有权而产生的价值。专利权具有法律效应，除此之外，专利权还可以让其所有者获得垄断利益。本节对其设计以下两个指标：①专利族规模。专利族（patent family）是指具有共同优先权的一组专利文献。专利族所涵盖的领域越大，市场占有率就越大，相对的生命周期就越长，其权利价值也就越大。②剩余有效期。剩余有效期是指受法律保护的剩余期限。专利是受法律保护的，一般受保护的期限为 20 年，专利会随着保护期限的消失而不复存在，其权利价值自然也就即刻消失。

综合以上分析，得出表 2-5 所示的专利价值评价指标体系。

表 2-5　专利价值评价指标体系

评价对象	一级指标	二级指标
专利价值 U	技术价值 U_1	创新度 u_{11}
		技术含量 u_{12}
		成熟度 u_{13}
		技术应用范围 u_{14}
	市场价值 U_2	市场化能力 u_{21}
		市场需求度 u_{22}
		市场垄断程度 u_{23}
		市场竞争能力 u_{24}
		利润分成率 u_{25}
		剩余经济寿命 u_{26}
	权利价值 U_3	专利族规模 u_{31}
		剩余有效期 u_{32}

3. 专利价值评价指标权重

专利价值会受到很多因素的影响，如果仅仅依靠经验，采用定性方法进行判断，那么结果具有较强主观性，很难让人信服。本书试图在定性分析的基础上，运用合适的定量方法将经验判断程序化，对每一步的结果进行量化处理，使得到的数据更为真实严谨。

三角模糊层次分析法利用三角模糊数取代判断矩阵中的具体数字，使得决策模型与人们的思维习惯一致，对处理复杂条件下的决策具有实用性和有效性。考虑到在判断各项指标重要性时面临的模糊信息，本书选用三角模糊层次分析法来确定各指标的权重，可以有效解决评价信息的模糊性难题，在一定程度上弱化了传统评价方法的主观随意性，有利于得到更为严谨的结果。三角模糊数的分布如图 2-5 所示。

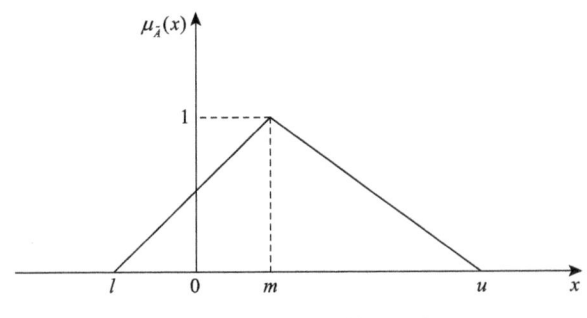

图 2-5　三角模糊数的分布

【定义 2-1】　若 $\tilde{A}=(l,m,u)$ 是三角模糊数，其隶属函数如下：

$$\mu_{\tilde{A}}(x)=\begin{cases}(x-l)/(m-l),\ l\leqslant x\leqslant m\\ (x-u)/(m-u),\ m\leqslant x\leqslant u\\ 0,\ 其他\end{cases} \quad (2\text{-}9)$$

【定理 2-1】　对任意两个三角模糊数 $\tilde{A}_1=(l_1,m_1,u_1)$，$\tilde{A}_2=(l_2,m_2,u_2)$，根据拓展原理，满足如下运算法则：

（1）$\tilde{A}_1 \oplus \tilde{A}_2 = (l_1,m_1,u_1) \oplus (l_2,m_2,u_2) = (l_1+l_2,m_1+m_2,u_1+u_2)$；

（2）$\tilde{A}_1 \otimes \tilde{A}_2 = (l_1,m_1,u_1) \otimes (l_2,m_2,u_2) = (l_1 \times l_2,m_1 \times m_2,u_1 \times u_2)$；

（3）$\lambda \tilde{A}_1 = (\lambda l_1, \lambda m_1, \lambda u_1)$，$\lambda$ 为任意的实数；

（4）$\tilde{A}_1^{-1} = \left(\dfrac{1}{u_1},\dfrac{1}{m_1},\dfrac{1}{l_1}\right)$。

【定义 2-2】　设 $\tilde{A}_1$ 和 $\tilde{A}_2$ 为两个三角模糊数，$\tilde{A}_1 \geqslant \tilde{A}_2$ 的可能程度表示为

$$v(\tilde{A}_1 \geqslant \tilde{A}_2)=\begin{cases}\dfrac{l_2-u_1}{(m_1-u_1)-(m_2-l_2)},\ m_1\leqslant m_2, u_1\leqslant l_2\\ 1,\ m_1 \geqslant m_2\\ 0,\ 其他\end{cases} \quad (2\text{-}10)$$

【定理 2-2】　三角模糊数 $\tilde{A}$ 不小于其他 k 个模糊数的可能程度表示为

$$v(A \geqslant \tilde{A}_1, \tilde{A}_2, \cdots, \tilde{A}_k) = \min\{v(A \geqslant \tilde{A}_1), v(A \geqslant \tilde{A}_2), \cdots, v(A \geqslant \tilde{A}_k)\} \quad (2\text{-}11)$$

首先邀请协同创新领域的专家或项目参与者对各指标的相对重要程度进行模

糊比较。用判断矩阵表示每个专家的意见。因此，如果专家的数量为 K，指标的数量为 N，将会得到 K 个 $N \times N$ 的初始判断矩阵。对 K 个专家的评价信息进行数据处理后，可将 K 个初始判断矩阵转化为一个三角模糊判断矩阵 M。然后运用式（2-12）分别计算出各指标排序的三角模糊向量集合 $s_i (i = 1, 2, \cdots, n)$。集合 s_i 反映了各指标的综合重要程度。

$$s_i = \frac{\sum_{j=1}^{n} a_{ij}}{\sum_{i=1}^{n}\sum_{j=1}^{n} a_{ij}} = \left[\frac{\sum_{j=1}^{n} a_{ij}^l}{\sum_{i=1}^{n}\sum_{j=1}^{n} a_{ij}^l}, \frac{\sum_{j=1}^{n} a_{ij}^m}{\sum_{i=1}^{n}\sum_{j=1}^{n} a_{ij}^m}, \frac{\sum_{j=1}^{n} a_{ij}^u}{\sum_{i=1}^{n}\sum_{j=1}^{n} a_{ij}^u} \right] \quad (2\text{-}12)$$

将得到的集合 s_i 运用式（2-10）进行两两比较，并按照式（2-11）的原则取两两比较的最小值，得到初始权重向量。将初始权重向量归一化处理后即可得到各指标的权重向量 W。

4. 专利价值的模糊综合评价

模糊综合评判法首先对指标体系中的每个指标进行评估，对评估值加以规范化，从而得到一个隶属度向量，然后对各指标的隶属度向量进行合成运算，最后便可以求得评估对象的综合评定结果。

1）确定评价指标集及指标的权重

这里采用表 2-5 构建的评价指标体系作为评价指标集，即 $U = \{U_1, U_2, U_3\}$，其中 $U_1 = \{u_{11}, u_{12}, u_{13}, u_{14}\}$，$U_2 = \{u_{21}, u_{22}, u_{23}, u_{24}, u_{25}, u_{26}\}$，$U_3 = \{u_{31}, u_{32}\}$。

根据三角模糊层次分析法对各指标的权重进行计算。设 U 中每个指标的权重为 $W = (w_1, w_2, w_3)$，U_1 中每个指标的权重为 $w_1 = \{w_{11}, w_{12}, w_{13}, w_{14}\}$，$U_2$ 中每个指标的权重为 $w_2 = \{w_{21}, w_{22}, w_{23}, w_{24}, w_{25}, w_{26}\}$，$U_3$ 中每个指标的权重为 $w_3 = \{w_{31}, w_{32}\}$。

2）确定评价等级及其相应标准

专利价值并不是一成不变的，它的各影响因素会随着时间发生改变，从而导致专利价值发生改变。为了准确地计算专利价值，首先设计一个初评值 P。邀请相关领域权威专家，让他们根据以往的经验和掌握的知识对专利价值进行初步评估，对专家给出的权重进行加权计算并取其平均值。然后在实际值与初评值 P 偏差度的基础上，设计 5 个评价等级，构成评语集 $V = \{v_1, v_2, v_3, v_4, v_5\} = \{$很高，较高，合理，较低，很低$\}$；选择的评价因素分为 $V_v = \{v_{11}, v_{22}, v_{33}, v_{44}, v_{55}\}$ 共 5 个等级，该指标分别表示"优""良""中""低""差"。"优"对应分数区间为 0.9～1；"良"对应分数区间为 0.8～0.9；"中"对应分数区间为 0.7～0.8；"低"对应分数区间为 0.6～0.7；"差"对应分数区间为 0.6 以下，评语"优""良""中""低""差"对应的专利价值分别为"很高""较高""合理""较低""很低"。设有相应的评价等级值行向量 $V'' = \{1, 0.8, 0.6, 0.4, 0.2\}$。设置分值可以保证算出的实际值最大限度地接近真实值，提升了研究结果的准确性。

5. 进行一级模糊评价

一级模糊评价是对子集 U_i 中的二级指标 u_{ij} 进行单独评价。邀请 10 位左右本领域权威专家根据以往的经验和掌握的知识给各 u_{ij} 评判相对应的等级，然后根据相关评语对各指标的专家投票情况进行统计，将得到的结果看作各指标相对于 V 的隶属度。用 $r_{ij,k}(k=1,2,\cdots,5)$ 表示指标 u_{ij} 对第 k 个评语 v_k 的隶属度，且满足 $\sum_{k=1}^{5} r_{ij,k} = 1$，$i$ 个 u_{ij} 的评语集组成 U_i 的总的评判矩阵 R_i。评判矩阵和各指标的权重结合，通过模糊合成方法，可以计算出 U_i 的评价结果为 $B_i = w_i \times R_i$。就专利的技术价值来看，U_1 中各二级指标构成的评判矩阵为

$$R_1 = \begin{bmatrix} r_{11,1} & r_{11,2} & r_{11,3} & r_{11,4} & r_{11,5} \\ r_{12,1} & r_{12,2} & r_{12,3} & r_{12,4} & r_{12,5} \\ r_{13,1} & r_{13,2} & r_{13,3} & r_{13,4} & r_{13,5} \\ r_{14,1} & r_{14,2} & r_{14,3} & r_{14,4} & r_{14,5} \end{bmatrix}$$

则 U_1 的模糊综合评价结果为 $B_1 = w_1 \times R_1$。

同理，可以计算出 U_2 和 U_3 的模糊综合评价结果 B_2 和 B_3。

6. 进行二级综合模糊评价

U_i 的评价结果构成 U 的评判矩阵 $R = (B_1, B_2, B_3)$，同理，可以得到 U 的模糊综合评价结果为 $B = W \times R = (w_1, w_2, w_3) \times (B_1, B_2, B_3)$。

7. 计算专利价值

评价结果 B 为专利实际价值对 V 的隶属度。前面已经设定了 V 中每个等级的分值 $V'' = \{1, 0.8, 0.6, 0.4, 0.2\}$。为了得到专利价值的实际值和 P 之间的偏差度 D，把 B 作为评语权重集，即 $D = V'' \times B$。

经过以上步骤，得到 P 和 D，则专利的实际值 P^*（即 v_p）为

$$P^* = P \times D \tag{2-13}$$

综上，通过式（2-3）计算出品牌价值为 v_b，通过式（2-13）计算出专利价值为 v_p；再结合评估基准日的货币收益，从而可以确定贡献系数。将其全部代入式（2-1）和式（2-2）中，从而计算出利益分配系数 a 和 b。

2.5　项目案例分析

假设学研方的投入成本是 12 000 元，其努力程度为 300，成本系数为 2.2；企业的投入成本是 15 000 元，其努力程度为 400，成本系数为 3.4；假设产品投入市场以后，第一年的毛利润为 20 万元，第二年的毛利润为 35 万元，第三年的毛利润为 40 万元，随着市场份额的增加，逐渐形成品牌；假设申请专利成功，并经过专家评定，对这项专利给出的初评值为 120 万元；为简化计算，此处暂不考虑环境因素的作用。

2.5.1　模型求解

1. 项目品牌价值量化

1）财务分析

根据式（2-4），求出品牌收益 L 为

$$L = \frac{BI_1 \times 3 + BI_2 \times 2 + BI_3 \times 1}{3+2+1} = \frac{40 \times 3 + 35 \times 2 + 20 \times 1}{6} = 35$$

2）市场分析

通过对收集的问卷进行分析整理，得出表 2-6 所示的调查结果。

表 2-6　影响因素排序调查结果

影响因素 i	排序 j						
	1	2	3	4	5	6	7
X_1 品牌	52	35	27	20	5	1	0
X_2 价格	50	40	35	6	5	4	0
X_3 购物环境	15	23	25	55	9	8	5
X_4 服务态度	28	40	45	20	4	3	0
X_5 产品包装	4	6	12	19	60	39	0
X_6 广告宣传	3	2	5	9	30	86	5
X_7 其他	0	0	1	2	3	0	134
赋值	7	6	5	4	3	2	1

根据式（2-5），得

X_1=806，X_2=812，X_3=636，X_4=759，X_5=458，X_6=361，X_7=156

则根据式（2-7）可以求得品牌作用指数为

$$Z_1 = \frac{806}{806+812+636+759+458+361+156} = 20.21\%$$

3）品牌强度分析

通过对七大要素的综合分析，再综合考虑专家、项目参与人的意见，最终的打分情况如表2-7所示。

表 2-7　打分情况

要素	最高得分	实际得分
品牌市场地位	25	15
品牌未来发展潜力	10	6
品牌稳定性	15	9
品牌行销范围	20	11
获得投资能力	10	7
所处市场环境	5	3
法律保护	15	9
合计	100	60

根据式（2-8），可以求得品牌乘数 S=14.4。

4）品牌经营风险因子分析

经过专家对品牌经营风险诸要素的分析评价，给出具体的分值，如表2-8所示。

表 2-8　品牌经营风险要素专家评分

要素	权重	评分值	加权分值
经营者的经营能力	0.4	0.8	0.32
品牌的未来投入潜力	0.3	0.7	0.21
品牌管理规范程度	0.2	0.6	0.12
危机管理机制	0.1	0.4	0.04

根据加权分值求得品牌经营风险因子 R=0.32+0.21+0.12+0.04=0.69。

5）确定品牌价值

根据以上分析，将各参数变量代入式（2-3），则有

$$v_b = L \cdot Z \cdot S \cdot R = 35 \times 0.2021 \times 14.4 \times 0.69 = 70.28$$

2. 相关专利价值量化

基于三角模糊层次分析法，在专利价值评价指标体系的框架上得出专利价值评价指标权重分配表，如表 2-9 所示。

表 2-9　指标权重分配表

评价对象	一级指标	权重	二级指标	权重
专利价值 U	技术价值 U_1	0.35	创新度 u_{11}	0.30
			技术含量 u_{12}	0.20
			成熟度 u_{13}	0.30
			技术应用范围 u_{14}	0.20
	市场价值 U_2	0.40	市场化能力 u_{21}	0.18
			市场需求度 u_{22}	0.18
			市场垄断程度 u_{23}	0.18
			市场竞争能力 u_{24}	0.10
			利润分成率 u_{25}	0.18
			剩余经济寿命 u_{26}	0.18
	权利价值 U_3	0.25	专利族规模 u_{31}	0.60
			剩余有效期 u_{32}	0.40

再根据专利价值评价指标体系权重计算得出每一个专利隶属度，如表 2-10 所示。

表 2-10　隶属度表

评价对象	一级指标	二级指标	隶属度 $r_{ij,k}$				
			优	良	中	低	差
专利价值 U	技术价值 U_1	创新度 u_{11}	0.2	0.2	0.5	0.1	0
		技术含量 u_{12}	0.3	0.4	0.2	0.1	0
		成熟度 u_{13}	0.1	0.2	0.7	0	0
		技术应用范围 u_{14}	0.2	0.3	0.4	0.1	0
	市场价值 U_2	市场化能力 u_{21}	0.1	0.2	0.6	0.1	0
		市场需求度 u_{22}	0	0	0.1	0.5	0.4
		市场垄断程度 u_{23}	0	0.1	0.2	0.4	0.3
		市场竞争能力 u_{24}	0	0	0.5	0.3	0.2
		利润分成率 u_{25}	0.1	0.2	0.6	0.1	0
		剩余经济寿命 u_{26}	0.1	0.2	0.5	0.2	0
	权利价值 U_3	专利族规模 u_{31}	0.2	0.5	0.3	0	0
		剩余有效期 u_{32}	0	0	0.1	0.2	0.7

根据表 2-10 可以得到该专利的技术价值 R_1、市场价值 R_2、权利价值 R_3 的三个模糊矩阵。它们分别为

$$R_1 = \begin{bmatrix} 0.2 & 0.2 & 0.5 & 0.1 & 0 \\ 0.3 & 0.4 & 0.2 & 0.1 & 0 \\ 0.1 & 0.2 & 0.7 & 0 & 0 \\ 0.2 & 0.3 & 0.4 & 0.1 & 0 \end{bmatrix}$$

$$R_2 = \begin{bmatrix} 0.1 & 0.2 & 0.6 & 0.1 & 0 \\ 0 & 0 & 0.1 & 0.5 & 0.4 \\ 0 & 0.1 & 0.2 & 0.4 & 0.3 \\ 0 & 0 & 0.5 & 0.3 & 0.2 \\ 0.1 & 0.2 & 0.6 & 0.1 & 0 \\ 0.1 & 0.2 & 0.5 & 0.2 & 0 \end{bmatrix}$$

$$R_3 = \begin{bmatrix} 0.2 & 0.5 & 0.3 & 0 & 0 \\ 0 & 0 & 0.1 & 0.2 & 0.7 \end{bmatrix}$$

根据表 2-9，可以得到各指标的权重为 $W=\{0.35, 0.40, 0.25\}$，其中 $w_1 = \{0.30, 0.20, 0.30, 0.20\}$，$w_2 = \{0.18, 0.18, 0.18, 0.10, 0.18, 0.18\}$，$w_3 = \{0.60, 0.40\}$。采用模糊综合评价模型，计算各评价指标的模糊评价向量。以专利的技术价值 U_1 为例，首先计算其模糊综合评价结果 B_1：

$$B_1 = w_1 \times R_1 = \{0.30, 0.20, 0.30, 0.20\} \times \begin{bmatrix} 0.2 & 0.2 & 0.5 & 0.1 & 0 \\ 0.3 & 0.4 & 0.2 & 0.1 & 0 \\ 0.1 & 0.2 & 0.7 & 0 & 0 \\ 0.2 & 0.3 & 0.4 & 0.1 & 0 \end{bmatrix}$$

$$= (0.19, 0.26, 0.48, 0.07, 0)$$

同理，U_2 和 U_3 的模糊综合评价结果为 $B_2 = (0.054, 0.126, 0.410, 0.264, 0.146)$，$B_3 = (0.12, 0.30, 0.22, 0.08, 0.28)$，进而求得该专利价值的评判矩阵为 $R=(B_1, B_2, B_3)$。最后根据评判矩阵和各指标的权重，对专利价值进行综合评价：

$$B = W \times R$$
$$= \{0.35, 0.40, 0.25\} \times \begin{bmatrix} 0.19 & 0.26 & 0.48 & 0.07 & 0 \\ 0.054 & 0.126 & 0.410 & 0.264 & 0.146 \\ 0.12 & 0.30 & 0.22 & 0.08 & 0.28 \end{bmatrix}$$
$$= (0.1181, 0.2164, 0.3870, 0.1501, 0.1284)$$

则可以求得偏差度 D 为

$$D = V'' \times B = \{1.0, 0.8, 0.6, 0.4, 0.2\} \times (0.1181, 0.2164, 0.3870, 0.1501, 0.1284)$$
$$= 1.0 \times 0.1181 + 0.8 \times 0.2164 + 0.6 \times 0.3870 + 0.4 \times 0.1501 + 0.2 \times 0.1284 = 0.60914$$

专家给出的初评值 $P=120$，则该项专利的实际值 P^* 为
$$P^* = P \times D = 120 \times 0.60914 = 73$$
即 $v_\mathrm{p} = 73$。

求得各种主要无形利益以后，再获取评估基准日的货币收益，就可以对学研方和企业的贡献系数进行估算，分别为 3 和 2。

2.5.2 综合计算

将 2.5.1 节求得的各值代入式（2-1）和式（2-2），得
$$\max \quad f_\mathrm{e} = 1446700a - 229800, \quad f_\mathrm{c} = 1446700b - 939800$$
$$\mathrm{s.t.} \begin{cases} 1446700a \geqslant 229800 \\ 1446700b \geqslant 939800 \\ b > a > 0 \\ a + b = 1 \end{cases}$$

用目标规划方法求解，则模型为
$$\min \quad P_1 d_1^- + P_2 d_2^- + P_3 d_3^- + P_4 d_4^+$$
$$\mathrm{s.t.} \begin{cases} a + d_1^- - d_1^+ = 0.1588 \\ b + d_2^- - d_2^+ = 0.6496 \\ b - a + d_3^- - d_3^+ = 0 \\ a + b + d_4^- - d_4^+ = 1 \\ a, b \geqslant 0, d_i^-, d_i^+ \geqslant 0 \, (i = 1, 2, 3, 4) \end{cases}$$

其中，$P_i(i=1,2,3,4)$ 为优先因子，它代表一个很大的正实数，且 $P_1 \gg P_2 \gg P_3 \gg P_4$；$d_i^-$ 为负偏差变量，它表示决策值未达到目标值的部分，即第 i 个约束的不足数量；d_i^+ 为正偏差变量，它表示决策值超过目标值的部分，即第 i 个约束的超额数量。

（1）画出协同创新项目利益分配模型的约束直线图，如图 2-6 所示。

（2）考虑具有 P_1 优先因子的目标实现，在目标函数中要求实现 $\min d_1^-$，考虑使 $d_1^- = 0$，经过计算可以求得可行域在直线 $a=0.1588$ 的右侧。

（3）考虑具有 P_2 优先因子的目标实现，在目标函数中要求实现 $\min d_2^-$，考虑使 $d_2^- = 0$，因此可行域必须在直线 $b=0.6496$ 的上方。

（4）考虑具有 P_3 优先因子的目标实现，必须使 $d_3^- = 0$，这时可行域出现在直线 $a=b$ 的上方。

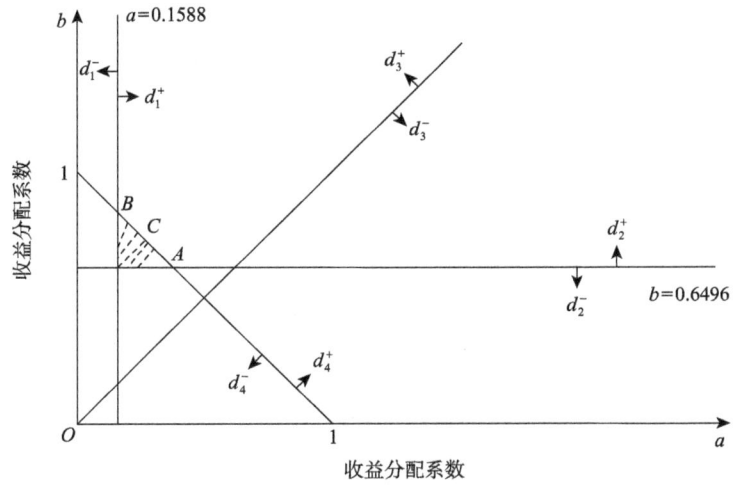

图 2-6　协同创新项目利益分配模型

（5）考虑具有 P_4 优先因子的目标实现，在目标函数中要求实现 $\min d_4^+$，此时必须使 $d_4^+ = 0$，则可行域必须在直线 $a+b=1$ 的下方。

经过上述五步计算，可以得出图中阴影部分同时满足上述 4 个目标实现的要求，接下来需要在图中阴影部分中找出一点使 d_1^+、d_2^+ 最大，即此点满足到直线 $a=0.1588$ 和 $b=0.6496$ 都最远。经过计算很容易得出线段 AB 的中点 C 就是此点，此时 $a=0.2546$，$b=0.7454$。

综上所述，针对此项目最优的利益分配方案为学研方占比为 0.2546，企业占比为 0.7454。案例没有对专利权的归属进行深入的分析，实际操作中，可根据具体情况进行详细讨论，一般情况专利权归企业所有，也可按照本书求得的比例对专利价值进行分配。

2.5.3　结果分析

案例从投入和产出的角度对总体利益进行了分析，在构建利益分配模型时综合考虑了有形利益和无形利益，使得合作主体各方面的利益需求都得到照顾。通过对专利和品牌的测度，得到项目中无形利益的具体数值，再结合有形利益、贡献程度等，求得协同创新整体利益最大化时的利益最优分配系数。从结果中可以看到，学研方大概占到总体利益的 1/4，而企业则占到总体利益的 3/4 左右；这是因为企业的投入、努力程度以及成本系数都比学研方高，所以其理应取得大部分利益。这样的利益分配方案保证了各合作主体的利益最大化，从而在保证利益分配公平的同时实现协同创新。

从以上结果可以看出，学研方具备良好的创新水平，企业的资金实力则相对雄厚，创新成果转化能力也相对较强，它们各自所具备的能力和对协同创新的贡献程度都是不同的。因此，协同创新项目在实际运行时，根据具体情况进行合理的安排是很有必要的。学研方管理理念的完善程度、创新能力和创新水平，企业在协同创新项目中的主导作用，以及技术创新成果转化的成功率都会影响最终的利益分配。在构建最优利益分配方案时，应该既要保证满足不同主体的需求，又要努力实现总体利益最大化的目标，只有这样才能促进协同创新项目的推行更加圆满、高效。

第 3 章 协同创新项目的选择、风险管理与成本控制研究

3.1 区域产业协同创新项目的选择评价研究

3.1.1 概述

实施创新驱动发展战略是中国经济实力强大的根本途径。自从国家实施创新驱动发展战略以来,各区域产业得到了长足的发展,但是一些区域由于产业间的竞争、产业体系同质化、产业创新与金融政策不一致、区域产业创新缺乏必要技术等,创新力量各成体系、创新资源分散重复、协同效果不显著、产业协同创新速度迟缓等,制约了区域产业协同创新的发展。

区域产业中的协同创新主要是通过项目进行的,由此产生的协同创新项目已成为区域产业发展的常规形式和重要载体。因此,发现符合国家和区域产业政策、符合区域发展框架、具有相对资源优势和广阔市场前景并促进产业协同创新的项目,是促进区域产业协同创新的关键。政府希望在该地区实施的项目符合地方规划,并促进产业结构的调整,以便利用有效的方法来评估高校、企业或科研机构领导的项目是否符合要求,并改善缺乏明确审批标准、审批随意性大的情况。因此,研究产业协同创新项目的选择和评价问题对于促进区域产业协同创新具有重要意义。

3.1.2 区域产业协同创新项目选择评价体系构建

本节在国内外学者相关研究的基础上,利用文献和德尔菲(Delphi)法得出具体指标。首先,检索和分析有关产业协同创新、区域协同创新、项目选择等的

文献，特别是与指标有关的文献，并选择某些指标。根据上述理论和实践，采用 Delphi 法补充一些指标，形成区域产业协同创新项目的初始评价体系。然后，为了提高初始评价体系的科学性和合理性，进行专家咨询、隶属度分析、相关性分析以及鉴别力分析，以补充和完善初始评价体系。最后，通过信度、效度分析对评价体系的有效性进行检验，对区域产业协同创新项目的评价体系进行调整，如表 3-1 所示。

表 3-1　区域产业协同创新项目评价体系

目标	一级指标	二级指标	评价要素
区域产业协同创新项目评价	项目的先进度 A	科技攻关成果转化项目 A_1	项目的科技攻关成果转化程度
		重点产业链 A_2	项目所在产业属于重点产业链一部分
		共性关键技术或者重大科技创新平台 A_3	项目拥有产业发展各环节的共性关键技术的水平、所形成重大科技创新平台的规模
	项目符合区域发展规划、政策的程度 B	产业集群发展情况 B_1	项目促进本区域产业集群发展的程度
		产业规划符合情况 B_2	项目符合本区域发展、产业发展、土地规划的程度
		国家战略符合情况 B_3	项目符合相关国家战略和行业发展规划的程度
		促进产业集群发展的政策落实情况 B_4	项目落实环保、节能政策的程度
	项目促进产业升级优化前景 C	技术创新成果的先进性 C_1	项目促进本地区应用相关产业的技术创新成果的程度
		区域产业结构优化 C_2	项目促进区域自主创新能力、提高产业结构优化升级的程度
		生产制造能力提高程度 C_3	项目促进本地区相关产业的创新产品生产制造能力提高的程度
		产业国际竞争力 C_4	项目帮助产业提升国际竞争力的程度
	项目与现有产业的匹配度 D	以培育战略新兴产业和改造传统产业为重点 D_1	项目在重点培育战略新兴产业和改造传统产业上的贡献度
		避免产业体系同质化 D_2	避免区域产业体系的同质化，减少区域内产业间的竞争程度
		替换落后产能 D_3	减少环境污染、淘汰落后产能
	项目的预期效益 E	直接经济效益 E_1	项目对本区域产业经济效益的带动程度
		劳动生产率提高程度 E_2	项目促进本区域产业劳动生产率提高的程度
		生产成本降低程度 E_3	项目促进本区域产业生产成本降低的程度
	项目完成的基础 F	技术研究开发能力 F_1	项目所在企业自身研究开发的能力、项目的知识产权和核心技术在国际上所处的水平
		人力、经费投入保障程度 F_2	高质量和足够数量人才、协同创新经费的保障程度
		产学研合作基础 F_3	具有明确的产学研合作对象及意向的程度
		金融支持程度 F_4	项目受到本地区金融部门支持保障的程度

注：评价值可按照"很差""差""一般""好""很好"来描述

3.1.3 基于综合云的区域产业协同创新项目选择评价模型

设有 m 个可选项目方案 $P=\{P_1,P_2,\cdots,P_m\}$，n 个评价指标 $C=\{c_1,c_2,\cdots,c_n\}$，对应的指标权重向量为 $W=\{w_1,w_2,\cdots,w_n\}$，且 $w_j\in[0,1]$，$w_1+w_2+\cdots+w_n=1$。

假定有 k 个专家 $E=\{E_1,E_2,\cdots,E_k\}$，专家对应的权重未知。设专家 E_k 给出的不确定定性语言评价矩阵为 $R_k=(a_{ij}^k)_{m\times n}$，$a_{ij}=[s_i,s_j]$，$s_i\in S$，$s_j\in S$，其中 $S=\{s_i\mid i=-t,-t+1,\cdots,t-1,t,t\in N\}$，$s_i$ 为语言变量，s_{-t} 和 s_t 分别为专家在评价指标时使用的语言变量的下限和上限。本节评价标准采用 5 点利克特量表，S 可定义为
$$S=\{s_{-2}=很差,s_{-1}=差,s_0=一般,s_1=好,s_2=很好\}$$

选优项目方案具体步骤如下。

（1）转化专家定性测度语言。借助王坚强和刘淘（2012）介绍的综合云方法，设专家给出的不确定语言值为 $[s_i,s_j]$，将其分别转化为两朵云，令 $s_i\to Y_i(E_{xi},E_{ni},H_{ei})$ 为左云，$s_j\to Y_j(E_{xj},E_{nj},H_{ej})$ 为右云。综合云由左右这两朵云集结得到，表示为 $\tilde{Y}(E_x,E_n,E_e)$。

设专家对指标的语言评估标度为 n，由专家制定有效论域 $[X_{\min},X_{\max}]$，在该论域上生成 n 朵云用于表示语言值。中间一朵云为 $Y_0(E_{x0},E_{n0},E_{e0})$。在利克特量表中，$n$ 为奇数，假设 $n=5$，定义其左右相邻的云分别为 $Y_{-1}(E_{x-1},E_{n-1},H_{e-1})$，$Y_{+1}(E_{x+1},E_{n+1},H_{e+1}),Y_{-2}(E_{x-2},E_{n-2},H_{e-2}),Y_{+2}(E_{x+2},E_{n+2},H_{e+2})$。

本节基于黄金分割的方法生成 n 朵云，基本思想是将给定的属性（论域）看成语言变量，每个语言变量有 n 个语言值，每个语言值用一个云模型来表达，相邻云的熵和超熵的较小者等于较大者×0.618。

令 $n=5$，则 5 朵云的数字特征为

$$E_{x0}=\frac{X_{\min}+X_{\max}}{2},\ E_{x-2}=X_{\min},\ E_{x+2}=X_{\max}$$

$$E_{x-1}=E_{x0}-\frac{0.382(X_{\min}+X_{\max})}{2}$$

$$E_{x+1}=E_{x0}+\frac{0.382(X_{\min}+X_{\max})}{2}$$

$$E_{n-1}=E_{n+1}=\frac{0.382(X_{\max}-X_{\min})}{6},\ E_{n0}=0.618E_{n+1},\ E_{n-2}=E_{n+2}=\frac{E_{n+1}}{0.618}$$

给定 H_{e0}，则有

$$H_{e-1}=H_{e+1}=\frac{H_{e0}}{0.618},\ H_{e-2}=H_{e+2}=\frac{H_{e+1}}{0.618} \qquad (3\text{-}1)$$

（2）对二级指标采用生成浮动云的方法集结为相应专家给出的一级指标综合评价云。设在论域 U 中有 n 朵基云 $Y_1(E_{x1},E_{n1},H_{e1}),Y_2(E_{x2},E_{n2},H_{e2}),\cdots,Y_n(E_{xn},E_{nn},H_{en})$ 可生成浮动云。若生成浮动云的数字特征为 $Y(E_x,E_n,E_e)$，则

$$E_x = w_1 E_{x1} + w_2 E_{x2} + \cdots + w_n E_{xn}$$
$$E_n = \frac{w_1 E_{x1} E_{n1} + w_2 E_{x2} E_{n2} + \cdots + w_n E_{xn} E_{nn}}{w_1 E_{x1} + w_2 E_{x2} + \cdots + w_n E_{xn}} \quad (3\text{-}2)$$
$$H_e = \sqrt{H_{e1}^2 + H_{e2}^2 + \cdots + H_{en}^2}$$

其中，$w_1, w_2, \cdots, w_n$ 为属性权重值。

通过将左右云集结为综合云以及通过式（3-2）和二级指标的权重生成浮动云，生成各个专家对于某一个项目的各二级评价指标集结后的一级指标综合评价值，实现二级指标集结到一级指标，即实现第一次集结。然后各专家给出每个项目在一级指标下的不确定性评价信息，重复步骤（1）和步骤（2）。

（3）结合专家权重求项目方案评价综合云。专家权重通过层次分析法求出。进行第二次集结，即结合专家权重将所有专家在同一一级指标下的云集结为综合云。再进行第三次集结，即将同一项目方案下的所有一级指标按照其对应权重求得项目评价综合云。

（4）求各项目正负理想方案的海明（Hamming）距离。设 $Y_1(E_{x1},E_{n1},H_{e1})$ 和 $Y_2(E_{x2},E_{n2},H_{e2})$ 为两朵综合云，则 $d(y_1,y_2)$ 为综合云 Y_1,Y_2 的距离。正理想方案表示为 $Y^+ = (\max E_{xi}, \min E_{ni}, \min H_{ei})$，负理想方案表示为 $Y^- = (\min E_{xi}, \max E_{ni}, \max H_{ei})$。利用式（3-3）求得项目 P_i 的综合云 Y_i 与正负理想方案的海明距离分别为 $d_i^+ = d(Y_i, Y^+)$，$d_i^- = d(Y_i, Y^-)$。

$$d(Y_1,Y_2) = \left| \left(1 - \frac{E_{n1}^2 + H_{e1}^2}{E_{n1}^2 + H_{e1}^2 + E_{n2}^2 + H_{e2}^2}\right) E_{x1} - \left(1 - \frac{E_{n2}^2 + H_{e2}^2}{E_{n1}^2 + H_{e1}^2 + E_{n2}^2 + H_{e2}^2}\right) E_{x2} \right|$$
$$(3\text{-}3)$$

（5）确定项目方案优劣排序。根据式（3-4）确定项目排序，该值越小，项目越优。

$$d_i^* = \frac{d_i^+}{d_i^+ + d_i^-} \quad (3\text{-}4)$$

3.1.4 案例分析

以湖南省机械装备制造业产业协同创新项目为例，对其进行选择评价。近年来，湖南省机械装备制造业集中发展 4 个主导产业，即工程机械、电工电器、汽

车、轨道交通设备,以产业协同创新为突破口,不断培育和引导 4 个主导产业集群发展与优势发展。2018 年末,机械装备制造业规模总量位居湖南省工业之首。湖南省机械装备制造业中有 4 个主导产业,要求从每个产业中选出一个主导优势项目,从而组成产业协同创新项目群。以汽车产业为例,目前汽车产业有 3 个项目可供选择,分别是项目 P_1, P_2, P_3。根据表 3-1 中的评价体系,对这 3 个项目进行评估,以选择汽车产业的协同创新项目。

区域产业协同创新项目选择的评价指标皆为定性指标,定性指标的数据通过设计半开放式问卷并发放问卷获得。问卷采取 5 点利克特量表,专家所给评价等级越高,表明评价越好。一级和二级指标的权重由熵权法确定,各指标权重见表 3-2。5 位专家 $E_k(k=1,2,\cdots,5)$ 的权重由层次分析法求出,其权重向量为 $\{w_{ek}|0.261, 0.153, 0.192, 0.228, 0.166\}$。以 5 位专家给出的、用不确定性定性语言表示的项目 P_1 在项目的先进度 A 下的二级指标 (A_1, A_2, A_3) 的评价信息为例,阐述计算过程,评价信息如表 3-3 所示。

表 3-2　区域产业协同创新项目指标权重

一级指标	权重	二级指标	权重	一级指标	权重	二级指标	权重
A	0.205	A_1	0.268	D	0.131	D_1	0.394
		A_2	0.440			D_2	0.331
		A_3	0.292			D_3	0.275
B	0.165	B_1	0.191	E	0.146	E_1	0.383
		B_2	0.361			E_2	0.325
		B_3	0.269			E_3	0.292
		B_4	0.179			—	—
C	0.169	C_1	0.229	F	0.184	F_1	0.219
		C_2	0.203			F_2	0.245
		C_3	0.313			F_3	0.209
		C_4	0.255			F_4	0.327

表 3-3　5 位专家给出的对项目 P_1 在项目的先进度 A 下的二级指标的评价信息

专家	项目的先进度的二级指标		
	A_1	A_2	A_3
E_1	$[S_1]$	$[S_{-1}, S_1]$	$[S_0, S_2]$
E_2	$[S_0]$ 左右	$[S_0, S_1]$	$[S_0]$
E_3	$[S_1, S_2]$	$[S_{-1}]$	$[S_2, S_2]$
E_4	$[S_2, S_2]$	$[S_1]$ 左右	$[S_0, S_1]$
E_5	$[S_0, S_2]$	$[S_2, S_2]$	$[S_2]$

注:S_{-2}、S_{-1}、S_0、S_1、S_2 分别表示评价结果为很差、差、一般、好、很好。

评价步骤如下。

（1）专家评价信息转换。利用式（3-1），将5个评价等级采用黄金分割法生成5朵云$(Y_{-2}, Y_{-1}, \cdots, Y_{+2})$，对应的论域为$[0,10]$，$H_{e0}=0.1$，则5朵云分别为$Y_{-2}(0, 1.031, 0.262)$代表很差，$Y_{-1}(3.09, 0.637, 0.162)$代表差，$Y_0(5, 0.393, 0.100)$代表一般，$Y_1(6.91, 0.637, 0.162)$代表好，$Y_2(10, 1.031, 0.262)$代表很好。然后将专家评价不确定性定性语言（表3-3）的左云与右云集结为一朵综合云。对于评价结果为$[S_1]$左右的，由于转换后的云模型的云滴均匀分布在等级$[S_1]$对应的云模型两边，该形式的评价结果转换后同评价结果为$[S_1]$转换后的形式是相同的。转化信息如表3-4所示。

表3-4　将表3-3中5位专家给出的评价信息转化为综合云

专家	项目的先进度的二级指标		
	A_1	A_2	A_3
E_1	(6.91, 0.637, 0.162)	(5, 1.274, 0.229)	(6.38, 2.238, 0.280)
E_2	(5, 0.393, 0.100)	(5.73, 1.031, 0.190)	(5, 0.393, 0.100)
E_3	(8.09, 1.667, 0.308)	(3.09, 0.637, 0.162)	(10, 1.031, 0.371)
E_4	(10, 1.031, 0.371)	(6.91, 0.637, 0.162)	(5.73, 1.031, 0.190)
E_5	(6.38, 2.238, 0.280)	(10, 1.031, 0.371)	(10, 1.031, 0.262)

（2）对项目先进度的二级指标采用生成浮动云的方法集结到一级指标，其二级指标的权重见表3-2。运用式（3-2）求得专家E_1，E_2，E_3，E_4，E_5对于项目P_1的先进度评价综合云，分别为$E_1(5.91, 1.378, 0.396)$、$E_2(5.321, 0.695, 0.237)$、$E_3(6.448, 1.162, 0.509)$、$E_4(7.394, 0.869, 0.447)$、$E_5(9.029, 1.259, 0.534)$。

（3）结合专家权重及生成浮动云的方法集结所有专家对于项目P_1的先进度评价综合云。因此，项目P_1在集结所有专家的评价信息后的先进度综合评价云为$A(6.781, 1.104, 0.978)$；同理，根据5位专家给出的用不确定性定性语言表示的项目P_1在其他一级指标(B, C, D, E, F)的二级指标$(B_1, B_2, B_3, B_4, \cdots, F_1, F_2, F_3, F_4)$下的评价信息，按照上述步骤得出项目$P_1$在其他一级指标下的综合评价云，分别为$B(7.12, 0.581, 0.567)$、$C(4.78, 0.623, 0.429)$、$D(6.59, 0.935, 0.641)$、$E(5.37, 0.649, 0.817)$、$F(8.56, 0.642, 0.308)$。

（4）求项目P_1的综合评价云。根据表3-2中的一级指标权重，采用生成浮动云的方法集结所有一级指标求得项目P_1的综合评价云为$P_1(6.60, 0.765, 1.623)$。

（5）重复以上步骤求得汽车产业中项目P_2，P_3的综合评价云分别为$P_2(5.86, 0.781, 0.782)$，$P_3(6.16, 0.812, 0.873)$。汽车产业中项目P_1，P_2，P_3方案与正负理想方

案海明距离为 $Y^+ = (6.60, 0.765, 0.782)$，$Y^- = (5.86, 0.812, 1.623)$；$d_1^+ = d(Y_{P_1}, Y^+) = 3.02$，$d_1^- = d(Y_{P_1}, Y^-) = 0.441$；$d_2^+ = d(Y_{P_2}, Y^+) = 0.43$，$d_2^- = d(Y_{P_2}, Y^-) = 2.689$；$d_3^+ = d(Y_{P_3}, Y^+) = 0.77$，$d_3^- = d(Y_{P_3}, Y^-) = 2.536$。

（6）确定项目排序。根据式（3-4）确定汽车产业中各项目的排序，计算得 $d_1^* = 0.873$；$d_2^* = 0.138$；$d_3^* = 0.233$，项目排序为 P_2，P_3，P_1，因此汽车产业中可以选择项目 P_2 参与产业的协同创新。

以此类推，重复以上步骤，分别选出湖南省机械装备制造业中其余三个产业中适合参加产业协同创新的项目。

值得一提的是，上述计算过程可以通过编制一段小程序来实现，可大大减少计算的工作量。

案例的成功应用表明构建的配套评价体系具有可操作性。评价指标充分考虑到促进区域产业协同创新项目的特征。评估模型采用综合云模型，以更好地处理评估信息的不确定性，包括模糊性和随机性。该评价体系从理论上丰富了区域产业协同创新的相关理论，为政府科学客观地选择区域协同创新主导项目、形成产业协同创新项目群提供了有效的方法和工具。它还为企业在项目申报过程中评估项目合规性提供了标准，以促进区域产业协同创新的发展。

3.2 协同创新项目风险管理研究

目前有大量文献对利益分配方法和模式、机会主义行为等进行研究，但较少见到对协同创新项目进行成本与风险分析并通过成本分摊和风险管理来间接有效地解决协同创新过程中逆向选择、道德风险和利益分配不当的问题。本节旨在通过成本分摊和风险管理提升利益分配的效果，为协同创新管理决策提供参考。

3.2.1 协同创新项目风险管理

协同创新已经成为一种具有较高自主创新能力的全新组织模式，为了在决策过程中确保各合作主体的利益需求、保持各合作主体的积极性，迫切需要制定一种客观准确并被普遍接受的风险分担方法，以确保协同创新各合作主体的利益分配均衡。目前，国内外学者对风险分担的研究主要集中在风险理论和定性研究的完善方面。例如，Yeo 和 Tiong（2000）、Jin 和 Doloi（2008）分别采用案例分析和实证调研等方法构建了风险分担矩阵,并定性分析了基于合同的风险分配机制。Khazaeni 等(2012)运用模糊推理的相关方法构建风险分配的指标体系,并重点分析了各级指标对风险分担绩效的权重。戴建华和薛恒新(2004)在研究协同创新项目利益分配的过程中考虑了风险因素的影响,提出了一种基于风险因子的修正方法,对 Shapley 值法进行了相应的改进,并且对 Shapley 值法的优势与不足进行了分析,强调每个合作主体在面对风险时表现出的差异性。李林等(2015a)单独研究风险因素,将协同创新的协同性、动态性、多主体性等特点考虑在内,采用合作博弈的概念以确定各合作主体的承担比例。上述方法为解决协同创新风险分担问题提供了思路,但若要使其运用在实际决策过程中则需要大量项目数据和风险数据作为基础。由于风险的复杂性、多样性以及协同创新项目独特性的影响,即使是同一种风险,也将因项目不同而发生变化,因此很难将以往的统计数据作为分担风险的依据。鉴于以上分析,本节提出一种客观准确并能被普遍接受的风险分担方法,即采用三角模糊层次分析法来估计各合作组合的风险承担能力,并利用 Shapley 值法确定各合作主体的风险承担能力贡献值,将参与协同创新的各合作主体对风险承担能力贡献值作为分担风险的依据,以此确定风险分担比例。切入点为风险承担能力,避免了使用不确定性较大的风险本身作为分担依据,取而代之以确定性较大的合作主体风险承担能力作为依据,大大提高了风险分担的准确性和客观性。

3.2.2 项目风险建模理论基础及思路

1. 基于模糊层次分析法的风险承担能力量化方法

模糊层次分析法是基于层次分析法衍生出的一种改进方法,将人判断的模糊性纳入评价中,使结果更具有说服力。其核心思想是通过将复杂问题分解为若干层次或若干因素,对两两因素之间的重要程度进行比较判断,从而得到不同方案的重要程度的权重,为最佳方案的优劣程度提供量化的指标,为最佳方案的选取以及对比提供依据。三角模糊层次分析法是在模糊层次分析法的基础上加入了三角模糊数学的概念,令专家给出三个分值,分别为最悲观估计、最大可能估计和最乐观估计。通常专家在进行打分时使用"大约""左右""上下"等语言来回答所提出的问题。

采用三角模糊层次分析法构建模型可以使评估更契合专家评价标准,有效地降低误差,增加风险承担能力量化的准确性。个体或组织的风险承担能力是难以用某个数值精确表达的,因此考虑人判断的模糊性是很有必要的。

2. 基于 Shapley 值法的风险分担策略

Shapley 值法是由美国经济学家 Shapley 提出的，是一种用于解决多人合作对策问题的数学方法。相较于合作博弈另外两个解法概念——核心和稳定集，Shapley 值法有两大优点：首先它必然存在；其次其解是唯一的。已有的相关研究主要利用 Shapley 值法解决合作博弈的利益分配问题。风险承担能力的变化也可看作通过合作而带给各合作主体的一种效益。因此，使用 Shapley 值法来分析风险分担问题在理论上是可行的。

采用 Shapley 值法构建风险分担模型的意义在于使风险分担比例更加客观，经此法最终得到的风险分担比例由每个合作主体对合作组合的贡献来确定，因此风险承担的效率性更强，同样能满足成员对于公平性的要求。

3. 风险分担模型构建思路

风险分担比例是利益分配均衡的一个重要影响因素，在协同创新过程中各合作主体必然要求己方获得客观合理的风险分担比例。在一定程度上各合作主体及其组合对风险承担能力的贡献度反映出其在面临风险时的获益能力、控制风险能力以及所能承受的风险上限。在协同创新项目开展过程中，贡献较大的合作主体风险损失较少，风险应对能力也相对较强，所能承受的风险上限也较高，因此贡献较大的合作主体相应地加大风险分担比例，既不会对效益值带来较大损失，也能实现对风险的有效控制，同时还能保持贡献较小的合作主体的积极性，从而维持整个协同创新项目的顺利进行。因此协同创新过程中各合作主体对风险承担能力的贡献可作为协同创新项目中各合作主体风险分担比例的依据，以此来分担风险满足风险分担原则，更有利于联盟的稳定性。

首先利用三角模糊层次分析法确定各合作主体及其组成的可能组合的风险承担能力，然后使用 Shapley 值法求出每个合作主体对联盟的某一风险承担能力的贡献值，按贡献值来确定各合作主体的风险分担比例，理论模型如图 3-1 所示。

3.2.3 协同创新项目风险分担模型构建

1. s 位专家给出各合作组合风险承担能力的模糊判断矩阵

请专家对各合作组合就风险 R_l 的承担能力进行评估，并对各合作组合对风险 R_l 的承担能力相对强弱进行比较，标度方法如表 3-5 所示。

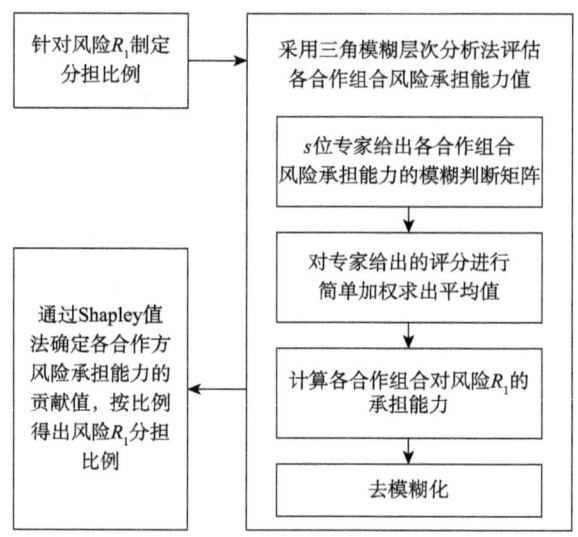

图 3-1 理论模型图

表 3-5 风险承担能力比较标度方法

标度	现实意义
0.9	两个合作组合相比较，一方对风险 R_1 的承担能力比另一方极强
0.8	两个合作组合相比较，一方对风险 R_1 的承担能力比另一方很强
0.7	两个合作组合相比较，一方对风险 R_1 的承担能力比另一方较强
0.6	两个合作组合相比较，一方对风险 R_1 的承担能力比另一方稍强
0.5	两个合作组合相比较，一方对风险 R_1 的承担能力与另一方相同
—	反比较，如果合作组合 i 与 j 相比得 r_{ij}，则 j 和 i 相比为 $1-r_{ij}$

每位专家就各合作组合对风险 R_1 的承担能力进行比较得出的模糊判断矩阵为 $\tilde{R}$：

$$\tilde{R} = \begin{bmatrix} \tilde{a}_{11} & \tilde{a}_{12} & \cdots & \tilde{a}_{1n} \\ \tilde{a}_{21} & \tilde{a}_{22} & \cdots & \tilde{a}_{2n} \\ \vdots & \vdots & & \vdots \\ \tilde{a}_{n1} & \tilde{a}_{n2} & \cdots & \tilde{a}_{nn} \end{bmatrix} \quad (3\text{-}5)$$

其中，$\tilde{a}_{ij}=(l_{ij},m_{ij},u_{ij})$ 为三角模糊数，l_{ij}、m_{ij}、u_{ij} 分别表示各可能的合作组合就风险 R_1 比较时专家给出的承担能力强弱程度的最悲观估计、最大可能估计和最乐观估计。

s 位专家给出的三角模糊互补判断矩阵集为

$$\left\{\tilde{R}_k \middle| \tilde{R}_k=(\tilde{a}_{ij})_{n\times n}=(l_{ij},m_{ij},u_{ij})_{n\times n}, k=1,2,3,\cdots,s\right\} \quad (3\text{-}6)$$

2. 对专家给出的评分进行简单加权求出平均值

利用加权法将综合 s 位专家的偏好信息通过加权平均将模糊数进行整合,其计算公式如下:

$$\tilde{a}_{ij} = \frac{1}{s} \otimes \left(\tilde{a}_{ij}^1 \oplus \tilde{a}_{ij}^2 \oplus \cdots \oplus \tilde{a}_{ij}^s \right) = \left(\frac{\sum_{k=0}^{s} l_{ij}^k}{s}, \frac{\sum_{k=0}^{s} m_{ij}^k}{s}, \frac{\sum_{k=0}^{s} u_{ij}^k}{s} \right) \quad (3\text{-}7)$$

3. 计算各合作组合对风险 R_1 的承担能力

通过式(3-7)计算出合作组合 i 的模糊综合评价并归一化,得到相对权重向量为 $\tilde{t}_i$。此权重向量即表示各合作组合 i 对风险 R_1 的承担能力:

$$\tilde{t}_i = \sum_{j=1}^{s} \tilde{a}_{ij} \otimes \left[\sum_{i=1}^{s} \sum_{j=1}^{s} \tilde{a}_{ij} \right]^{-1} \approx \left(\frac{\sum_{j=1}^{s} l_{ij}}{\sum_{i=1}^{s} \sum_{j=1}^{s} u_{ij}}, \frac{\sum_{j=1}^{s} m_{ij}}{\sum_{i=1}^{s} \sum_{j=1}^{s} m_{ij}}, \frac{\sum_{j=1}^{s} u_{ij}}{\sum_{i=1}^{s} \sum_{j=1}^{s} l_{ij}} \right) \quad (3\text{-}8)$$

4. 去模糊化

以上得到每个合作组合对于风险 R_1 的承担能力强弱的模糊权重向量。为了使量化更加简洁,需将得到的模糊权重系数转化为一个确定的数值。根据三角模糊数的定义,对于任意两个模糊数 $p_1 = (l_1, m_1, u_1)$,$p_2 = (l_2, m_2, u_2)$,$p_1 \geq p_2$ 的程度即合作组合 1 对于风险 R_1 的承担能力较合作组合 2 强的程度可以表示为

$$v(p_1 \geq p_2) = \begin{cases} 1, & m_1 \geq m_2 \\ \dfrac{l_2 - u_1}{(m_1 - u_1) - (m_2 - l_2)}, & m_1 \leq m_2, u_1 \geq l_2 \\ 0, & \text{其他} \end{cases} \quad (3\text{-}9)$$

对于任意一个模糊数,其大于其他 k 个模糊数的程度即任意合作组合对于风险 R_1 的承担能力大于其他合作组合的程度可以表示为

$$v(x_i) = v(p \geq p_1, p_2, \cdots, p_k) = \min\{v(p \geq p_1), v(p \geq p_2), \cdots, v(p \geq p_k)\} \quad (3\text{-}10)$$

其中,$v(x_i)$ 为 i 组合对风险 R_1 的承担能力量化值。

通过 Shapley 值法确定各合作主体对风险承担能力的贡献值,进而得出风险 R_1 分担比例,通过三角模糊层次分析法可以得出每种合作组合对风险 R_1 的承担能力 $v(x_i)$。利用 Shapley 值法计算协同创新各合作主体对风险 R_1 的承担能力贡献值,以每个合作主体加入协同创新项目对风险承担能力的贡献值来合理地分担风险。

合作主体对风险 R_1 的承担能力贡献值可以由式(3-11)求得:

$$\phi(x_i) = \sum_{s \in s_i} (w|s|) \left[v(s) - v\left(\frac{s}{i}\right) \right], \quad i = 1, 2, \cdots, n \tag{3-11}$$

其中，$w(|s|) = \dfrac{(n-|s|)!(|s|-1)!}{n!}$。

合作主体 i 对风险 R_1 的分担比例 λ_i 可以由式（3-12）求出：

$$\lambda_i = \frac{\phi(x_i)}{\sum_{i=1}^{n} \phi(x_i)}, \quad i = 1, 2, \cdots, n \tag{3-12}$$

3.2.4　协同创新项目风险管理案例

假设 A、B、C 三家企业试图开展协同创新项目，由于项目是首次开展，没有先例可以作为参考，为防止风险 R_1 的发生，预计要投入 100 000 元资金。如果这份损失三者平均分担，这种大锅饭式的分配势必会使风险承担能力较弱的合作主体感到不公平，不利于合作的进行。此时即可采用 3.2.3 小节提出的方法，使用三角模糊层次分析法首先确定各合作组合对风险 R_1 的承担能力，然后利用 Shapley 值法确定每个合作主体的风险分担比例。

假设 5 位专家根据表 3-5 对合作组合集 $\{A, B, C, AB, AC, BC, ABC\}$ 给出的三角模糊数互补判断矩阵为

$$\tilde{R}^1 = \begin{bmatrix}
(0.5,0.5,0.5) & (0.3,0.4,0.5) & (0.2,0.3,0.5) & (0.1,0.2,0.3) & (0.1,0.2,0.4) & (0.1,0.2,0.3) & (0.1,0.2,0.3) \\
(0.5,0.6,0.7) & (0.5,0.5,0.5) & (0.2,0.3,0.4) & (0.1,0.2,0.3) & (0.1,0.2,0.4) & (0.1,0.2,0.4) & (0.1,0.2,0.4) \\
(0.5,0.7,0.8) & (0.6,0.7,0.8) & (0.5,0.5,0.5) & (0.1,0.2,0.3) & (0.1,0.2,0.4) & (0.1,0.3,0.4) & (0.1,0.2,0.3) \\
(0.7,0.8,0.9) & (0.7,0.8,0.9) & (0.7,0.8,0.9) & (0.5,0.5,0.5) & (0.3,0.4,0.5) & (0.2,0.3,0.4) & (0.1,0.2,0.3) \\
(0.6,0.8,0.9) & (0.6,0.8,0.9) & (0.6,0.7,0.9) & (0.5,0.6,0.7) & (0.5,0.5,0.5) & (0.1,0.2,0.3) & (0.1,0.2,0.3) \\
(0.7,0.8,0.9) & (0.6,0.8,0.9) & (0.7,0.8,0.9) & (0.6,0.7,0.8) & (0.7,0.8,0.9) & (0.5,0.5,0.5) & (0.1,0.2,0.3) \\
(0.7,0.8,0.9) & (0.6,0.8,0.9) & (0.7,0.8,0.9) & (0.7,0.8,0.9) & (0.7,0.8,0.9) & (0.7,0.8,0.9) & (0.5,0.5,0.5)
\end{bmatrix}$$

（1）根据式（3-7）综合各专家的评价信息。

（2）根据式（3-8）计算得出各合作组合的模糊评价值为

$$\tilde{R}_A = (0.05, 0.09, 0.14)$$

$$\tilde{R}_B = (0.06, 0.09, 0.16)$$

$$\tilde{R}_C = (0.07, 0.11, 0.18)$$

$$\tilde{R}_{AB} = (0.10, 0.15, 0.22)$$

$$\tilde{R}_{AC} = (0.11, 0.16, 0.24)$$

$$\tilde{R}_{BC} = (0.13, 0.16, 0.27)$$

$$\tilde{R}_{ABC} = (0.15, 0.21, 0.30)$$

（3）根据式（3-9）去模糊化，得

$v(x_A) = v(p_A \geqslant p_A, p_B, p_C, p_{AB}, p_{AC}, p_{BC}, p_{ABC}) = \min\{1, 0.78, 0.4, 0.3, 0.125, 0\} = 0$

同理可得

$v(x_B) = \min\{1, 0.82, 0.5, 0.42, 0.3, 0.08\} = 0.08$

$v(x_C) = \min\{1, 1, 0.67, 0.58, 0.5, 0.23\} = 0.23$

$v(x_{AB}) = \min\{1, 1, 1, 0.92, 0.9, 0.53\} = 0.53$

$v(x_{AC}) = \min\{1, 1, 1, 1, 0.64\} = 0.64$

$v(x_{BC}) = \min\{1, 1, 1, 1, 1, 0.71\} = 0.71$

$v(x_{ABC}) = \min\{1, 1, 1, 1, 1\} = 1$

上述步骤得到最终权重即对风险 R_1 承担能力量化值 $v(x_A) = 0$，$v(x_B) = 0.08$，$v(x_C) = 0.23$，$v(x_{AB}) = 0.53$，$v(x_{AC}) = 0.64$，$v(x_{BC}) = 0.71$，$v(x_{ABC}) = 1$。

由此可以看出，在协同创新中选择合作的风险承担能力更强，在面对风险时所获得的效益也会增加。根据式（3-10）得到合作主体 A 对联盟风险承担能力的贡献值，如表 3-6 所示。将表中最后一行相加得到 $\phi(A) = 0.24$（式（3-11））。

表 3-6　合作主体 A 风险承担能力的贡献值

项目	A	$A \cup B$	$A \cup C$	$A \cup B \cup C$
$v(s)$	0	0.53	0.64	1
$v\left(\dfrac{s}{A}\right)$	0	0.08	0.23	0.71
$v(s) - v\left(\dfrac{s}{A}\right)$	0	0.45	0.41	0.29
$\lvert s \rvert$	1	2	2	3
$w(\lvert s \rvert)$	1/3	1/6	1/6	1/3
$w(\lvert s \rvert)\left[v(s) - v\left(\dfrac{s}{A}\right)\right]$	0	0.075	0.068	0.097

同理，其他四位专家给出的模糊判断矩阵分别为

$$\tilde{R}^2 = \begin{bmatrix} (0.5,0.5,0.5) & (0.4,0.5,0.6) & (0.2,0.3,0.4) & (0.1,0.2,0.4) & (0.1,0.2,0.3) & (0.1,0.2,0.3) & (0.1,0.2,0.3) \\ (0.4,0.5,0.6) & (0.5,0.5,0.5) & (0.2,0.3,0.5) & (0.2,0.3,0.4) & (0.1,0.2,0.3) & (0.1,0.2,0.3) & (0.1,0.2,0.3) \\ (0.6,0.7,0.8) & (0.5,0.7,0.8) & (0.5,0.5,0.5) & (0.2,0.3,0.6) & (0.1,0.2,0.4) & (0.1,0.2,0.3) & (0.1,0.2,0.3) \\ (0.6,0.8,0.9) & (0.6,0.7,0.8) & (0.4,0.7,0.8) & (0.5,0.5,0.5) & (0.3,0.4,0.5) & (0.2,0.3,0.5) & (0.1,0.2,0.4) \\ (0.7,0.8,0.9) & (0.7,0.8,0.9) & (0.7,0.8,0.9) & (0.5,0.6,0.7) & (0.5,0.5,0.5) & (0.1,0.2,0.4) & (0.2,0.3,0.5) \\ (0.7,0.8,0.9) & (0.7,0.8,0.9) & (0.7,0.8,0.9) & (0.5,0.7,0.9) & (0.6,0.8,0.9) & (0.5,0.5,0.5) & (0.1,0.2,0.4) \\ (0.7,0.8,0.9) & (0.7,0.8,0.9) & (0.7,0.8,0.9) & (0.6,0.8,0.9) & (0.5,0.7,0.8) & (0.6,0.8,0.9) & (0.5,0.5,0.5) \end{bmatrix}$$

$$\tilde{R}^3 = \begin{bmatrix} (0.5,0.5,0.5) & (0.2,0.3,0.4) & (0.3,0.4,0.5) & (0.1,0.2,0.3) & (0.2,0.3,0.4) & (0.1,0.2,0.4) & (0.1,0.2,0.3) \\ (0.6,0.7,0.8) & (0.5,0.5,0.5) & (0.2,0.3,0.4) & (0.2,0.3,0.6) & (0.1,0.2,0.4) & (0.1,0.2,0.3) & (0.1,0.2,0.3) \\ (0.5,0.6,0.7) & (0.6,0.7,0.8) & (0.5,0.5,0.5) & (0.1,0.2,0.4) & (0.2,0.3,0.5) & (0.1,0.2,0.3) & (0.1,0.2,0.3) \\ (0.7,0.8,0.9) & (0.4,0.7,0.8) & (0.6,0.8,0.9) & (0.5,0.5,0.5) & (0.2,0.3,0.5) & (0.1,0.2,0.4) & (0.2,0.3,0.5) \\ (0.6,0.7,0.8) & (0.6,0.8,0.9) & (0.7,0.8,0.9) & (0.5,0.7,0.8) & (0.5,0.5,0.5) & (0.2,0.3,0.5) & (0.1,0.2,0.4) \\ (0.6,0.8,0.9) & (0.7,0.8,0.9) & (0.7,0.8,0.9) & (0.6,0.8,0.9) & (0.5,0.7,0.8) & (0.5,0.5,0.5) & (0.1,0.2,0.4) \\ (0.7,0.8,0.9) & (0.7,0.8,0.9) & (0.7,0.8,0.9) & (0.5,0.7,0.8) & (0.6,0.8,0.9) & (0.6,0.7,0.9) & (0.5,0.5,0.5) \end{bmatrix}$$

$$\tilde{R}^4 = \begin{bmatrix} (0.5,0.5,0.5) & (0.3,0.4,0.5) & (0.2,0.3,0.6) & (0.1,0.2,0.3) & (0.1,0.2,0.3) & (0.1,0.2,0.3) & (0.1,0.2,0.3) \\ (0.5,0.6,0.7) & (0.5,0.5,0.5) & (0.1,0.2,0.3) & (0.2,0.3,0.4) & (0.2,0.3,0.4) & (0.1,0.2,0.4) & (0.1,0.2,0.3) \\ (0.4,0.7,0.8) & (0.7,0.8,0.9) & (0.5,0.5,0.5) & (0.1,0.3,0.4) & (0.1,0.2,0.4) & (0.1,0.2,0.4) & (0.1,0.2,0.3) \\ (0.7,0.8,0.9) & (0.6,0.7,0.8) & (0.6,0.7,0.9) & (0.5,0.5,0.5) & (0.2,0.3,0.5) & (0.1,0.2,0.4) & (0.2,0.3,0.4) \\ (0.7,0.8,0.9) & (0.6,0.7,0.8) & (0.6,0.8,0.9) & (0.6,0.7,0.8) & (0.5,0.5,0.5) & (0.2,0.3,0.4) & (0.1,0.3,0.4) \\ (0.7,0.8,0.9) & (0.7,0.8,0.9) & (0.7,0.8,0.9) & (0.7,0.8,0.9) & (0.6,0.7,0.8) & (0.5,0.5,0.5) & (0.1,0.2,0.4) \\ (0.7,0.8,0.9) & (0.7,0.8,0.9) & (0.7,0.8,0.9) & (0.6,0.7,0.8) & (0.6,0.7,0.9) & (0.5,0.8,0.9) & (0.5,0.5,0.5) \end{bmatrix}$$

$$\tilde{R}^5 = \begin{bmatrix} (0.5,0.5,0.5) & (0.2,0.3,0.4) & (0.2,0.3,0.4) & (0.2,0.3,0.4) & (0.1,0.2,0.3) & (0.1,0.2,0.3) & (0.1,0.2,0.4) \\ (0.5,0.7,0.8) & (0.5,0.5,0.5) & (0.1,0.2,0.3) & (0.1,0.2,0.3) & (0.2,0.3,0.4) & (0.1,0.2,0.4) & (0.1,0.2,0.3) \\ (0.6,0.7,0.8) & (0.6,0.7,0.8) & (0.5,0.5,0.5) & (0.1,0.2,0.3) & (0.2,0.3,0.4) & (0.1,0.2,0.3) & (0.1,0.2,0.3) \\ (0.6,0.7,0.8) & (0.7,0.8,0.9) & (0.7,0.8,0.9) & (0.5,0.5,0.5) & (0.1,0.3,0.4) & (0.2,0.3,0.4) & (0.2,0.3,0.4) \\ (0.7,0.8,0.9) & (0.5,0.7,0.8) & (0.7,0.8,0.9) & (0.6,0.7,0.9) & (0.5,0.5,0.5) & (0.1,0.3,0.4) & (0.1,0.2,0.3) \\ (0.7,0.8,0.9) & (0.6,0.8,0.9) & (0.7,0.8,0.9) & (0.6,0.7,0.8) & (0.6,0.7,0.9) & (0.5,0.5,0.5) & (0.1,0.3,0.4) \\ (0.6,0.8,0.9) & (0.6,0.8,0.9) & (0.7,0.8,0.9) & (0.6,0.7,0.8) & (0.7,0.8,0.9) & (0.6,0.7,0.9) & (0.5,0.5,0.5) \end{bmatrix}$$

$$\tilde{R} = \begin{bmatrix} (0.50,0.50,0.50) & (0.28,0.38,0.50) & (0.28,0.38,0.48) & (0.12,0.22,0.34) & (0.14,0.22,0.34) & (0.10,0.20,0.32) & (0.10,0.20,0.32) \\ (0.50,0.62,0.72) & (0.50,0.50,0.50) & (0.16,0.26,0.40) & (0.16,0.26,0.40) & (0.16,0.26,0.40) & (0.14,0.20,0.34) & (0.10,0.20,0.34) \\ (0.52,0.62,0.78) & (0.60,0.74,0.84) & (0.50,0.50,0.50) & (0.12,0.24,0.40) & (0.10,0.22,0.34) & (0.10,0.20,0.30) & (0.10,0.20,0.30) \\ (0.66,0.78,0.88) & (0.60,0.74,0.84) & (0.60,0.76,0.88) & (0.50,0.50,0.50) & (0.22,0.34,0.46) & (0.16,0.26,0.40) & (0.14,0.26,0.40) \\ (0.66,0.78,0.86) & (0.60,0.76,0.86) & (0.66,0.78,0.90) & (0.54,0.66,0.78) & (0.50,0.50,0.50) & (0.14,0.26,0.40) & (0.12,0.24,0.38) \\ (0.68,0.80,0.90) & (0.66,0.80,0.90) & (0.70,0.80,0.90) & (0.60,0.74,0.84) & (0.60,0.74,0.86) & (0.50,0.50,0.50) & (0.10,0.24,0.40) \\ (0.68,0.80,0.90) & (0.66,0.80,0.90) & (0.70,0.80,0.90) & (0.60,0.74,0.86) & (0.62,0.76,0.88) & (0.60,0.76,0.90) & (0.50,0.50,0.50) \end{bmatrix}$$

同理得

$$\phi(B) = 0.315, \ \phi(C) = 0.445$$

根据式（3-12）得出三者风险分担比例分别为 24%、31.5%、44.5%，即合作主体 A 需要投入 24 000 元，合作主体 B 需要投入 31 500 元，合作主体 C 需要投入 44 500 元。

3.2.5 相关结论

上述案例得出的结果表示在协同创新项目需要投入资金来预防风险时合作主体就此资金的分担比例。在面对较大的未知性时，依靠各合作主体的风险承担能力来确定风险分担比例是一种切实可行的方法。本节依据各合作主体对风险 R_1 承担能力的强弱来确定其针对预防风险 R_1 的投入资金比例，并根据此数据在利益分配中调整最终结果。

本方法的优点如下：第一，客观性强，量化风险承担能力的过程严谨，降低了主观判断的影响；第二，准确性强，风险承担能力与合作主体自身的综合实力密切相关，与其他风险分担影响因素进行比较，具有较强的稳定性，因此对于风险承担能力的量化准确性更强；第三，可行性强，操作过程简单，相较于以往方法对于历史数据的依赖性小。

3.3 协同创新项目的最优成本分摊研究

学界对协同创新中的利益分配给予了广泛的关注。例如，詹美求和潘杰义（2008）认为在校企合作创新过程中存在三种典型的利益分配模式：固定支付模式、产出分享模式和混合模式。Lemaire（1991）针对联盟企业共同创造的利益建立了合作博弈模型。Nishizaki 和 Sakawa（2000）将合作利益分配问题转化为含有模糊参数的数学规划问题，通过优化模型求解，得出最优利益分配。董彪和王玉冬（2006）、孙东川和叶飞（2001）运用不对称的纳什谈判协商模型，设计了产学研合作各方利益分配的方法。刘学和庄乾志（1998）分析了合作创新的特征与风险来源，从定性的角度提出了合作创新风险分摊和利益分配的标准。Elmuti 等（2005）、Crama 等（2008）研究了合作中的道德风险及信用问题。戴建华和薛恒新（2004）通过合作创新能力构建 Shapley 值利益分配模型。Kim 和 Netessine（2013）、Bhaskaran 和 Krishnan（2009）研究了新产品研发主体之间的利益分配问题。Medda（2007）采用博弈方法建立了风险分配谈判的讨价还价模型。关于协同创新成本的研究较少，主要从以下两个方面进行研究：一是基于交易成本理论对合作创新的交易成本的分析识别，以及其对合作创新模式与创新成败的影响，交易成本包括信息成本、谈判成本、研发成本、应用推广成本、风险控制成本、沟通成本及其他成本；二是合作成员之间的成本分摊方法。艾凤义和侯光明（2004）通过对上下游企业共同投资研发的合作模式的研究，提出一种利益分配机制和两种成本分担机制，其中成本的分担采用收入比例分担方法和固定比例分担方法。鲍新中和王道平（2010）认为合作创新成本的分摊和合作收益的分配问题是合作关系能否保持稳定的关键所在，通过运用博弈理论分析了创新成本的分摊和合作收益的分配系数问题，得出企业通过技术创新成本补贴方式可以刺激学研方技术创新的结论。冯锋和吴勋波（2012）将熵引入数据包络分析方法中，结合影响成本分担的主要因素，采用极大熵原理，得出产学研创新成本分摊模型。

总体来说，上述对协同创新利益分配的研究各有特点，而对协同创新成本的研究则较少,且主要为交易费用的识别及研究。对于成本分摊的方法主要根据一些公平原则来设计,如按贡献率。较少见到以利益为中心讨论成本分摊,将成本分摊作为协同创新过程中的一项约束及激励措施,在项目结束时对协同各方进行成本补偿激励或提高分担成本,来间接有效地解决协同创新过程中逆向选择、道德风险问题,同时提升利益分配效果。

基于此,本节将协同创新研发的成果(成功实现产业化后)带来的销售利润作为协同创新成员的收益,通过考虑合作各方所投入的努力成本和显性成本,建立创新努力程度与销售量、市场价格等反映协同创新过程的创新期望净利润模型,分析事前利益分配对合作各方的合作行为及整体协同效果的影响,提出在既定的利润分配比例条件下对各方投入的总成本进行分摊,旨在弥补现实利益分配机制中缺乏对合作各方行为约束研究的不足之处。

3.3.1 基本假设

本节从静态角度来分析协同创新的合作问题,且认为参与协同创新各方的相关决策符合经济理性,即"经济个体理性人",采取的策略均为既定条件下对自身最为有利的。在协同创新过程中,研发阶段学研方承担主要的研发失败风险,产业化阶段企业承担主要的科研成果产业化失败的风险。双方合作共同投入足够的财力、物力和人力,是协同创新成功的基础。在建立模型之前,为了便于操作、分析和讨论,在结合协同创新实际的基础上,本节进行如下的研究假设。

【假设 3-1】 合作为两方,即企业和学研方。协同创新项目要以企业的发展和市场的需求为基础,企业作为技术需求方起到主体作用;学研方作为技术提供方,拥有丰富的创新知识理论和人才资源,起到支撑和骨干作用。双方共同成立项目小组完成协同创新项目。

【假设 3-2】 学研方和企业协同创新投入的成本分为显性成本和努力成本。显性成本为物质性投入补偿成本,可以根据交易市场价格衡量,具有可观测性,可视为常数,设学研方显性成本为 c_{ou},企业显性成本为 c_{oE},且 $c_{oi} \geq 0$($i = u, E$);努力成本则为不可观察的人力资本投入,按照相关文献,可以通过双方分别付出的努力水平来衡量,学研方记为 e_u,企业记为 e_E,其相应的努力成本系数分别为 m_u、m_E,努力成本是努力水平的函数,可以描述为

$$c_u = \frac{1}{2} m_u e_u^2, \quad c_E = \frac{1}{2} m_E e_E^2$$

用努力水平来衡量人力资本投入,通过努力成本系数将其转化为货币成本。这样做可以更好地考察合作中的机会主义行为。同时,努力成本是努力水平的二次函数,可得随着双方努力水平的增加,单位努力所需成本投入不断增加,且速

度越来越快,说明创新活动的规模报酬递减,所以必须激励协同各方加大创新投入。以上变量均为正。

【假设 3-3】 合作的收益通过商业化产品的销售收益体现,且设为双方资源投入的随机函数。

总收益函数为

$$w = (D_o + \phi_u(c_{ou},c_{oE})e_u + \phi_E(c_{ou},c_{oE})e_E + \phi_u(c_{ou},c_{oE})e_u \cdot \phi_E(c_{ou},c_{oE})e_E)p + \varepsilon$$
（3-13）

其中,$\varepsilon \sim N(0,\sigma^2)$ 为环境随机干扰变量,表示收益受到不确定因素的影响;D_o 为基础销量;p 为产品单价。由于协同各方的努力水平都会影响产品的销售量,设 $\phi_u(c_{ou},c_{oE})$、$\phi_E(c_{ou},c_{oE})$ 是学研方和企业单位努力对产品销售的影响系数,由双方的显性投入决定,且满足 $\phi_i(c_{ou},c_{oE}) > 0$,$\dfrac{\partial \phi_i}{\partial c_{ou}} > 0$,$\dfrac{\partial \phi_i}{\partial c_{oE}} > 0$（$i = u, E$）,表示投入的物力、财力越多,等量的人力带来的产出一般越大,$\phi_u e_u \cdot \phi_E e_E$ 体现了学研方与企业资源投入的交互影响。

【假设3-4】 企业从最终合作总收益中按事前协商好的利益分配比例系数为 θ（$0 < \theta < 1$）向学研方支付报酬。

学研方收益:

$$w_u = \theta w \quad (3\text{-}14)$$

企业收益:

$$w_E = (1-\theta)w \quad (3\text{-}15)$$

3.3.2 模型建立与分析

1. 无成本分摊下协同创新中的"搭便车"行为分析

无成本分摊是指在既定条件下投入成本由投入方承担,双方通过搜集信息对协同创新项目进行评估,考虑事先约定的利益分配比例,通过利益分配对成本进行补偿。以净利润最大化为目标,充分发挥各自的资源优势,确定对协同创新项目的不同阶段的投入。

协同创新期望净利润函数为

$$\begin{aligned} ER &= Ew - (c_{ou} + c_u) - (c_{oE} + c_E) \\ &= (D_o + \phi_u e_u + \phi_E e_E + \phi_u e_u \phi_E e_E)p - \left(c_{ou} + \frac{1}{2}m_u e_u^2 + c_{oE} + \frac{1}{2}m_E e_E^2\right) \end{aligned} \quad (3\text{-}16)$$

学研方期望净利润函数为

$$\mathrm{ER}_u = \theta \mathrm{Ew} - c_u - c_{ou} = \theta(D_o + \phi_u e_u + \phi_E e_E + \phi_u e_u \phi_E e_E)p - \left(c_{ou} + \frac{1}{2}m_u e_u^2\right) \quad (3\text{-}17)$$

企业期望净利润函数为

$$\mathrm{ER}_E = (1-\theta)\mathrm{Ew} - c_E - c_{oE} = (1-\theta)(D_o + \phi_u e_u + \phi_E e_E + \phi_u e_u \phi_E e_E)p - \left(c_{oE} + \frac{1}{2}m_E e_E^2\right)$$

$$(3\text{-}18)$$

2. 分散决策

在分散决策下，合作各方在确定的利益分配比例系数下，以单独追求自身期望净利润最大化为目标，来调整自身的努力投入。这体现了信息不对称条件下双方自由参与合作。通过对各自的期望净利润函数求偏导，并令导函数为零，得

$$\frac{\partial \mathrm{ER}_u}{\partial e_u} = \theta p \phi_u + \theta p \phi_u \phi_E e_E - m_u e_u = 0 \quad (3\text{-}19)$$

$$\frac{\partial \mathrm{ER}_E}{\partial e_E} = (1-\theta) p \phi_E + (1-\theta) p \phi_u \phi_E e_u - m_E e_E = 0 \quad (3\text{-}20)$$

联立式（3-19）和式（3-20）可以解得

$$e_u^* = \frac{\theta p \phi_u m_E + (1-\theta)\theta p^2 \phi_u \phi_E^2}{m_E m_u - (1-\theta)\theta p^2 \phi_u^2 \phi_E^2} \quad (3\text{-}21)$$

$$e_E^* = \frac{(1-\theta)p \phi_E m_u + (1-\theta)\theta p^2 \phi_E \phi_u^2}{m_E m_u - (1-\theta)\theta p^2 \phi_u^2 \phi_E^2} \quad (3\text{-}22)$$

式（3-21）是学研方自身净利润最大时应投入的努力水平。同理，式（3-22）是企业自身净利润最大时应投入的努力水平。将式（3-21）和式（3-22）代入式（3-16），可得分散决策下双方合作的期望净利润：

$$\mathrm{ER}^* = (D_o + \phi_u e_u^* + \phi_E e_E^* + \phi_u e_u^* \phi_E e_E^*)p - \left(c_{ou} + \frac{1}{2}m_u e_u^{*2} + c_{oE} + \frac{1}{2}m_E e_E^{*2}\right) \quad (3\text{-}23)$$

3. 联合决策

在联合决策下，合作各方都以合作整体期望利润最大为目标。在契约基础上，学研方和企业采用最优努力水平来保证整体收益最大。对合作期望净利润函数（式（3-16））求偏导数，并令导函数为零，得

$$\frac{\partial \mathrm{ER}}{\partial e_u} = \phi_u p + p \phi_u \phi_E e_E - m_u e_u = 0 \quad (3\text{-}24)$$

$$\frac{\partial \mathrm{ER}}{\partial e_E} = \phi_E p + p \phi_u \phi_E e_u - m_E e_E = 0 \quad (3\text{-}25)$$

联立式（3-24）和式（3-25）可以得出最优努力水平：

$$e_u^{**} = \frac{p\phi_u m_E + p^2 \phi_u \phi_E^2}{m_E m_u - p^2 \phi_u^2 \phi_E^2} \quad (3\text{-}26)$$

$$e_E^{**} = \frac{p\phi_E m_u + p^2 \phi_E \phi_u^2}{m_E m_u - p^2 \phi_u^2 \phi_E^2} \quad (3\text{-}27)$$

式（3-26）和式（3-27）为双方以合作期望净利润最大时各自的努力水平。将其代入式（3-16）可得联合决策下双方合作的最大期望净利润。

$$\mathrm{ER}^{**} = (D_o + \phi_u e_u^{**} + \phi_E e_E^{**} + \phi_u e_u^{**} \phi_E e_E^{**})p - \left(c_{ou} + \frac{1}{2}m_u e_u^{**2} + c_{oE} + \frac{1}{2}m_E e_E^{**2}\right) \quad (3\text{-}28)$$

【结论 3-1】 联合决策下的最优努力水平高于分散决策下的最优努力水平，同时联合决策下创造的净收益大于分散决策下创造的净收益，即 $e_u^{**} > e_u^*$，$e_E^{**} > e_E^*$，且 $\mathrm{ER}^{**} > \mathrm{ER}^*$。

证明：比较两种情况下的最优努力程度，由 $0 < \theta < 1$，$0 < 1-\theta < 1$，得 $0 < \theta(1-\theta) < 1$，进而可得，式（3-21）、式（3-22）和式（3-26）、式（3-27）相比分子变小，分母变大，证得 $e_u^{**} > e_u^*$，$e_E^{**} > e_E^*$。

下面证明 $\mathrm{ER}^{**} > \mathrm{ER}^*$，对式（3-16）求二阶导：

$$A = \frac{\partial^2 \mathrm{ER}}{\partial e_u^2} = -m_u \quad (3\text{-}29)$$

$$C = \frac{\partial^2 \mathrm{ER}}{\partial e_E^2} = -m_E \quad (3\text{-}30)$$

$$B = \frac{\partial^2 \mathrm{ER}}{\partial e_u \partial e_E} = p\phi_u \phi_E \quad (3\text{-}31)$$

因为 $A < 0$，且 $B^2 - AC$ 不能为零，所以只有 $B^2 - AC < 0$，式（3-16）才有极大值，此时式（3-26）、式（3-27）是取极值时的最优努力水平。因为 $e_u^{**} > e_u^*$，$e_E^{**} > e_E^*$，所以 $\mathrm{ER}^{**} > \mathrm{ER}^*$。

结论 3-1 说明联合决策下双方合作的整体净利润增加，这是因为双方在合作决策的过程中付出了更多的努力，在技术创新水平、产品销量、合作效率等方面对协同创新项目的绩效有新的贡献。

【结论 3-2】 现实中，由于信息不对称、努力水平不可证实，合作各方出于多方面的顾虑不能做到完全集体理性，很可能会出现"搭便车"机会主义行为，致使联合决策下的最优净利润很难达到。

证明：假设学研方提高努力水平，而企业努力水平保持不变。

将式（3-21）和式（3-26）分别代入式（3-17），可得

$$\mathrm{ER}_u(e_u^*, e_E) = \theta(D_o + \phi_u e_u^* + \phi_E e_E + \phi_u e_u^* \phi_E e_E)p - \left(c_{ou} + \frac{1}{2} m_u e_u^{*2}\right) \quad (3\text{-}32)$$

$$\mathrm{ER}_u(e_u^{**}, e_E) = \theta(D_o + \phi_u e_u^{**} + \phi_E e_E + \phi_u e_u^{**} \phi_E e_E)p - \left(c_{ou} + \frac{1}{2} m_u e_u^{**2}\right) \quad (3\text{-}33)$$

将式（3-33）减去式（3-32），计算学研方净利润的变化值：

$$\begin{aligned}\Delta \mathrm{ER}_u &= \mathrm{ER}_u(e_u^{**}, e_E) - \mathrm{ER}_u(e_u^*, e_E) \\ &= \theta\left[\phi_u(e_u^{**} - e_u^*) + \phi_u \phi_E e_E(e_u^{**} - e_u^*)\right]p - \frac{1}{2}m_u(e_u^{**2} - e_u^{*2})\end{aligned} \quad (3\text{-}34)$$

将式（3-21）和式（3-26）分别代入式（3-18），可得

$$\mathrm{ER}_E(e_u^*, e_E) = (1-\theta)(D_o + \phi_u e_u^* + \phi_E e_E + \phi_u e_u^* \phi_E e_E)p - \left(c_{oE} + \frac{1}{2}m_E e_E^2\right) \quad (3\text{-}35)$$

$$\mathrm{ER}_E(e_u^{**}, e_E) = (1-\theta)(D_o + \phi_u e_u^{**} + \phi_E e_E + \phi_u e_u^{**} \phi_E e_E)p - \left(c_{oE} + \frac{1}{2}m_E e_E^2\right) \quad (3\text{-}36)$$

将式（3-36）减去式（3-35），计算企业净利润的变化值：

$$\Delta \mathrm{ER}_E = \mathrm{ER}_E(e_u^{**}, e_E) - \mathrm{ER}_E(e_u^*, e_E) = (1-\theta)\left[\phi_u(e_u^{**} - e_u^*) + \phi_u \phi_E e_E(e_u^{**} - e_u^*)\right]p \quad (3\text{-}37)$$

在学研方增加努力水平、企业努力水平保持不变的情况下，学研方得到了按事先约定的利益分配比例系数分得的增加努力水平所带来的利润，同时要去掉自己努力所花费的成本；企业只是按约定利益分配比例，就可以分得增加的利润，没有额外的成本。相对来讲，企业无功受利，是一种"搭便车"行为。

同理分析，在企业方增加努力水平、学研方努力水平保持不变的情况下，学研方也会产生"搭便车"行为。

现实中，协同创新项目前期（研发、小试、中试）是纯投入阶段，周期较长、风险高，在项目推进过程中预算偏差较大、项目效果不佳、前景不乐观等情况下，合作各方可能会为了自身的利益或由此导致对合作的利益分配不满意，为实现自己的利益，降低合作努力投入。这样很可能会产生由投入不足而造成的合作失败，同时造成资源的极大浪费。因此，在使协同创新整体利益最大时，为了防止"搭便车"行为，实现公平，本节采用成本分摊来约束各方按照既定的条件开展协同创新活动，防止投入不足致使合作失败。

3.3.3 基于协同创新整体利益最大化的成本分摊

3.3.2 小节讨论了在无成本分摊下自身利润最大与整体利润最大（分散决策和联合决策）情况，后者产生利益更多，但所需投入更大。若无相应的激励约束措施，合作各方可能会出于自身利益，决定自身的努力投入，产生机会主义行为。

本节将通过对合作过程中投入的成本进行合理分摊，使约束合作中的成员以整体利益最大化为目标，进行创新投入，即成本分摊后分散决策下的整体利益与联合决策下的整体利益相等。假设 s、$1-s$ 是学研方和企业在合作中成本分摊的比例。

协同创新期望净利润函数为

$$\begin{aligned} \mathrm{ER} &= \mathrm{E}w - (c_{ou} + c_u) - (c_{oE} + c_E) \\ &= (D_o + \phi_u e_u + \phi_E e_E + \phi_u e_u \phi_E e_E)p - \left(c_o + \frac{1}{2}m_u e_u^2 + \frac{1}{2}m_E e_E^2\right) \end{aligned} \quad (3\text{-}38)$$

学研方期望净利润函数为

$$\begin{aligned} \mathrm{ER}_u^s &= \theta \mathrm{E}w - s(c_u + c_{ou} + c_E + c_{oE}) \\ &= \theta(D_o + \phi_u e_u + \phi_E e_E + \phi_u e_u \phi_E e_E)p - s\left(c_o + \frac{1}{2}m_u e_u^2 + \frac{1}{2}m_E e_E^2\right) \end{aligned} \quad (3\text{-}39)$$

企业期望净利润函数为

$$\begin{aligned} \mathrm{ER}_E^s &= (1-\theta)\mathrm{E}w - (1-s)(c_u + c_{ou} + c_E + c_{oE}) \\ &= (1-\theta)(D_o + \phi_u e_u + \phi_E e_E + \phi_u e_u \phi_E e_E)p - (1-s)\left(c_o + \frac{1}{2}m_u e_u^2 + \frac{1}{2}m_E e_E^2\right) \end{aligned}$$
$$(3\text{-}40)$$

其中，$c_o = c_{ou} + c_{oE}$。

对成本分摊后，合作各方在协商的利益分配系数和成本分摊系数下，以自身利益最大化为目标，可以得到投入的最优努力水平，对各自期望净利润函数（式(3-39)和式(3-40)）求偏导数，并令导函数为零，得

$$\frac{\partial \mathrm{ER}_u^s}{\partial e_u} = \theta \phi_u p + \theta p \phi_u \phi_E e_E - s m_u e_u = 0 \quad (3\text{-}41)$$

$$\frac{\partial \mathrm{ER}_E^s}{\partial e_E} = (1-\theta)\phi_E p + (1-\theta)p\phi_u \phi_E e_u - (1-s)m_E e_E = 0 \quad (3\text{-}42)$$

联立式（3-41）和式（3-42）解得

$$e_u^{s*} = \frac{(1-s)\theta p \phi_u m_E + (1-\theta)\theta p^2 \phi_u \phi_E^2}{s(1-s)m_E m_u - (1-\theta)\theta p^2 \phi_u^2 \phi_E^2} \quad (3\text{-}43)$$

$$e_E^{s*} = \frac{s(1-\theta)p\phi_E m_u + (1-\theta)\theta p^2 \phi_E \phi_u^2}{s(1-s)m_E m_u - (1-\theta)\theta p^2 \phi_u^2 \phi_E^2} \quad (3\text{-}44)$$

通过对成本进行分摊，提升分散决策下的合作收益，使其与联合决策下的收益相同，实现了帕累托（Pareto）最优。于是令

$$e_u^{s*} = e_u^{**},\ e_E^{s*} = e_E^{**} \quad (3\text{-}45)$$

解得 $s = \theta$。

成本分摊体现了"谁付出谁受益、付出与收获成正比"的原则，此时合作的

期望净利润等于未分摊成本前联合决策下的期望净利润。

【结论 3-3】 当

$$1-\frac{2\theta p\phi_u(e_u^{s*}-e_u^*)+2\theta p\phi_E(e_E^{s*}-e_E^*)+2\theta p\phi_u\phi_E(e_u^{s*}e_E^{s*}-e_u^*e_E^*)+(2c_{oE}+m_E e_E^{*2})}{2c_o+m_u e_u^{s*2}+m_E e_E^{s*2}} \leqslant$$

$$s \leqslant \frac{2\theta p\phi_u(e_u^{s*}-e_u^*)+2\theta p\phi_E(e_E^{s*}-e_E^*)+2\theta p\phi_u\phi_E(e_u^{s*}e_E^{s*}-e_u^*e_E^*)+(2c_{ou}+m_u e_u^{*2})}{2c_o+m_u e_u^{s*2}+m_E e_E^{s*2}}$$

时，成本分摊后的协同创新合作实现了 Pareto 改进。

证明：根据 Pareto 改进原理，成本分摊后合作各方期望净利润需要满足如下条件。

学研方满足成本分摊后的期望净收益不低于分散决策下的期望净收益有如下条件：

$$\Delta u = \mathrm{ER}_u^{s*} - \mathrm{ER}_u^*$$

$$= \theta(D_o+\phi_u e_u^{s*}+\phi_E e_E^{s*}+\phi_u e_u^{s*}\phi_E e_E^{s*})p - s\left(c_o+\frac{1}{2}m_u e_u^{s*2}+\frac{1}{2}m_E e_E^{s*2}\right) \quad (3\text{-}46)$$

$$-\left[\theta(D_o+\phi_u e_u^*+\phi_E e_E^*+\phi_u e_u^*\phi_E e_E^*)p - \left(c_{ou}+\frac{1}{2}m_u e_u^{*2}\right)\right] \geqslant 0$$

求解不等式（3-46）得到

$$s \leqslant \frac{2\theta p\phi_u(e_u^{s*}-e_u^*)+2\theta p\phi_E(e_E^{s*}-e_E^*)}{2c_o+m_u e_u^{s*2}+m_E e_E^{s*2}}+\frac{2\theta p\phi_u\phi_E(e_u^{s*}e_E^{s*}-e_u^*e_E^*)+(2c_{ou}+m_u e_u^{*2})}{2c_o+m_u e_u^{s*2}+m_E e_E^{s*2}}$$

（3-47）

同理，企业满足成本分摊后的期望净收益不低于分散决策下的期望净收益有如下条件：

$$\Delta E = \mathrm{ER}_E^{s*} - \mathrm{ER}_E^*$$

$$= (1-\theta)(D_o+\phi_u e_u^{s*}+\phi_E e_E^{s*}+\phi_u e_u^{s*}\phi_E e_E^{s*})p - (1-s)\left(c_o+\frac{1}{2}m_u e_u^{s*2}+\frac{1}{2}m_E e_E^{s*2}\right)$$

$$-\left[(1-\theta)(D_o+\phi_u e_u^*+\phi_E e_E^*+\phi_u e_u^*\phi_E e_E^*)p - \left(c_{oE}+\frac{1}{2}m_E e_E^{*2}\right)\right] \geqslant 0$$

（3-48）

求解不等式（3-48）得到

$$s \geqslant 1-\frac{2\theta p\phi_u(e_u^{s*}-e_u^*)+2\theta p\phi_E(e_E^{s*}-e_E^*)}{2c_o+m_u e_u^{s*2}+m_E e_E^{s*2}}+\frac{2\theta p\phi_u\phi_E(e_u^{s*}e_E^{s*}-e_u^*e_E^*)+(2c_{oE}+m_E e_E^{*2})}{2c_o+m_u e_u^{s*2}+m_E e_E^{s*2}}$$

（3-49）

结论 3-3 给出了成本分摊系数起作用的区间，该区间内的任一值都能起到改善合作各方及整体收益的效果。s 越接近 θ，作用效果越大，反之越小。

3.3.4 算例分析

1. 基本数据

本节将利用数值算例对协同创新项目成本分摊进行分析和说明。假定某一企业与某一高校针对现有产品进行协同创新，基础销量 $D_o=1000$，产品价格 $p=3$，利益分配比例 $\theta=0.6$；学研方显性成本 $c_{ou}=100$，努力成本系数 $m_u=8$，单位努力对销量的影响系数 $\phi_u=2$；企业显性成本 $c_{oE}=100$，努力成本系数 $m_E=5$，单位努力对销量的影响系数 $\phi_E=1$。接下来将讨论，在以上给定条件下学研方、企业进行联合决策、分散决策及成本分摊（以最优成本分摊系数分摊，$s=\theta$）后的努力水平、整体利润、各方利润。运算过程略，最终结果如表3-7所示。

表 3-7 整体利润、各方努力水平及利润变化

变量	联合决策	分散决策	$s=\theta$
e_u	12	0.7117	12
e_E	15	0.5816	15
ER	2858.5	2805.7	2858.5
ER_u	1842.2	1703.1	1715.1
ER_E	1016.3	1102.6	1143.4

在以上条件下，使协同创新整体利益得到改善的成本分摊系数的取值范围为 [0.391, 0.609]，即当 $0.391 \leqslant s \leqslant 0.609$ 时，整体利益 $ER \geqslant 2805.7$；当 $s=\theta=0.6$ 时，整体利益 $ER=2858.5$。

在企业的努力水平保持不变、学研方的努力水平投入增加的情况下，分析学研方、企业的整体利润、各自利润的变化特征，运算过程略，结果如表3-8所示。

表 3-8 "搭便车" 分析

变量	增加前	增加后
e_u	0.7117	12
e_E	0.5816	0.5816
ER	2805.7	2338.8
ER_u	1703.1	1193.4
ER_E	1102.6	1145.4

2. 结果分析

通过表3-7可以直观地看出，联合决策下学研方与企业所需投入的努力水平、整体利润均高于分散决策；表3-8中，在保持企业努力水平不变的情况下，通过提

高学研方的努力水平，企业利润增加，验证了协同创新过程中存在激励合作各方"搭便车"的"刺激物"；成本分摊使各方努力的投入及合作整体利益保持在联合决策最优状态下，同时成本分摊调整了合作各方的所得利润，这样使利益分配更公平合理化；给出改善分散决策下整体利益的成本分摊系数起作用的区间，可根据实际情况制定调整强度。

因此，本节得出以下研究结果。

（1）学研方和企业在联合决策下（以合作整体利润最大为目标）的整体利润均大于分散决策下（以自身利润最大为目标）的整体利润。这是因为联合决策下，合作各方需投入比分散决策下更多的创新努力。

（2）协同创新项目通常以合作整体利润最大（联合决策）为目标制定合作各方的投入。在信息不对称情况下，合作各方都存在"搭便车"的激励，从而影响合作的稳定，可能因投入不足而影响预期的协同绩效，同时造成资源浪费。

（3）针对上述现象，本节通过对合作各方的投入进行分摊协调，以期约束合作成员，有效避免"搭便车"行为，进而实现 Pareto 改进及最优。最后给出成本分摊比例的区间，其本质是"谁付出谁受益，投入与收获成正比"。这些丰富了现有研究对协同创新利益分配机制的认识，证实了成本分摊约束可以实现协同创新"1+1>2"的效应。

实践建议：首先，合作的利益分配模式建议采用产出分享模式或混合模式，即合作各方都参与分享协同创新带来的利益。这样可以有效地激励合作各方的创新投入。其次，事前利益分配比例可以通过考虑合作双方将来在项目各个阶段的预计投入占比确定。最后，在现实合作中，可采取对合作各方的总投入进行分摊的措施来防范合作成员的机会主义行为，同时实现协同创新利益 Pareto 改进。

第4章 协同创新项目的利益冲突研究

4.1 基于局中人偏好的协同创新项目利益分配冲突分析

4.1.1 概述

产学研协同创新项目中利益分配的冲突是各方的主要矛盾，也是合作关系能否持续稳定发展的关键。怎样有效解决产学研协同创新的利益分配问题已成为当前国内外研究的重要课题。目前，国内外关于协同创新项目利益分配的研究主要集中在利益分配机制和利益分配方式两个方面，尤其以利益分配机制的研究居多。而关于协同创新项目冲突的研究主要集中在知识产权冲突、合作方式冲突和文化冲突等方面，且上述研究大都是定性研究，很少从定量的角度进行研究。关于协同创新项目利益分配冲突的研究较少。基于此，本节运用冲突分析理论结合直觉模糊数排序法对学研方、企业和政府在产学研协同创新项目利益分配方式上的冲突问题进行定量分析，以期在理论上指导解决产学研协同创新项目中的利益分配问题，进而促进产学研协同创新取得成功。

4.1.2 相关文献综述

在产学研协同创新项目开展过程中，创新绩效会受到多种因素的制约和影响，其中，利益分配是各合作主体间矛盾最突出的问题。嵇忆虹等（1998）认为，典型的利益分配方式有总额支付、按销售额提成和按股分利三种，这三种基本利益分配方式通过不同的组合可派生出多种利益分配方式，但均可归入上述三种基本类型之中。胡争光和向荟（2013）把产业技术创新战略联盟的利益分配方式分为提成支付、混合支付和按股分利三种。在各种利益分配方式中，总额支付方式占绝大比例，这是目前产学研协同创新项目利益分配的最大弊端，使多数产学研合作模式迟迟不能从短期的松散联合发展成长期稳定的紧密联合。不同的外部环境选择不同的最优利益分配方式，更能够促进产学研协同创新项目的健康稳定发展。黄波等（2011）在考虑产品市场收益与市场投入相关、研发成功概率与研发投入相关的基础上，对比分析了四种利益分配方式的激励效率，据此得到了不同外部环境下的最优利益分配方式。周青等（2015）通过对浙江省制造产业技术联盟成员企业进行调研和数据量化分析，实证研究了联盟成员创新绩效与利益分配方式的相关关系。

冲突广泛存在于现实生活中，它是指处于同一系统中相互联系的各方由于追求利益和目标的不一致而处于分歧或相互对立的状态。高校和科研机构追求学术上的成就，它们致力于进行科学研究和发表最新研究成果，而企业则希望通过技术创新获得技术专利以赢得市场竞争优势并实现利润最大化。各合作主体间的利益冲突是产学研协同创新项目中最大的阻碍因素。冉茂瑜和顾新（2009）根据冲突影响因素，把产学研合作冲突分为知识产权冲突、利益冲突以及文化冲突，并指出利益冲突是产学研合作中的主要冲突。王章豹和张道亮（2011）认为产学研战略联盟实施中的冲突包括资源共享及合作能力上的冲突、思想认识及目标追求上的冲突、管理体制及文化背景上的冲突、产权归属及权益分配上的冲突、利益分配及风险分担上的冲突等五方面的冲突。闫俊周（2013）认为分布式创新中利益的分配及有效均衡是减少合作冲突、保持合作稳定进行并促进合作成功的重要基础。张瑜等（2013）用直觉模糊数来反映产学研各方对管理权、知识产权归属和创新资金分配三个利益冲突事件的冲突态度，进而建立了基于直觉模糊数的产学研合作冲突系统。姚艳虹等（2017）分析了产学研协同创新冲突成因、特征。

Fraser 和 Hipel（1984）根据偏对策理论的方法和思想，通过增加约束条件、完善运算法则，形成了 Fraser-Hipel（F-H）方法。陈航和王雪峰（2015）运用 F-H 方法对社区卫生服务中心、医院和政府在社区卫生服务中心与医院合作中的冲突问题进行了分析。闫俊周（2013）运用 F-H 方法构建了分布式创新合作冲突模型，并进行了稳定性分析，从而得到分布式创新合作冲突的最终稳定局势。目前 F-H 方法广泛应用于环境管理、水资源管理、经济管理等领域的冲突研究中。

Atanassov（1986）拓展了传统的模糊集理论，并提出了直觉模糊集（intuitionistic fuzzy set，IFS）的概念。直觉模糊集同时考虑隶属度、不确定度和非隶属度三个方面的信息，它在处理不确定性和模糊性等方面具有更强的实用性和灵活性。Chen 和 Tan（1994）指出可以将得分函数作为直觉模糊数的排序函数。而 Hong 和 Choi（2000）认为得分函数存在不足，进而提出了精确函数的概念。

Ye（2010）、Zhang 和 Xu（2012）等提出了新的直觉模糊数排序法。王坚强和张忠（2009）提出了基于直觉梯形模糊数的信息不完全确定的多准则决策方法。谭吉玉等（2015）基于直觉模糊数的海明距离和传统的优劣解距离法（TOPSIS）思想，提出了直觉模糊数相对于最大直觉模糊数的相对贴近度公式，并将相对贴近度作为新的直觉模糊数排序指标，这种新的排序指标包含传统的精确函数和得分函数的排序原理。

目前还比较缺乏关于协同创新项目利益分配冲突的研究，且相关研究大都是定性研究，很少从定量的角度进行研究。基于此，本节采用直觉模糊数排序法对产学研协同创新项目各局中人的局势偏好进行排序，并结合 F-H 方法对产学研各方在利益分配方式上的冲突问题进行定量分析，以期为解决产学研协同创新项目中的利益分配问题提供参考依据，进而促进产学研协同创新项目持续稳定发展。

4.1.3　产学研利益分配冲突分析模型构建

1. 模型说明

1）F-H 方法

F-H 方法的模型化语言可以描述为 $G = \{N, Q, V, \mathrm{UI}\}$。其中，$N = \{1, 2, \cdots, n\}$ 为局中人集合，$i \in N = \{1, 2, \cdots, i, \cdots, n\}$，$i$ 为第 i 个局中人。策略是指局中人可能采取的各种措施，s_i 为局中人 i 选择的策略。各局中人选择的策略所形成的组合称为冲突局势，用 q 表示，即冲突局势 $q = \{s_1, s_2, \cdots, s_i, \cdots, s_n\}$。$Q = \{q_1, q_2, \cdots, q_m\}$ 为目前状态下的全部可行局势集合，即共有 m 个可行局势。V 为局中人对全部可行局势的偏好排序。UI 为局中人对其偏好排序的单方面改进局势集合。

在现实生活中，一旦出现冲突问题，各局中人便会根据自身的目标、实力和处境等对所有可行局势进行偏好排序，以寻求对自己最为有利的可行局势。但是，因为系统中各方的利益是相互牵制的，所以某个局中人做出的单方面改进就容易受到系统中其他局中人的制裁。通过各局中人的单方改进和互相制裁最终形成冲突各方都能接受的局势，即全局稳定局势。F-H 方法就是根据这样的思路来对现实问题进行冲突分析，并得到全局稳定局势，从而为管理决策者解决冲突问题、提高经济效益提供帮助。

2）直觉模糊数排序法

【定义 4-1】　设 X 是一个非空集合，则 X 上的直觉模糊集定义为

$$A = \left\{ \langle x, \mu_A(x), v_A(x) \rangle \big| x \in X \right\}$$

其中，$\mu_A(x)$ 和 $v_A(x)$ 分别为 X 中元素 x 属于 A 的隶属度和非隶属度，即

$$\mu_A(x): X \to [0,1] \to \mu_A(x) \in [0,1]$$
$$v_A(x): X \to [0,1] \to v_A(x) \in [0,1]$$

并且对任意的 $x \in X$，都满足条件 $0 \leqslant \mu_A(x) + v_A(x) \leqslant 1$。$X$ 中元素 x 属于 A 的不确定度或犹豫度用 $\pi_A(x)$ 表示，即

$$\pi_A(x) = 1 - \mu_A(x) - v_A(x), \quad x \in X$$

【定义 4-2】 设 $X = \{x_1, x_2, \cdots, x_n\}$，$A$ 和 B 是定义在 X 上的两个直觉模糊集，则 A 和 B 之间的标准海明距离为

$$d(A,B) = \frac{1}{2n}\sum_{i=1}^{n}\left(|\mu_A(x_i) - \mu_B(x_i)| + |v_A(x_i) - v_B(x_i)| + |\pi_A(x_i) - \pi_B(x_i)|\right)$$

记 $\alpha = (\mu, v)$ 为直觉模糊数，显然，$\alpha^- = (0,1)$ 是最小的直觉模糊数，而 $\alpha^+ = (1,0)$ 是最大的直觉模糊数。对任意直觉模糊数 α，都满足 $\alpha^- \leqslant \alpha \leqslant \alpha^+$。谭吉玉等（2015）根据标准海明距离的公式，给出了任意直觉模糊数 $\alpha = (\mu, v)$ 与最小直觉模糊数 $\alpha^- = (0,1)$ 和最大直觉模糊数 $\alpha^+ = (1,0)$ 的标准海明距离，用 d^- 和 d^+ 分别表示为

$$d^- = d(\alpha, \alpha^-) = 1 - v$$
$$d^+ = d(\alpha, \alpha^+) = 1 - \mu$$

【定义 4-3】 设有直觉模糊数 $\alpha = (\mu, v)$，d^- 和 d^+ 分别为 α 与 $\alpha^- = (0,1)$ 和 $\alpha^+ = (1,0)$ 之间的标准海明距离，则 α 相对于 α^+ 的相对贴近度为

$$C(\alpha) = \frac{d^-}{d^- + d^+} = \frac{1-v}{2-\mu-v}$$

根据相对贴近度的计算公式，对 μ 进行求导，可得 $C(\alpha)$ 是 μ 的增函数，从而可以得出：直觉模糊数 α 越大，相对贴近度 $C(\alpha)$ 就越大。

2. 建模过程

针对某产学研协同创新项目，其涉及的冲突主体分别为学研方、企业和政府，冲突事件为产学研协同创新项目中各合作主体间的利益分配方式。本节仅考虑三种典型的利益分配方式，即在利益分配方式上，企业有以下三种可选策略：①一次性总付（或分期付款），即总额支付；②直接在产品取得市场收益后按销售额的一定比例支付，或者企业在引进技术创新成果时先向学研方支付部分"入门费"，在新产品取得市场收益后再按产品销售额的一定比例支付，即按销售额提成；③在协同创新项目取得成功后，产学研各方按投资比例进行利益分配，即按股分利。相应地，学研方也有三种可选策略：①总额支付；②按销售额提成；③按股分利。政府作为相关政策法规和市场经济规则的制定者，在产学研协同创新项

目中发挥着重要的推动、协调、监督和保障作用。在产学研协同创新项目的利益分配方式上，政府有支持和反对两种策略选择。在产学研协同创新项目利益分配冲突问题中，每个局中人都可以根据其他局中人选择策略的情况，结合自己的利益偏好采取相应的对策。根据产学研协同创新项目中利益分配冲突的实际情况，设 1、0 分别为采取、不采取某个策略，用来表示局中人对某个策略的选择情况。相应地，各局中人对每个策略都可能有采取、不采取两种选择。这样，从逻辑上来看，产学研利益分配冲突共有 2^8=256 个冲突局势。但从产学研协同创新项目的实际情况出发，有很多冲突局势是不可能出现的。

例如，产学研协同创新项目中的任一合作主体都不能同时选择两种或两种以上的利益分配方式，在进行决策时只能选择其中一种利益分配方式，这样就可以把许多无效的冲突局势删除。根据产学研协同创新项目的实际情况简化冲突局势，最终得到产学研协同创新项目利益分配冲突的 14 个可行局势，如表 4-1 所示。

表 4-1　产学研利益分配冲突的可行局势

局中人	可选策略	局势													
		s_1	s_2	s_3	s_4	s_5	s_6	s_7	s_8	s_9	s_{10}	s_{11}	s_{12}	s_{13}	s_{14}
企业	总额支付	1	0	0	1	0	0	1	0	0	1	0	0	1	1
	按销售额提成	0	1	0	0	1	0	0	1	0	0	1	0	0	0
	按股分利	0	0	1	0	0	1	0	0	1	0	0	1	0	0
学研方	总额支付	1	1	1	0	0	0	0	0	0	1	1	1	0	0
	按销售额提成	0	0	0	1	1	1	0	0	0	0	0	0	1	0
	按股分利	0	0	0	0	0	0	1	1	1	0	0	0	0	1
政府	支持	1	1	1	1	1	1	1	1	1	0	0	0	0	0
	反对	0	0	0	0	0	0	0	0	0	1	1	1	1	1

3. 局势偏好排序分析

用直觉模糊数 $\alpha=(\mu,v)$ 表示产学研各方对上述可行局势的满意情况，隶属度 μ 表示满意度，非隶属度 v 表示不满意度，$1-\mu-v$ 表示犹豫度。通过访谈 30 位领导及专家（企业 10 位，高校、科研机构 10 位，政府 10 位），并收集相关数据，得到局中人对各冲突局势满意情况的直觉模糊决策矩阵。局中人对每个可行局势的满意度和不满意度数据是根据频数计算得到的。例如，来自企业的专家有 4 位对局势 s_3 感到满意，3 位感到不满意，用直觉模糊数表示为(0.4, 0.3)。按照这种方法，可得到表 4-2 所示的直觉模糊决策矩阵 $D=\left(\alpha_{ij}\right)_{3\times14}$。

表 4-2　直觉模糊决策矩阵

α_{ij}	s_1	s_2	s_3	s_4	s_5	s_6	s_7
企业	(0.1, 0.8)	(0.7, 0.3)	(0.4, 0.3)	(0.3, 0.5)	(0.8, 0.1)	(0.6, 0.4)	(0.2, 0.6)
学研方	(0.9, 0)	(0.4, 0.5)	(0.1, 0.7)	(0.7, 0.1)	(0.3, 0.6)	(0.1, 0.8)	(0.5, 0.4)
政府	(0.7, 0.1)	(0.8, 0.1)	(0.8, 0.2)	(0.5, 0.3)	(0.7, 0.2)	(0.6, 0.3)	(0.3, 0.4)

α_{ij}	s_8	s_9	s_{10}	s_{11}	s_{12}	s_{13}	s_{14}
企业	(0.7, 0.2)	(0.5, 0.4)	(0, 0.9)	(0.6, 0.3)	(0.4, 0.5)	(0.3, 0.6)	(0.2, 0.7)
学研方	(0.2, 0.7)	(0.1, 0.9)	(0.8, 0.1)	(0.3, 0.5)	(0.2, 0.8)	(0.6, 0.3)	(0.3, 0.4)
政府	(0.5, 0.4)	(0.4, 0.3)	(0.2, 0.7)	(0.4, 0.5)	(0.3, 0.6)	(0.1, 0.7)	(0.1, 0.8)

根据定义 4-3 中直觉模糊数 $\alpha=(\mu,v)$ 相对于最大直觉模糊数 $\alpha^+=(1,0)$ 的相对贴近度公式，即 $C(\alpha)=\dfrac{1-v}{2-\mu-v}$，计算 α_{ij} 的相对贴近度作为 $\alpha_{ij}(i=1,2,3;j=1,2,\cdots,14)$ 得分。

由定义 4-3 中直觉模糊数 α 相对于最大直觉模糊数 α^+ 的相对贴近度公式可知，相对贴近度 $C(\alpha)$ 越大，直觉模糊数 α 就越大。下面根据表 4-3 中各直觉模糊数的得分值，对企业、学研方和政府的局势偏好分别进行排序。最终排序结果如表 4-4 所示，其中，最左边的为最优选择局势，最右边的为最差选择局势，从左至右是产学研各方局势偏好递减的过程。

表 4-3　得分矩阵

局中人	s_1	s_2	s_3	s_4	s_5	s_6	s_7	s_8	s_9	s_{10}	s_{11}	s_{12}	s_{13}	s_{14}
企业	0.182	0.700	0.538	0.417	0.818	0.600	0.333	0.727	0.545	0.091	0.636	0.455	0.364	0.273
学研方	0.909	0.455	0.250	0.750	0.364	0.182	0.545	0.273	0.100	0.818	0.417	0.200	0.636	0.462
政府	0.750	0.818	0.800	0.583	0.727	0.636	0.462	0.545	0.538	0.273	0.455	0.364	0.250	0.182

表 4-4　局中人偏好排序

局中人	偏好向量													
	1	2	3	4	5	6	7	8	9	10	11	12	13	14
企业	s_5	s_8	s_2	s_{11}	s_6	s_9	s_3	s_{12}	s_4	s_{13}	s_7	s_{14}	s_1	s_{10}
学研方	s_1	s_{10}	s_4	s_{13}	s_7	s_{14}	s_2	s_{11}	s_5	s_8	s_3	s_{12}	s_6	s_9
政府	s_2	s_3	s_1	s_5	s_6	s_4	s_8	s_9	s_7	s_{11}	s_{12}	s_{10}	s_{13}	s_{14}

4. 稳定性分析

基于产学研利益分配冲突的所有可行局势和冲突各方局势偏好排序，可以进行单方改进局势分析。例如，对于企业的局势 s_6，在政府的对策和学研方的对策保持不变的情况下，企业还有局势 s_4 和局势 s_5 与之对应。根据表 4-4，企业对这三个冲突局势的偏好排序依次为局势 s_5、s_6、s_4。因此，对企业而言，局势 s_5、s_6 是局势 s_4 的单方改进局势，局势 s_5 是局势 s_6 的单方改进局势。采用类似的方法分析产学研各方的单方改进局势，并分别标出，为下一步的稳定性分析做好准备。

在稳定性分析中，若局中人 i 对某个局势不存在单方改进，则该局势为局中人 i 的合理稳定局势，记为 r。例如，对政府来说，局势 s_1 不存在单方改进局势，因此它是政府的合理稳定局势。若局中人 i 对某个局势存在单方改进，且相应的单方改进局势不受其他局中人的制裁，则该局势为局中人 i 的不稳定局势，记为 u。例如，对企业来说，局势 s_6 的单方改进局势是局势 s_5；对学研方来说，局势 s_5 的单方改进局势是局势 s_2。由表 4-4 可知，企业对局势 s_2 的偏好大于局势 s_6，因此学研方相对于企业的局势 s_6 作出的单方改进对企业不存在必然制裁。对政府来说，局势 s_5 是合理稳定局势，不存在单方改进，对企业无必然制裁。综上可知，局势 s_6 是企业的不稳定局势。若局中人 i 对某个局势存在单方改进，且对于局中人 i 的单方改进局势，其他局中人又有单方改进局势与之对应，但局中人 i 对其他局中人的单方改进局势的偏好程度还不如原来的局势，则原局势为局中人 i 的相继稳定局势，记为 s。例如，对学研方来说，局势 s_7 有 s_1、s_4 两个单方改进局势；对政府而言，局势 s_1、s_4 均不存在单方改进局势，它们是政府的合理稳定局势；但对企业来说，局势 s_1 有 s_2、s_3 两个单方改进局势，局势 s_4 有 s_5、s_6 两个单方改进局势。根据表 4-4，相对于学研方的局势 s_7 作出的单方改进对学研方存在必然制裁，局势 s_7 是学研方的相继稳定局势。在产学研协同创新项目利益分配冲突系统中，全局不存在同步稳定性。

按照上述方法对企业、学研方和政府的剩余局势进行稳定性分析，最终稳定性分析结果如表 4-5 所示。

表 4-5 稳定性分析结果

局中人	稳定性													
总体	N	E	N	N	N	N	N	N	N	N	N	N	N	N
	r	r	r	r	u	u	u	u	r	u	r	u	u	u
企业	s_5	s_8	s_2	s_{11}	s_6	s_9	s_3	s_{12}	s_4	s_{13}	s_7	s_{14}	s_1	s_{10}
					s_5	s_8	s_2	s_{11}		s_8			s_2	s_{11}
										s_9			s_3	s_{12}

续表

局中人	稳定性													
学研方	r	r	s	u	s	u	r	r	u	u	r	r	u	u
	s_1	s_{10}	s_4	s_{13}	s_7	s_{14}	s_2	s_{11}	s_5	s_8	s_3	s_{12}	s_6	s_9
			s_1	s_{10}	s_1	s_{10}	s_2	s_2			s_3	s_3		
				s_4		s_{13}				s_5				s_6
政府	r	r	r	r	r	r	r	r	r	r	u	u	u	u
	s_2	s_3	s_1	s_5	s_4	s_6	s_8	s_9	s_7	s_{11}	s_{12}	s_{10}	s_{13}	s_{14}
										s_2	s_3	s_1	s_4	s_7

如果某个局势对所有局中人来说都是稳定局势，则该局势就是冲突问题的全局稳定局势。根据表 4-5 得，企业的稳定局势集合为 $\{s_5, s_8, s_2, s_{11}, s_{13}, s_{14}\}$；学研方的稳定局势集合为 $\{s_1, s_{10}, s_2, s_{11}, s_3, s_{12}\}$；政府的稳定局势集合为 $\{s_2, s_3, s_1, s_5, s_6, s_4, s_8, s_9, s_7\}$。在企业、学研方和政府三方的稳定局势中，只有局势 s_2 是共同稳定局势。因此局势 s_2 是产学研利益分配冲突问题的全局稳定局势，记为 E，其余冲突局势记为 N，如表 4-5 所示。

这个冲突分析结果与产学研协同创新项目的实际情况很符合。在产学研利益分配方式上，企业最倾向按销售额提成。按销售额提成比较符合市场运行规律，且销售额能较好地反映创新绩效，具有科学性和现实性，产学研各方共担风险、共享收益，企业也不会有很大的资金压力，能够使企业参与协同创新项目的热情得到激发并促使企业在协同创新过程中不断努力。学研方最可能选择总额支付，这样可以在转让技术时一次性受益，而不用去承担产业化阶段的相关风险。政府选择"支持"策略，此时政府有必要对学研方和企业进行协调，以免双方产生矛盾而导致协同创新项目无法继续开展。"入门费"+按销售额提成的利益分配方式应该得到政府的提倡，即在技术转让时企业先付给学研方一部分"入门费"，这样学研方能够先收回一部分前期投入，以便于新技术开发，也不会给企业造成很大的资金压力，还能促进双方良性互动，有助于使产业化阶段出现的技术问题得以及时解决，从而促进产学研协同创新项目成功开展。

4.1.4 结论

利益分配是影响协同创新绩效的关键因素，它也是产学研各方矛盾最为突出的问题。目前关于协同创新冲突的研究主要集中在知识产权冲突、合作方式冲突和文化冲突等方面，关于利益分配冲突的研究比较少，且上述研究大都是定性研究，很少基于定量的角度进行研究。对产学研协同创新项目中的利益分配冲突问题进行妥善解决，对于促进合作关系持续稳定发展具有重要意义。

本节仅考虑总额支付、按股分利和按销售额提成三种典型的利益分配方式，首先根据产学研协同创新项目的实际情况得到产学研利益分配冲突的可行局势，然后运用直觉模糊数排序法对产学研各方的局势偏好进行排序，最后利用 F-H 方法进行稳定性分析并求得全局稳定局势。根据冲突分析结果可得，在产学研协同创新项目利益分配冲突的问题上，学研方要求总额支付、企业选择按销售额提成、政府选择"支持"是全局稳定局势。此时政府应该积极发挥协调作用，提倡采用"入门费"+按销售额提成的利益分配方式，因为这种利益分配方式能较好地体现风险共担、收益共享的原则且比较符合市场经济规律。产学研协同创新项目利益分配冲突研究在一定程度上对现有研究的缺陷和不足进行弥补，对解决产学研协同创新项目中的利益分配冲突问题具有理论指导意义。

事实上，产学研协同创新项目利益分配冲突远比本节所讨论的要复杂得多。为了更好地解决产学研协同创新项目中的利益分配冲突问题，还需要考虑更多的合作主体，如中介组织、金融部门等，以及更多的可选方案。另外，冲突问题本质上是一个动态的问题，冲突会随着时间的流逝不断发生变化，从一个状态走向另一个状态。因此，对此问题进行进一步研究还可以引入动态冲突分析的方法，建立产学研协同创新项目利益分配的动态冲突分析模型，利用其分析冲突系统的稳定性，从而考察基于创新过程的产学研协同创新项目利益分配的动态冲突变化规律。

4.2 基于二元语义-QFD 技术的协同创新项目中动态的利益冲突研究

4.2.1 概述

协同创新项目各合作主体在项目的不同阶段存在诸多冲突因素，且利益冲突是各主体之间最关键、最突出的问题。利益冲突水平过高势必会对项目绩效及合作关系产生消极影响，从而严重影响协同创新项目的持续稳定发展。因此，为了更有效地解决利益冲突，以保证项目的顺利实施，应当充分考虑利益冲突的严重程度。在此基础上，有针对性地确定利益冲突的应对策略，对于协同创新项目本身效率的提高以及有效管理都非常重要。

在实践过程中，由利益冲突导致的经济损失、道德风险、法律纠纷、项目成功率低等问题非常严重，而协同创新可以通过协调多个项目合作主体的利益冲突来实现项目目标。我国协同创新发展迅速，但合作范围相对狭窄，且从科学理论到技术成果的转化率很低。针对协同创新存在的问题，已有学者从协同创新效率、网络结构及关键影响因素等方面进行了广泛讨论，然而对于协同创新项目利益冲突的研究不够深入。协同创新项目利益冲突是指各种利益诉求引发的各利益主体之间矛盾与竞争的现象。企业、高校及科研机构等在协同创新项目中的角色和地位不同，易由利益分配不均、文化不同、信息沟通不畅等引发冲突。这种利益冲突不仅会破坏各利益主体之间良好的合作氛围，也会影响项目各方的满意度，并影响协同创新项目的成功。

在中国协同创新项目的失败率高达 40%～70%的环境下，如何更有效地解决多阶段动态利益冲突问题以确保协同创新项目的顺利进行成为亟待解决的重要问题。但在大多数协同创新项目利益冲突的研究中，忽略了随着项目的进行，不同阶段利益需求变化的动态特征。因此，本节以协同创新项目的过程为依据进行阶段划分，根据各阶段不同的利益冲突特征有针对性地设计解决方案，系统地考虑协同创新项目全生命周期内利益冲突的阶段性、动态性特点。同时，建立基于二元语义的改进质量功能展开（quality function development，QFD）模型，以期构建利益冲突严重程度-应对策略质量屋（house of quality，HoQ），保证决策结果的精确性，从而提高协同创新项目的成功率。

4.2.2 协同创新项目不同阶段中的利益冲突主要形式

本节将协同创新项目的生命周期划分为项目启动前、项目实施中与项目完成后 3 个阶段。在不同阶段，协同创新项目的冲突水平和内容存在较大差异。为了防止利益冲突导致项目失败，对项目启动前、项目实施中和项目完成后 3 个阶段的利益冲突分别进行分析。

项目启动前是技术、资金、知识等资源投入的敏感期。此阶段合作主体之间的信任和沟通机制尚未完全建立，各方对利益的预期有显著差异，因此利益分配冲突水平较高。协同创新项目的各主体目标存在天然差异，企业以利润最大化为目标，而学研方不仅希望吸引更多的资源，也希望获得实现和发展其科学潜力的机会，并依赖这种合作作为未来研究的新思路的来源，由此形成严重的战略分歧。在合作成果利益分配标准不确定的状态下，协同创新项目的"主角"和"配角"极易造成创新群体内部的分歧与矛盾，产生决策权的冲突。同时，各主体出于对自身知识产权的保护，形成知识产权归属冲突。此时，若企业没有按计划支付费用，则无法顺利启动项目。

项目实施中，随着成员间彼此认识的加深，各主体由于价值观不同而造成个人价值观冲突。同时，由于组织惯例、组织文化、思维方式等方面的分歧、对立或排斥，随着冲突主体之间的相互作用呈现出管理权限冲突、管理文化冲突以及管理流程冲突等，阻碍项目的进行。此外，个人和组织之间无法协同，易导致个人短期利益与组织长期利益、个人局部利益与组织整体利益之间的冲突。此时，若企业不能按照计划支付费用，将导致项目不能取得应有的收益。

项目完成后，所涉及的核心利益和发生冲突的要素较多。首先，新合作结果造成利益分配冲突。同时，由于协同创新项目创新成果的效益具有滞后性的特征，知识产权归属冲突在项目实施中并不能完全解决，导致协同创新项目后续知识产权的归属问题出现并持续至创新成果分配完全。从参与协同创新项目的个体来看，协同创新项目中各方对项目目标利益的诉求有差别，使得多元化主体间利益产生摩擦，易造成个人利益受损。此阶段，若企业没有按照计划支付费用，将会大大降低各合作主体的整体满意度，甚至影响协同创新项目的后续发展。

因此，产学研协同创新项目多阶段动态利益冲突形式如图 4-1 所示。

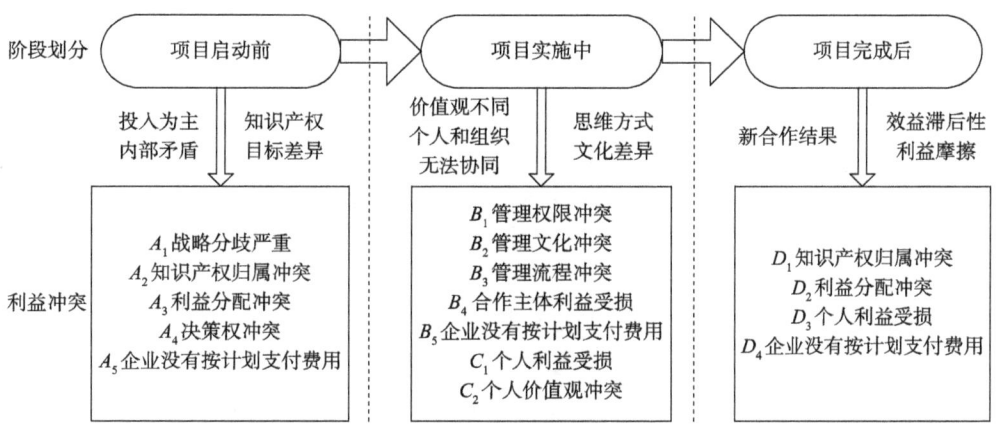

图 4-1 多阶段动态利益冲突形式

4.2.3 利益冲突评价模型构建

QFD 中最关键、最核心的阶段就是确定客户需求，并计算客户需求的权重。一般情况下，客户根据个人的经验、知识或能力来描述需求，大多数情况下所得评价值并不准确，只能以模糊数的形式表示。因此，Khoo 和 Ho（1996）、Chen 和 Miller（2015）将模糊集理论与 QFD 相结合来研究问题。为了解决区间语言评价的信息失真问题，李震（2015）运用模糊集理论中的区间二元语义方法来确定 QFD 中客户需求权重，为客户需求权重的确定提供了新思路。由此，本节提出基于二元语义-QFD 技术的利益冲突评价模型，如图 4-2 所示。在对数据进行搜集整理的基础上，运用三角模糊层次分析法计算协同创新项目成功的各指标权重，依据利益冲突对项目成功的影响，建立二元语义模型并得到利益冲突的严重程度，最后利用改进 QFD 技术得出利益冲突应对策略的重要度。

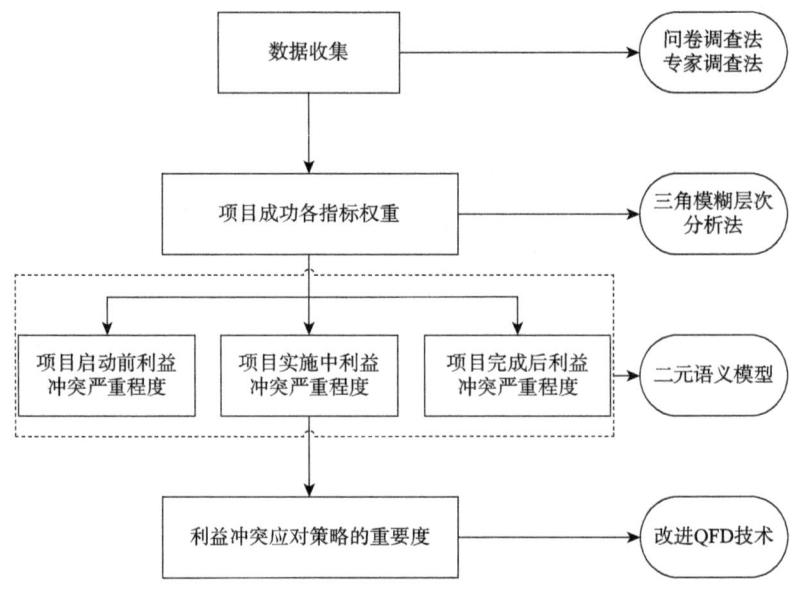

图 4-2　基于二元语义-QFD 技术的利益冲突评价模型

1. 改进 QFD 技术

QFD 技术是一种将市场需求或客户需求转变为技术要求的系统性质量设计方法。该技术将预期需求转化为质量特征，并利用客户需求和技术特征之间的关系进行系统开发。与 QFD 技术在形式上相似，改进 QFD 技术将项目当作产品，以项目成功的程度表示利益冲突的严重程度，依据不同利益冲突和应对策略之间的关联程度，得到最终的核心应对策略。改进 QFD 技术有利于在项目的不同阶段确保关键措施，保证项目建设更加符合特定需求。要实践改进 QFD 技术，必须建立 HoQ。HoQ 的旁侧描述了利益冲突的严重程度；天花板部分是应对策略；房间部分是利益冲突与应对策略的关系矩阵，表示不同利益冲突与应对策略之间的关联程度；屋顶部分是自相关矩阵，表示各应对策略之间的相关程度；地板部分显示利益冲突应对策略的重要度。改进 QFD 技术的步骤如下。

（1）结合协同创新项目的实际情况，确定协同创新项目在不同阶段的利益冲突表现形式,这是模型在实际操作过程中的关键。

(2)以利益冲突影响协同创新项目成功的程度表示协同创新项目利益冲突的严重程度。运用专家咨询法,在专家打分的基础上结合实际经验,对利益冲突进行挖掘分析,并充分考虑利益冲突造成项目成功损失的程度,作为利益冲突严重程度的数据评判。

(3)将利益冲突的严重程度转换为协同创新项目利益冲突期望应对策略,得到利益冲突-应对策略转换表。通过查找文献、咨询项目相关专家,并结合实际情况,将利益冲突转换为实际应对策略。

(4)构建HoQ。利益冲突严重程度取五个等级:1、2、3、4、5,分别表示利益冲突对项目成功的影响程度为几乎无影响、影响较小、一般、影响较大、影响非常大。依据不同利益冲突与应对措施之间的关联程度,得出利益冲突应对策略的重要度。

2. 二元语义模型

Herrera等(2000a;2000b)提出基于符号平移的二元语义方法,将偏好信息转化为二元语义信息,即用二元组(S_i, α_i)来评价和代表连续域上的语言评价信息。其中S_i和α_i的含义如下。

(1)S_i为事先定义好的由奇数个元素构成的语言评价集S中的第i个元素,把语言短语转变为二元组以保留原始的信息。例如,由5个元素构成的语言评价集S可定义为$S = \{S_5 = \text{FZ}(\text{非常重要}), S_4 = \text{Z}(\text{重要}), S_3 = \text{YB}(\text{一般}), S_2 = \text{C}(\text{差}), S_1 = \text{FC}(\text{非常差})\}$,对应数值为$\{S_5 = 5, S_4 = 4, S_3 = 3, S_2 = 2, S_1 = 1\}$。

(2)α_i为符号转移值,它体现了所计算语言信息$\Delta(\beta)$和最靠近语言短语S_i之间的偏差,满足$\alpha_i \in [-0.5, 0.5)$。

如果$S_i \in S$是一个语言术语,那么S中的语言短语S_i就可以变为相应的二元语义形式,只需要加0进行符号平移即可,函数表示为

$$\theta : S \to S \times [-0.5, 0.5)$$
$$\theta(S_i) = (S_i, 0), \ S_i \in S \quad (4\text{-}1)$$

设S为语言评价集,$\beta \in [0, T]$为语言评价集S通过某种集结运算所得实数,则β可用如下函数得到其二元语义形式(S_i, α_i):

$$\Delta : [0, T] \to S \times [-0.5, 0.5)$$
$$\Delta(\beta) = (S_i, \alpha_i) = \begin{cases} S_i, \ i = \text{Round}(\beta) \\ \alpha_i, \ \alpha_i = \beta - i; \alpha_i \in [-0.5, 0.5) \end{cases} \quad (4\text{-}2)$$

其中,$\beta \in [0, T]$,$T+1$为S的势,代表语言评价集S中元素个数。设$i = \text{Round}(\beta)$,

Round 代表四舍五入的取整运算。

与上述函数相对应，存在一个逆函数 Δ^{-1}，使二元语义转换为相对应的数值 $\beta \in [0,T]$，即

$$\Delta^{-1}: S \times [-0.5, 0.5) \to [0, T]$$

$$\Delta^{-1}(S_i, \alpha_i) = i + \alpha_i = \beta \quad (4-3)$$

为了进一步实现多项二元语义信息的集成，从而达到多目标多属性评价的目的，假设 $\{(S_1,\alpha_1),(S_2,\alpha_2),\cdots,(S_m,\alpha_m)\}$ 为语言评价集 S 上的一组二元语义信息，评价指标中权重为 ω，相应的权重向量为 $\omega = (\omega_1, \omega_2, \cdots, \omega_m)$，$\omega_m \in [0,1]$，且 $\sum_1^m \omega_m = 1$。设 $\{(\omega_1,\alpha_1),(\omega_2,\alpha_2),\cdots,(\omega_m,\alpha_m)\}$ 是相应的二元语义权重向量，那么二元语义的有序加权平均算子为

$$(\overline{S}, \overline{\alpha}) = \Delta \left[\frac{\sum_1^m \left(\Delta^{-1}(S_m, \alpha_m) \Delta^{-1}(\omega_m, \alpha_m) \right)}{\sum_1^m \Delta^{-1}(\omega_m, \alpha_m)} \right], \overline{S} \in S, \overline{\alpha} \in [-0.5, 0.5) \quad (4-4)$$

4.2.4 实证分析

本节所采用的量表来自国内外文献和专家访谈。利用前期搜集的指标构建初始量表，通过咨询相关专家，总结专家针对指标指出的问题并对量表予以修正。

基于 Wang 和 Huang（2006）、Joslin 和 Muller（2016）、Mir 和 Pinnington（2014）的研究，设计了协同创新项目成功的测量量表；布莱克和穆顿（1986）提出了 5 种冲突管理类型：退出型、缓和型、强制型、折衷型和问题解决型，因此基于潘华实（2013）的研究，本节将利益冲突的严重程度转化为利益冲突应对策略。变量的定义见表4-6。

表 4-6 变量的定义

变量		定义
项目成功	W_1 项目进度的成功度	项目进度符合预期进度
	W_2 项目成本的成功度	项目成本在规划范围内
	W_3 项目质量的成功度	最终产品性能满足各用户需求
	W_4 团队合作的有效性	合作主体间合作氛围浓厚
	W_5 项目成果可二次开发	项目成果可以进一步改进或开发新产品
	W_6 合作主体对业务结果总体满意	对商业价值和市场份额等收益满意

续表

变量		定义
利益冲突应对策略	M_1 按要求整改到位	重视发现的问题，积极整改问题
	M_2 制定新合作协议	重新制定各方应尽的职责和应享的权益
	M_3 沟通化解	通过沟通来化解利益冲突，促进协商达成
	M_4 中间人调解	通过中间人协调利益冲突问题
	M_5 法律诉讼	通过法律途径提起诉讼以保护自身权益
	M_6 寻求政府帮助	政府通过命令和法律引导，促进利益分配均衡
	M_7 上层高压	管理者具有专制主义特征
	M_8 换当事人	更换合作主体

正式调查前，首先开展小规模的预调查，用来评估问卷的有效性以及遣词的恰当性，并依据预调查结果对问项进行修改。为尽可能地保证调查数据的真实性并保护被试隐私，所有问卷皆匿名填写，而且被试填答后直接交给调研员，避免被试同事和上司查看。同时，问卷前导语明确说明此问卷数据只作学术研究之用，以消除被试填答的顾虑。

1. 项目成功各指标权重的确定

本节邀请 5 位专家针对协同创新项目成功的各指标重要性利用 0.1～0.9 标度进行两两比较，模糊互补判断矩阵如下：

$$A_1 = \begin{bmatrix} 0.5 & 0.6 & 0.6 & 0.4 & 0.6 & 0.3 \\ 0.4 & 0.5 & 0.6 & 0.4 & 0.6 & 0.4 \\ 0.4 & 0.4 & 0.5 & 0.4 & 0.6 & 0.4 \\ 0.6 & 0.6 & 0.6 & 0.5 & 0.4 & 0.5 \\ 0.4 & 0.4 & 0.4 & 0.6 & 0.5 & 0.4 \\ 0.7 & 0.6 & 0.6 & 0.5 & 0.6 & 0.5 \end{bmatrix}, \quad A_2 = \begin{bmatrix} 0.5 & 0.3 & 0.3 & 0.3 & 0.5 & 0.3 \\ 0.7 & 0.5 & 0.1 & 0.4 & 0.4 & 0.3 \\ 0.7 & 0.9 & 0.5 & 0.8 & 0.5 & 0.7 \\ 0.7 & 0.6 & 0.2 & 0.5 & 0.7 & 0.5 \\ 0.5 & 0.6 & 0.5 & 0.3 & 0.5 & 0.4 \\ 0.7 & 0.7 & 0.3 & 0.5 & 0.6 & 0.5 \end{bmatrix}$$

$$A_3 = \begin{bmatrix} 0.5 & 0.5 & 0.1 & 0.3 & 0.4 & 0.4 \\ 0.5 & 0.5 & 0.4 & 0.6 & 0.7 & 0.4 \\ 0.9 & 0.6 & 0.5 & 0.4 & 0.4 & 0.4 \\ 0.7 & 0.4 & 0.6 & 0.5 & 0.5 & 0.4 \\ 0.6 & 0.3 & 0.6 & 0.5 & 0.5 & 0.4 \\ 0.6 & 0.6 & 0.6 & 0.6 & 0.6 & 0.5 \end{bmatrix}, \quad A_4 = \begin{bmatrix} 0.5 & 0.4 & 0.3 & 0.6 & 0.6 & 0.2 \\ 0.6 & 0.5 & 0.3 & 0.6 & 0.6 & 0.3 \\ 0.7 & 0.7 & 0.5 & 0.7 & 0.7 & 0.3 \\ 0.4 & 0.4 & 0.3 & 0.5 & 0.5 & 0.2 \\ 0.4 & 0.4 & 0.3 & 0.5 & 0.5 & 0.2 \\ 0.8 & 0.7 & 0.7 & 0.8 & 0.8 & 0.5 \end{bmatrix}$$

$$A_5 = \begin{bmatrix} 0.5 & 0.5 & 0.9 & 0.4 & 0.3 & 0.4 \\ 0.5 & 0.5 & 0.2 & 0.4 & 0.4 & 0.4 \\ 0.1 & 0.8 & 0.5 & 0.3 & 0.3 & 0.2 \\ 0.6 & 0.6 & 0.7 & 0.5 & 0.4 & 0.3 \\ 0.7 & 0.6 & 0.7 & 0.6 & 0.5 & 0.4 \\ 0.6 & 0.6 & 0.8 & 0.7 & 0.6 & 0.5 \end{bmatrix}$$

运用行和归一法得到其排序向量:

$$\omega^{(1)} = (0.167, 0.163, 0.157, 0.173, 0.157, 0.183)^{\mathrm{T}}$$

$$\omega^{(2)} = (0.140, 0.147, 0.203, 0.173, 0.160, 0.177)^{\mathrm{T}}$$

$$\omega^{(3)} = (0.140, 0.170, 0.173, 0.170, 0.163, 0.183)^{\mathrm{T}}$$

$$\omega^{(4)} = (0.153, 0.163, 0.187, 0.143, 0.143, 0.210)^{\mathrm{T}}$$

$$\omega^{(5)} = (0.167, 0.147, 0.140, 0.170, 0.183, 0.193)^{\mathrm{T}}$$

由 $W_{ij} = W_i - W_j + 0.5, i = 1, 2, \cdots, n; j = 1, 2, \cdots, n$,求得它们的权重矩阵:

$$W_1 = \begin{bmatrix} 0.5 & 0.504 & 0.510 & 0.494 & 0.510 & 0.484 \\ 0.496 & 0.5 & 0.506 & 0.490 & 0.506 & 0.480 \\ 0.490 & 0.494 & 0.5 & 0.484 & 0.500 & 0.474 \\ 0.506 & 0.510 & 0.516 & 0.5 & 0.516 & 0.490 \\ 0.490 & 0.494 & 0.500 & 0.484 & 0.5 & 0.474 \\ 0.516 & 0.520 & 0.526 & 0.510 & 0.526 & 0.5 \end{bmatrix}$$

$$W_2 = \begin{bmatrix} 0.5 & 0.493 & 0.437 & 0.467 & 0.480 & 0.463 \\ 0.503 & 0.5 & 0.444 & 0.474 & 0.487 & 0.470 \\ 0.563 & 0.556 & 0.5 & 0.530 & 0.543 & 0.526 \\ 0.533 & 0.526 & 0.470 & 0.5 & 0.513 & 0.496 \\ 0.520 & 0.513 & 0.457 & 0.487 & 0.5 & 0.483 \\ 0.537 & 0.530 & 0.474 & 0.504 & 0.517 & 0.5 \end{bmatrix}$$

$$W_3 = \begin{bmatrix} 0.5 & 0.470 & 0.467 & 0.470 & 0.477 & 0.457 \\ 0.530 & 0.5 & 0.497 & 0.500 & 0.507 & 0.487 \\ 0.533 & 0.503 & 0.5 & 0.503 & 0.510 & 0.490 \\ 0.530 & 0.500 & 0.497 & 0.5 & 0.507 & 0.487 \\ 0.523 & 0.493 & 0.490 & 0.493 & 0.5 & 0.480 \\ 0.543 & 0.513 & 0.510 & 0.513 & 0.520 & 0.5 \end{bmatrix}$$

$$W_4 = \begin{bmatrix} 0.5 & 0.490 & 0.466 & 0.510 & 0.510 & 0.443 \\ 0.510 & 0.5 & 0.476 & 0.520 & 0.520 & 0.453 \\ 0.534 & 0.524 & 0.5 & 0.540 & 0.544 & 0.477 \\ 0.490 & 0.480 & 0.460 & 0.5 & 0.500 & 0.433 \\ 0.490 & 0.480 & 0.456 & 0.500 & 0.5 & 0.433 \\ 0.557 & 0.547 & 0.523 & 0.567 & 0.567 & 0.5 \end{bmatrix}$$

$$W_5 = \begin{bmatrix} 0.5 & 0.520 & 0.527 & 0.497 & 0.484 & 0.474 \\ 0.480 & 0.5 & 0.507 & 0.477 & 0.464 & 0.454 \\ 0.473 & 0.493 & 0.5 & 0.470 & 0.457 & 0.447 \\ 0.503 & 0.523 & 0.530 & 0.5 & 0.487 & 0.477 \\ 0.516 & 0.536 & 0.543 & 0.513 & 0.5 & 0.490 \\ 0.526 & 0.546 & 0.553 & 0.523 & 0.510 & 0.5 \end{bmatrix}$$

若取 $\lambda_1 = \lambda_2 = \lambda_3 = \lambda_4 = \lambda_5 = 1/5$，则得到综合判断矩阵和对应的综合权重矩阵：

$$\overline{A} = \begin{bmatrix} 0.5 & 0.460 & 0.440 & 0.400 & 0.480 & 0.320 \\ 0.540 & 0.5 & 0.320 & 0.480 & 0.540 & 0.360 \\ 0.560 & 0.680 & 0.5 & 0.520 & 0.500 & 0.400 \\ 0.600 & 0.520 & 0.480 & 0.5 & 0.500 & 0.380 \\ 0.520 & 0.460 & 0.500 & 0.500 & 0.5 & 0.360 \\ 0.680 & 0.640 & 0.600 & 0.620 & 0.640 & 0.5 \end{bmatrix}$$

$$\overline{W} = \begin{bmatrix} 0.5 & 0.495 & 0.481 & 0.488 & 0.492 & 0.464 \\ 0.504 & 0.5 & 0.486 & 0.492 & 0.497 & 0.469 \\ 0.519 & 0.514 & 0.5 & 0.505 & 0.511 & 0.483 \\ 0.512 & 0.508 & 0.495 & 0.5 & 0.505 & 0.477 \\ 0.508 & 0.503 & 0.489 & 0.495 & 0.5 & 0.472 \\ 0.536 & 0.531 & 0.517 & 0.523 & 0.528 & 0.5 \end{bmatrix}$$

求得 $\mathrm{CI}(A_1, W_1) = 0.009 < 0.1$，$\mathrm{CI}(A_2, W_2) = 0.010 < 0.1$，$\mathrm{CI}(A_3, W_3) = 0.009 < 0.1$，$\mathrm{CI}(A_4, W_4) = 0.006 < 0.1$，$\mathrm{CI}(A_5, W_5) = 0.005 < 0.1$，$\mathrm{CI}(A_6, W_6) = 0.015 < 0.1$，$\mathrm{CI}(\overline{A}, \overline{W}) = 0.009 < 0.1$。

因此，$A_1, A_2, A_3, A_4, A_5, A_6, \overline{A}$ 都是一致性可接受的，则可以在综合所有专家的意见后，得到总权重向量为 $W = (0.153, 0.158, 0.172, 0.166, 0.161, 0.189)$，即所有专家的简单加权平均数。

2. 利益冲突严重程度的确定

本节采用五粒度语言短语集把语言短语转化成二元组，即 $S = \{S_5 = \text{TZ}(特别严重), S_4 = \text{Z}(严重), S_3 = \text{YB}(一般), S_2 = \text{BZ}(不严重), S_1 = \text{DZ}(几乎无影响)\}$，对应数值为 $\{S_5 = 5, S_4 = 4, S_3 = 3, S_2 = 2, S_1 = 1\}$，利益冲突对项目成功影响的评价信息见表 4-7。

表 4-7 利益冲突对项目成功影响的评价信息

利益冲突		利益冲突对项目成功的影响					
		W_1	W_2	W_3	W_4	W_5	W_6
项目启动前	A_1	(Z,−0.40)	(BZ,0.20)	(YB,0)	(TZ,−0.40)	(YB,0.20)	(YB,−0.40)
	A_2	(YB,0.20)	(YB,−0.40)	(BZ,0.20)	(Z,0)	(Z,−0.20)	(Z,−0.40)
	A_3	(Z,−0.40)	(YB,−0.20)	(BZ,0.40)	(Z,0.20)	(Z,0)	(YB,0.20)
	A_4	(Z,−0.40)	(BZ,0)	(BZ,0.20)	(Z,0)	(BZ,0.40)	(YB,0.20)
	A_5	(YB,0.40)	(YB,−0.20)	(BZ,0.40)	(YB,−0.40)	(YB,−0.40)	(YB,0)
项目实施中	B_1	(Z,0)	(BZ,0.40)	(YB,−0.40)	(Z,0)	(BZ,0.40)	(BZ,0.40)
	B_2	(YB,0.20)	(YB,−0.40)	(BZ,0.20)	(BZ,0.40)	(BZ,0)	(YB,0.40)
	B_3	(Z,−0.20)	(BZ,0.20)	(BZ,0.40)	(YB,0.20)	(BZ,−0.20)	(YB,−0.20)
	B_4	(Z,0)	(YB,−0.20)	(YB,−0.20)	(Z,0)	(YB,−0.20)	(YB,−0.20)
	B_5	(Z,0)	(YB,0.40)	(YB,0.20)	(Z,−0.40)	(YB,−0.40)	(YB,−0.40)
	C_1	(YB,0)	(BZ,−0.20)	(BZ,0)	(YB,0)	(BZ,0.20)	(BZ,0.40)
	C_2	(BZ,0.40)	(BZ,−0.20)	(BZ,−0.20)	(BZ,0.40)	(BZ,0.20)	(BZ,0.20)
项目完成后	D_1	(DZ,0.40)	(DZ,0.40)	(DZ,0.20)	(BZ,0.20)	(YB,0.40)	(YB,−0.40)
	D_2	(DZ,0.40)	(BZ,−0.40)	(BZ,−0.40)	(BZ,0)	(YB,0)	(YB,0.40)
	D_3	(DZ,0.20)	(DZ,0)	(DZ,0.40)	(BZ,−0.20)	(YB,0.20)	(YB,−0.40)
	D_4	(BZ,−0.20)	(DZ,0.40)	(DZ,0.40)	(BZ,0)	(YB,−0.20)	(YB,0.40)

综合专家的评价信息，按照式（4-4），采用二元语义有序加权平均算子得出利益冲突严重程度的综合评价结果：

$$W = \left\{ \begin{matrix} (\text{YB},0.34),(\text{YB},0.24),(\text{YB},0.36),(\text{YB},-0.10),(\text{YB},-0.20),(\text{YB},0.13),(\text{YB},-0.47),(\text{YB},-0.31), \\ (\text{YB},0.30),(\text{YB},0.36),(\text{BZ},0.40),(\text{BZ},0.07),(\text{BZ},0.05),(\text{BZ},-0.05),(\text{BZ},-0.31),(\text{BZ},0.17) \end{matrix} \right\}$$

3. 利益冲突应对策略重要度的确定

本节基于 255 个协同创新项目的调研数据构建 QFD 模型,对协同创新项目利益冲突最常选用的应对策略进行统计分析,以此作为利益冲突与应对策略之间紧密程度的依据,并建立相关矩阵。同时,紧密程度采用以下等级:1、3、5、7、9,分别表示该交点处所对应的应对策略与利益冲突之间存在微弱、较弱、一般、密切、非常密切的关系。等级划分以各指标的最大值 a_{ij} 为标准,将区间 $[0, a_{ij}]$ 等距离划分为 5 个等级,其中 0 为下边界,a_{ij} 为上边界,$\left[0, \dfrac{a_{ij}}{8}\right]$,$\left[\dfrac{a_{ij}}{8}, \dfrac{3a_{ij}}{8}\right)$,$\left[\dfrac{3a_{ij}}{8}, \dfrac{5a_{ij}}{8}\right)$,$\left[\dfrac{5a_{ij}}{8}, \dfrac{7a_{ij}}{8}\right)$,$\left[\dfrac{7a_{ij}}{8}, a_{ij}\right]$。

图 4-3~图 4-5 为协同创新项目不同阶段的利益冲突-应对策略 HoQ,可以看出:策略 M_1、M_3、M_4、M_8 的重要度明显大于其他策略,当缺少此种类型的措施和预案时,认为项目不能很好地解决利益冲突。虽然策略 M_2、M_5、M_6、M_7 的重要度小于其他策略,但其相关度很高,认为若这类策略中的一项能够较好地实施,将会积极影响相关问题。

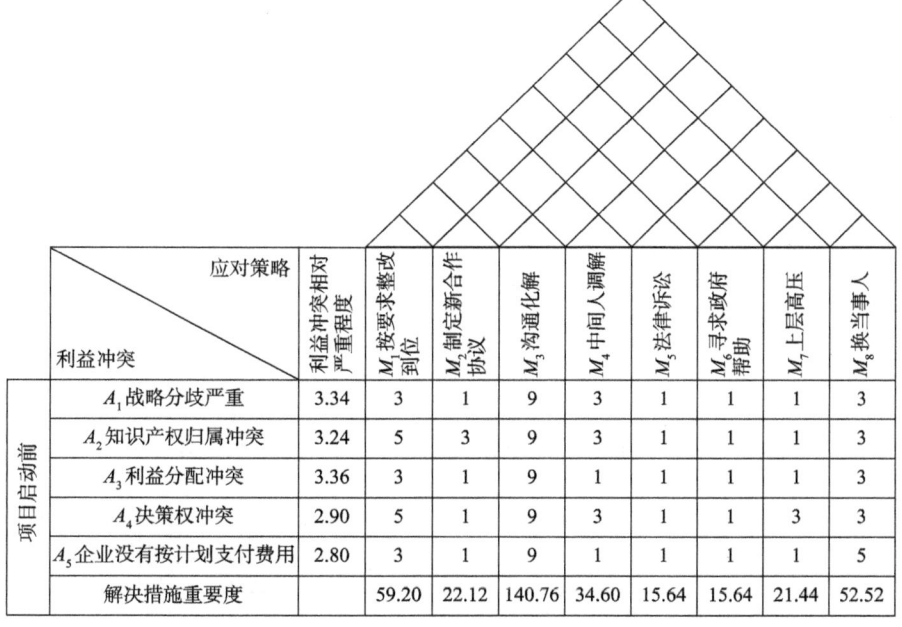

图 4-3 项目启动前利益冲突-应对策略 HoQ

利益冲突	应对策略	利益冲突相对严重程度	M_1 按要求整改到位	M_2 制定新合作协议	M_3 沟通化解	M_4 中间人调解	M_5 法律诉讼	M_6 寻求政府帮助	M_7 上层高压	M_8 换当事人
项目实施中	B_1 管理权限冲突	3.13	3	1	9	3	1	1	1	3
	B_2 管理文化冲突	2.53	3	1	9	1	1	1	1	3
	B_3 管理流程冲突	2.69	3	1	9	3	1	1	1	1
	B_4 合作主体利益受损	3.30	3	1	9	3	1	1	1	1
	B_5 企业没有按计划支付费用	3.36	1	3	9	3	1	1	1	7
	C_1 个人利益受损	2.40	3	1	9	3	1	1	1	1
	C_2 个人价值观冲突	2.07	5	1	9	5	1	1	1	1
	解决措施重要度		55.86	26.20	175.32	50.92	19.48	19.48	19.48	50.96

图 4-4 项目实施中利益冲突-应对策略 HoQ

利益冲突	应对策略	利益冲突相对严重程度	M_1 按要求整改到位	M_2 制定新合作协议	M_3 沟通化解	M_4 中间人调解	M_5 法律诉讼	M_6 寻求政府帮助	M_7 上层高压	M_8 换当事人
项目完成后	D_1 知识产权归属冲突	2.05	5	1	9	3	1	1	1	3
	D_2 利益分配冲突	1.95	1	1	9	3	1	1	1	1
	D_3 个人利益受损	1.69	1	1	1	1	1	1	1	5
	D_4 企业没有按计划支付费用	2.17	3	1	9	3	1	1	1	9
	解决措施重要度		20.40	7.86	70.74	15.86	12.20	7.86	7.86	36.08

图 4-5 项目完成后利益冲突-应对策略 HoQ

由以上分析可知，在协同创新项目启动前，利益分配冲突和战略分歧严重造成的冲突最为严重，此阶段利益冲突的应对策略重要度排序为：沟通化解>按要求整改到位>换当事人>中间人调解>制定新合作协议>上层高压>法律诉讼=寻求政府帮助；在协同创新项目实施中，企业没有按计划支付费用和合作主体利益受损造成的冲突最为严重，此阶段利益冲突的应对策略重要度排序为：沟通化解>按要求整改到位>换当事人>中间人调解>制定新合作协议>上层高压=法律诉讼=寻求政府帮助；在协同创新项目完成后，企业没有按计划支付费用和知识产权归属冲突造成的冲突最为严重，此阶段利益冲突的应对策略重要度排序为：沟通化解>换当事人>按要求整改到位>中间人调解>法律诉讼>寻求政府帮助=上层高压=制定新合作协议。

4.2.5 结论

为了弥补现有研究的不足，本节提出了一种基于二元语义-QFD 技术的利益冲突评价方法。一方面，运用二元语义模型得出协同创新项目利益冲突的严重程度，减少了决策信息丢失，保证了决策结果的精确性；另一方面，运用改进 QFD 技术，建立利益冲突严重程度-应对策略 HoQ，明确了核心应对策略。此外，本节基于 255 个协同创新项目的调研数据得到项目不同阶段利益冲突应对策略的重要度排序，研究结果可为合作主体进行利益冲突应对策略的选择提供信息参考，具有较好的实用性和可操作性。

在协同创新项目启动前，利益分配冲突和战略分歧严重造成的冲突最为严重；在协同创新项目实施中，企业没有按计划支付费用和合作主体利益受损造成的冲突最为严重；在协同创新项目完成后，企业没有按计划支付费用和知识产权归属冲突造成的冲突最为严重。实践中，将协同创新项目利益冲突应对策略分为五类，分别是正视、妥协、缓和、竞争和逼迫、回避或退出，其具有如下特征：一是五种应对策略重要度不同，决定了应对策略不同的选择倾向；二是正视、妥协策略的重要度比较高，属于积极的应对策略，是协同创新项目利益冲突的首选策略；三是缓和可视为中性的应对策略；四是竞争和逼迫、回避或退出等应对策略较消极，一般是利益冲突的补充策略。

沟通化解作为协同创新项目首选的利益冲突应对策略，需要引起相关部门高度重视。相关部门要健全多种沟通渠道，如设立定期沟通日、意见箱、投诉电话等，选择适宜的沟通方式，在项目全生命周期做到及时有效沟通。同时，将沟通作为日常工作中的一项主要内容，在各主体间形成良好的沟通氛围，建立合理长效的沟通机制等。相关部门应完善问题整改制度，完善相关内控机制，事前预防状况发生，形成问题整改长效机制。同时，应针对整改的重点，组织专门研究小组展开调查，对整改任务逐层分解，整改过程中要做到举一反三，达到整改一个问题、解决一类问题的效果。另外，要完善已有的年度考核机制，加强整改的持续性追踪，不断提高整改效果，对于整改报告上已整改而实际上未整改等弄虚作假的行为进行通报，并进行严肃处理。政府在协同创新项目利益冲突中，要充分发挥协调控制作用。政府能够以低于其他组织的成本完成从产权的界定、保护、仲裁到各种经济活动的组织等一系列工作，同时运用政府财税政策对宏观经济进行调控，从资金投入、税收、资产融资等方面出台扶持、奖励政策。此外，政府通过命令以及法律指导保证供求平衡，强化对体制机制、公共产品的建设与提供，从而创造公平、公开、公正的竞争市场。

第 5 章　协同创新项目利益分配动态均衡模型

5.1　协同创新项目利益分配动态均衡的内涵与作用

5.1.1　协同创新项目利益分配动态均衡的内涵

在现代经济学中，均衡是一种基本的概念，无论是微观经济中的商品价格的决定、消费和生产最优分析、要素供给与需求分析，还是宏观经济中的总需求与总供给分析、产品和货币市场分析、经济稳定增长，诸如此类都以均衡的概念为基础。协同创新项目的利益分配均衡也是一种均衡，它是利益分配所达到的一种最优状态，而协同创新项目的利益分配本质上可以归结为多人博弈问题。由此可知，协同创新项目的利益分配均衡也是一种博弈均衡状态。在博弈论中博弈均衡一般是指纳什均衡。纳什均衡是指在博弈的过程中，每一个局中人都依据其他局中人的行为方式和可能的决策行动来制定自己的策略，从而达到一种平衡的局势状态，并且在该状态局势中，任意一个局中人单独偏离此局势，其期望收益都不会增大。

是否达到协同创新项目利益分配均衡状态，是决定协同创新项目是否可以持续的关键。众所周知，参与协同创新项目的各合作主体都是理性的个人或者机构，在充分考虑创新成本和合作成本的基础上，利益会直接影响合作主体的合作意识。在合作过程中，一旦合作主体认为本方未处于利益分配均衡状态，则其为了追求更多的利益，更倾向于作出偏离主题目标的决策，从而导致合作破裂。协同创新项目中，实现各方的最优利益是共同目标。因此协同创新项目的利益分配均衡是协同创新项目的共同目标。

综上，协同创新项目的利益分配均衡是一种状态。从联盟的角度看，在该状态下，协同创新联盟此时的凝聚力是最强的，各合作主体相互配合，联盟总体高效平稳地运作。从合作主体的角度看，此时各合作主体自身的利益要求的实现程度均得到了有效满足。由此可见评价利益要求满足程度的方式对于评价利益分配均衡的重要性。开展协同创新项目的过程不是单一进程，而是分为多个阶段依序进行的。处于不同的阶段、不同的合作主体对于利益分配均衡的衡量标准不尽相同。协同创新项目是否达到利益分配均衡是衡量协同创新项目开展是否顺利的标志，并且应当考虑多阶段性和动态性。此外，评价协同创新项目各方利益是否达到均衡也有利于指导合作主体随时调整战略，更大程度地推动共同利益的开发，促进合作的进行。

项目利益分配动态均衡模型主要是指要建立项目利益分配均衡的判别指标，而且要列出每个判别指标呈现利益分配均衡的判别区间和评价标准。

协同创新项目利益分配动态均衡的判别标准包含如下方面：第一，协同创新项目合作主体之间的经济利益与非经济利益之间的分配平衡；第二，合作主体企业与学研方之间的权益分配平衡；第三，协同创新项目组织战略利益与个体目标利益诉求之间的分配平衡；第四，协同创新项目市场效益与科技创新价值之间的决策平衡；第五，协同创新项目短期利益与长期利益之间的分配平衡。协同创新项目利益分配动态均衡应该是指合作主体之间就上述经济利益与非经济利益的分配、企业与学研方的权益分配、项目组织战略利益与个体目标利益诉求的分配、项目市场效益与科技创新价值的决策、项目短期利益与长期利益的分配之间五个层面达成的动态均衡，而且是在这五个层面都呈现动态均衡的状态和格局下才能够说该项目实现了利益分配动态均衡，反之，如果在这五个层面中只要有一个层面没有实现利益分配的动态均衡，那么这个项目目前的状态就是利益分配不均衡。

协同创新项目合作主体之间的经济利益与非经济利益之间的分配平衡首先是指协同创新项目中企业和高校与科研机构组成的学研方两大主体之间的项目经济利益分配平衡，主要是资本利益分配平衡、项目管理利益分配平衡以及科技创新价值利益分配平衡。这种经济利益分配平衡首先体现在财务管理数据和利润分配数值的动态平衡；其次是指企业和学研方之间就科技创新的非经济利益（如知识产权、品牌价值以及知识共享和荣誉）分配之间达成一致和项目管理外在统一；最后是指在经济利益分配与非经济利益分配中企业与学研方达成战略一致性和动态平衡趋同性。

合作主体企业与学研方之间的权益分配平衡是指企业与学研方在协同创新项目中的资源优势分配、项目管理合作以及科技创新共享方面的投入和产出平衡状态。一方面是项目各合作主体的资源投入与利益产出之间的分配要平衡；另一方面是企业与学研方在协同创新项目中各自的资源分配、组织管理以及项目利益中要体现科技创新价值的最大化和项目组织协同绩效的最大化，并据此来判定项目合作主体企业和学研方各自的价值贡献度和创新满意度，最终形成企业与学研方之间的利益分配动态均衡的基础评价指标。

协同创新项目组织战略利益与个体目标利益诉求之间的分配平衡是指组织战略利益与个体目标利益诉求必须要呈现利益分配均衡、管理均衡以及过程均衡，否则就会出现组织战略不切实际或者霸凌了个体目标利益，或者个体目标利益诉求超越了组织战略利益，即组织战略利益无法全部覆盖个体目标利益的正当诉求，这些因素都是组织战略利益与个体目标利益分配不均衡的重要诱因和变化趋势。总而言之，一方面是组织战略利益与个体目标利益分配的动态均衡；另一方面是组织利益分配与个体利益分配的动态均衡，也就是说组织利益与个体利益在战略目标层面上要实现动态均衡、在管理机制和管理过程中要实现分配均衡，合作主体组织与组织之间要实现组织利益分配动态均衡，参与项目关键个体的战略利益也要实现利益分配的动态均衡和管理过程协调均衡。

5.1.2　协同创新项目利益分配动态均衡的作用

协同创新项目利益分配动态均衡的作用主要体现在提升利益相关者满意度、保障合作主体的战略利益平衡、达成组织目标和个体利益的管理优化路径以及驱动项目合作主体实现创新绩效最大化。

1. 提升利益相关者满意度

协同创新项目利益分配动态均衡的核心诉求是保障协同创新项目的合作主体的战略利益分配均衡，一旦合作主体的核心利益和关键诉求得到保障，项目利益相关者或者合作主体的满意度就会得到提升甚至实现最大化。利益相关者满意度是一类衡量项目成本、项目质量、项目进度以及利益分配并行之有效的综合绩效指标。满意度看似主观模糊而且难以量化，但是对于利益相关者的利益分配和利益诉求来说是一类具有操作性、典型性和代表性的规范指标。协同创新项目利益分配动态均衡的主要标志是利益相关者或者项目合作主体就资源利益、经济利益以及组织利益和个人利益达成项目管理平衡，显然这也是项目利益相关者动态博弈均衡的结果，该种状态对于项目合作主体的满意度具有最大化或者最优化的效果。

2. 保障合作主体的战略利益平衡

协同创新项目利益分配动态均衡的核心作用是保障项目合作主体的战略资本利益、战略人才利益、战略产权利益以及战略市场利益的总体平衡和动态均衡，同时要保障组织战略利益与个体战略利益的进度平衡、成本平衡、市场平衡和风险平衡。只有实现了项目的组织战略利益与个体战略利益的协同平衡，才能促进项目不断地向项目合作主体利益分配动态均衡的状态和趋势优化演绎；实现项目利益分配动态均衡的前提是实现或者达成项目利益相关者战略利益或者核心利益的总体平衡。

3. 达成组织目标和个体利益的管理优化路径

协同创新项目利益分配动态均衡的管理模式和绩效体系有利于项目利益相关者之间达成利益战略目标、项目资源战略体系以及项目进度/成本/质量管理体系的一致性和统一性。这种一致性和统一性是项目组织目标与个人利益达成一致的前提和基础，而这种一致的前提与基础就是项目动态利益分配均衡演绎过程和管理优化路径。只有在项目的组织管理、战略管理、目标管理以及资源管理和利益分配中不断地优化项目合作主体的利益分配均衡状态和格局，才能最大限度地优化协同创新项目的战略管理体系和利益分配机制，形成最优项目管理路径。

4. 驱动项目合作主体实现创新绩效最大化

协同创新项目利益分配动态均衡的状态和格局有利于激励项目合作主体和利益相关者更加积极主动地参与项目的科技创新与协同发展。一方面，项目利益分配动态均衡的前提是保障项目合作主体的核心利益和关键诉求得到科学分配与合理利用；另一方面，项目利益分配动态均衡最大限度地优化了项目组织管理体系和个体创新目标愿景动力，使得项目的组织战略目标、个人创新远景与科技创新体系、科技创新资源以及科技创新能力完美结合，形成了项目科技资源协同、项目科技人才协同、项目科技创新技术协同以及项目科技创新管理协同的高效合作体系和驱动模式，这是有利于协同创新项目绩效最大化的利益动态演绎体系。

5.2　协同创新项目利益分配均衡模型的构建

目前关于利益分配影响因素的研究有很多。例如，方琳瑜和刘晓峰（2015）在考虑贡献及风险两种因素的基础上，修正 Shapley 值法并得出利益分配方案；张捍东等（2009）认为影响利益分配的因素包括贡献率、风险以及投资额，并在此基础上改善了 Shapley 值法；高宏伟（2011）在贡献程度、创新主导者、投入、风险等影响因素的基础上，运用博弈论建立了基于创新过程的产学研利益分配模型；王子龙等（2006）从影响因素对利益分配演化路径影响的角度出发，认为协同创新的额外收益、投入成本、政策支持力度及惩罚机制对利益分配的影响较大。不同的影响因素适用于不同的项目，本节根据实际研究需要选取的影响因素为风险、创新成本、综合实力即贡献率。

5.2.1　项目利益分配主要影响因素分析

校企合作是科研成果和市场相结合的最佳方式，也是技术成果向生产力转化的重要途径，一些学者对其合作的具体动力进行了研究。例如，刘佳等（2013）认为校企合作的动力主要可以分为校企双方自身发展的需要、推进科学技术创新的需要、应对市场需求变动的需要、提高市场竞争能力的需要等四个方面，也可以称为校企合作的内力、推力、拉力、压力。周正等（2013）则把协同创新分为内部动力（利益驱动力、战略协同引导力）及外部动力（市场竞争压力、技术推动力、需求拉动力、政府支持力）两大类。Veugelers 和 Cassiman（2005）认为校企合作的主要动机分为合作双方资源上的"异质性"、节省合作过程中的交易费用，以及独占知识技术这三方面。此外，在进行定性访谈的基础上，Ankrah 和 Al-Tabbaa（2015）从合作利益的角度出发，将校企合作的动机分为社会方面的利益、经济方面的利益和组织方面的利益等三个部分。通过实证研究的方式，刘芹（2007）得出校企合作的动力有效率因素、激励机制和竞争因素等三个主要方面，强调了对于民营企业来说，校企合作的动力除以上三个方面外还有研发成本、管理体系、政府、中介推动等方面的因素。以上研究从不同的角度出发，得到的校企合作的动力不尽相同，但总的来说可以分为资源互补、竞争需求、利益驱动、政府激励等方面。

在市场环境下，协同创新项目的开展意味着校企之间的匹配成功，但是随着一系列内外部环境的变化，很多情况下这种利益分配均衡会被打破，影响协同创新项目的成功运行。国内外学者均对校企合作的影响因素进行了研究。Muscio 和 Nardone（2012）指出校企之间的激励偏差、学术过程和企业之间缺乏互动、学术目标和技术商业化之间的冲突、学术研究和实际需求之间的差异等是校企合作的重要影响因素；Bergman 等（2011）则强调校企合作过程的冲突因素，指出企业的商业化目标和高校的职称评定目标、专利化目标、晋升目标之间的差异很大程度上阻碍了校企之间知识的流动；胡振华和周庆（2005）探讨了校企合作方向型和交易型障碍的影响因素，认为双方合作经验和广泛互动能够降低方向型障碍，但是广泛互动对降低交易型障碍的影响不显著，组织间信任程度较高有助于降低方向型与交易型障碍；徐静等（2012）认为阻碍校企合作发展的重要因素有技术供需偏差、政策定位模糊、法律体系不健全、投融资体系缺乏等；从知识基础的观点和资源基础的观点两个方面出发，张力（2011）通过实证分析得出校企合作的一体化机制、地理位置、双方的信任、双方文化上的相容性显著地影响了校企间的知识转移。通过对上述文献进行总结可以看出，校企合作的影响因素可以分为利益冲突、交易成本、创新政策、目标冲突等。

校企合作之间的利益分配均衡不仅受到双方合作动力和合作影响因素的影响，两者的合作处于大的市场环境下还受到市场中校企数量、企业的市场占有率、市场风险等的影响。

5.2.2 利益分配均衡模型的构建与分析

校企合作有多种形式，但是最终的目的均为两方在优势互补的基础上实现满足自身需求的期望效益。高校技术创新成果转化的需要和企业对知识资源的需求形成了知识资源的供需市场。校企合作，对于企业而言，可以提高自身的研究能力、减少技术风险及研究费用；对于高校来说，可以从企业获得科研设备、研究资金、市场信息，提高技术成果转化率。校企合作在资源上的互补关系使得双方的合作为非竞争关系，但有效合作的前提是双方可以在长时间内保持利益分配均衡状态。本节首先考虑创新政策、合作概率、高校及企业数量、资源成本、创新成本、市场占有率等因素构建利益分配均衡模型，然后通过图表的形式静态比较这些影响因素对校企合作利益分配均衡的影响。

1. 模型的构建

假设在一定区域内，某一时刻 t，企业中空置创新项目数量和高校中未合作研究人员的数量分别为 m 和 n。两者找到合作对象意味着协同创新项目的开始，没有协同创新项目的高校和企业可以共存。一个企业的协同创新项目合作的概率随着这个区域内企业数量的增加急剧下降，但和高校数量呈正相关关系。随着政府创新政策 P_0 的完善，协同创新项目合作的概率也会增加。根据以上情况，企业和高校找到合作者的概率分别为 ρ_e 和 ρ_u，则两者的表达式为

$$\rho_e = \frac{n}{m^2} P_0 \qquad (5\text{-}1)$$

$$\rho_u = \frac{m}{n^2} P_0 \qquad (5\text{-}2)$$

从式（5-1）和式（5-2）可以看出，当企业的合作概率 ρ_e 提高时，在 P_0 不变的情况下，意味着 m 的减少或者 n 的增大，高校的合作概率 ρ_u 则会减小，两者存

在负相关关系。但是当 P_0 增大时，ρ_e 和 ρ_u 会同时增大。由此看来，创新政策对校企的合作有良好的促进作用。

随着企业数量的增加，企业之间的竞争加大，单个企业的市场占有率减小。但是，如果企业技术转化能力 q 比较强，则市场占有率会增大，市场占有率 r 和企业数量 m、企业技术转化能力 q 之间的关系满足：$r = r(m,q)$ 且 $0 < r < 1$，$\dfrac{\mathrm{d}r}{\mathrm{d}m} < 0$，$\dfrac{\mathrm{d}^2 r}{\mathrm{d}m^2} > 0$，$\dfrac{\mathrm{d}r}{\mathrm{d}q} > 0$，故设三者的函数关系为

$$r(m,q) = \frac{q}{m} + \xi_r \tag{5-3}$$

其中，ξ_r 为由市场企业数量或者企业技术转化能力的变化导致的市场占有率的变动值，一般情况下变化较少，均衡状态时 $\xi_r = 0$，即

$$r(m,q) = \frac{q}{m} \tag{5-4}$$

企业的成本 c 由资源成本 c_1 和创新成本 c_2 两个部分组成。资源成本为创新过程中创新资源的投入量，资源成本与资源价格 a、资源数量 X 相关，资源价格和资源数量的增加均会使得资源成本提高，则资源成本与资源价格和资源数量之间的关系为

$$c_1 = aX \tag{5-5}$$

创新成本主要为创新过程中人力资源成本，创新成本 c_2 与高校科研效率密切相关，科研效率由科研人员的努力成本 b 及其数量 Y 决定，随着科研效率的提高，创新成本会急剧增加，故设创新成本和高校科研效率为二次函数关系：

$$c_2 = \frac{1}{2}(bY)^2 \tag{5-6}$$

综上所述，企业的成本为

$$c = c_1 + c_2 = aX + \frac{1}{2}(bY)^2 \tag{5-7}$$

公司进行协同创新的主要动力就是未来期望收益 π。合作给公司带来的额外潜在收益为 G，公司合作失败的潜在损失为 H（分别记为两种情况），在寻找合作伙伴的过程耗费的资源费用为 $\lambda\pi$，合作成功时其包含在资源成本中。企业的收益和市场占有率也有很大的关系，企业的实际收益 π 受到市场占有率 r 的影响。随着项目的进行，受到内外部环境变化的影响，项目会遇到没有达到预期收益、没有满足双方的合作需求及市场环境的变化等一系列风险，风险发生的概率（简称风险概率）为 θ，在这两种情况下企业的收益函数为

$$r(m)G = \left[\pi - aX - \frac{1}{2}(bY)^2\right] + \theta(H - G) + \xi_G \tag{5-8}$$

$$r(m)H = -\lambda\pi + \frac{n}{m^2}P_0(G-H) + \xi_H \quad (5\text{-}9)$$

其中，ξ_G 和 ξ_H 分别为收益、损失的变动值。在以上两种状态下，达到均衡状态时收益、损失的变动值均为零，即 $\xi_G = \xi_H = 0$。如果企业没有进行项目合作时的收益 $H > 0$，则公司会持续进行项目合作，直至其边际收益为 0，即 $H = 0$，由此可得

$$\begin{cases} G = \dfrac{\pi - aX - \frac{1}{2}(bY)^2}{r+\theta} \\ G = \dfrac{\lambda\pi m^2}{nP_0} \end{cases} \quad (5\text{-}10)$$

由此可得

$$\pi = aX + \frac{1}{2}(bY)^2 + (r+\theta)\frac{\lambda\pi m^2}{nP_0} \quad (5\text{-}11)$$

上述均衡状态下，项目的收益需要弥补直接费用及受 x 影响的空置项目的间接费用，因此，收益值应包括费用及风险造成的损失。令 $x = \dfrac{m}{n}$，由式（5-4）和式（5-7）简化得出创新协同项目的合作条件：

$$c = \pi - (r+\theta)\frac{\lambda\pi xq}{P_0 r} \quad (5\text{-}12)$$

值得注意的是，合作的额外收益必须要弥补由合作带来的费用及风险所带来的损失，在完全竞争的市场条件下 $c = \pi$，收益无法弥补由风险带来的损失，企业的合作积极性就会不高，因此合作项目应存在盈余。

A 与 B 分别为合作高校研究团队和不合作高校研究团队的收益，高校在协同创新项目中获得的收益为企业的创新成本投入，σ 为高校研究团队的保留费用（简称保留费用），可得

$$r(m)A = \frac{1}{2}(bY)^2 + \theta(B - A) + \xi_A \quad (5\text{-}13)$$

$$r(m)B = \sigma + \frac{m}{n^2}P_0(A - B) + \xi_B \quad (5\text{-}14)$$

在均衡状态下，高校的收益变动值均为 0，即 $\xi_A = \xi_B = 0$，根据式（5-13）和式（5-14）得

$$A - B = \frac{\frac{1}{2}(bY)^2 - \sigma}{r + \theta + \frac{m}{n^2}P_0} \quad (5\text{-}15)$$

令

$$w = \frac{c_2}{c} = \frac{\frac{1}{2}(bY)^2}{aX + \frac{1}{2}(bY)^2}, \quad 0 < w < 1 \tag{5-16}$$

简化得

$$A - B = \frac{wc - \sigma}{r + \theta + \rho_u} \tag{5-17}$$

项目的总收益为高校与企业的收益和，收益的分配由校企双方通过协商决定。这在很大程度上取决于各自的谈判能力，φ 为高校研究团队的谈判能力（简称谈判能力）。本节通过纳什谈判解决高校和企业的协商问题。在此情况下，纳什谈判解满足：

$$\max_k (G - H)^{1-\varphi}(A - B)^\varphi \tag{5-18}$$

令 $Z = (G - H)^{1-\varphi}(A - B)^\varphi$，求其最大值满足 $\dfrac{\mathrm{d}Z}{\mathrm{d}(G-H)} = \dfrac{\mathrm{d}Z}{\mathrm{d}(A-B)} = 0$，可得

$$A - B = \frac{\varphi}{1-\varphi}(G - H) \tag{5-19}$$

若 $H = 0$，则

$$G - H = G = \frac{\pi - aX - \frac{1}{2}(bY)^2}{r + \theta} = \frac{\pi - c}{r + \theta} \tag{5-20}$$

得

$$\frac{wc - \sigma}{r + \theta + \rho_u} = \frac{\varphi}{1-\varphi}\frac{\pi - c}{r + \theta} \tag{5-21}$$

由式（5-12）和式（5-20）得

$$c = \frac{\varphi}{w(1-\varphi) + \varphi}(\pi + c\pi x^3 - \sigma) + \sigma \tag{5-22}$$

由此可以得到完整的校企合作利益分配均衡模型 (Y_1, Y_2)：

$$\begin{aligned} Y_1: & \quad c = \pi - (r + \theta)\frac{\lambda \pi q}{P_0 r}x \\ Y_2: & \quad c = \frac{\varphi}{w(1-\varphi) + \varphi}(\pi + c\pi x^3 - \sigma) + \sigma \end{aligned} \tag{5-23}$$

其中，Y_1 为校企进行合作的条件函数，收益除了一般费用，还包括风险或者高校被解雇引起的损失；Y_2 为校企进行合作的费用函数。只有满足以上两个条件，合作才能达到利益分配均衡。

根据以上函数可以得出利益分配均衡状态下的 c 和 x，如图 5-1 所示。

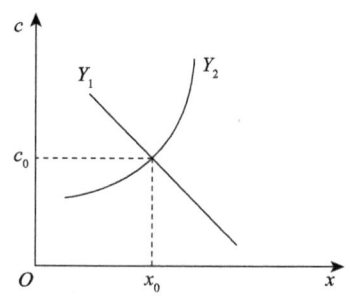

图 5-1 利益分配均衡函数图

2. 静态比较分析

模型构建后，我们可以通过作图的形式进行静态比较分析，分析当某一影响因素发生变化时，其给整个利益分配均衡模型带来的变化情况。

（1）如图 5-2 所示，当谈判能力 φ 或者保留费用 σ 增加时，费用函数 Y_2 上移，c 增大，x 减小。这意味着企业进行创新合作成本会有所增加，愿意提供创新项目的企业就会减少。这时政府可以出台积极创新政策，促使企业提供的创新项目数量增加，另外，企业可以通过提高自身谈判能力或减少成本来抑制费用函数的上移，以提高协同创新项目合作的成功率。

（2）如图 5-3 所示，当风险概率 θ 或者企业技术转化能力 q 提高时，条件函数 Y_1 下移，c 减小，x 减小。当企业的风险概率变大时，其进行创新合作成功的概率会减小，创新项目的数量会变少，研究者被解雇的概率会增加，导致未合作研究人员的数量增加。这时双方应密切合作，政府出台有力的风险防范措施，尽量减小风险对利益分配均衡状态的影响。单个企业的技术转化能力提高，使得其市场占有率大大提高，产生挤出效应，其他企业就会退出市场，对整个协同创新市场的发展不利。政府此时应该进行宏观把控，使企业之间形成良好的竞争关系。

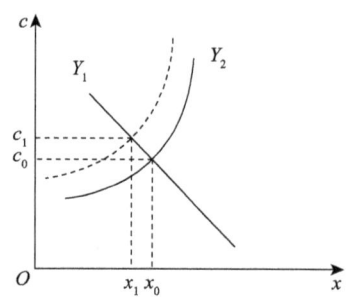 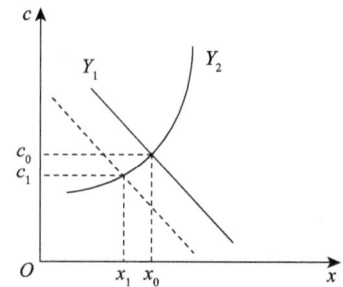

图 5-2 谈判能力或者保留费用变化函数图　　图 5-3 风险概率或企业技术转化能力变化函数图

（3）如图 5-4 所示，当创新成本占比 w 提高时，费用函数 Y_2 下移，使得 c 减小，x 增大。创新成本占比增加即高校在合作中的收益增加，可以提升研究人员参与校企合作的兴趣，项目数量就不能满足科研人员的需求，高校之间也许会形成恶性竞争。因此，政府应该做好对项目的积极引导工作，企业也应该合理规划成本，防止资源成本和创新成本比例失衡引起项目的成功率降低。

（4）如图 5-5 所示，收益 π 减少时，Y_1 和 Y_2 皆下移，利益分配均衡状态被打破，c 减小，x 减小。此时，协同创新不能满足市场对科技创新的需求，由此阻碍协同创新的发展，但是创新政策的完善可以提高合作概率，从而促进协同创新的良性循环。

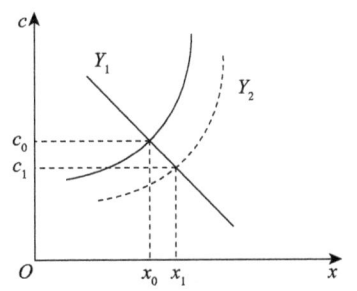
图 5-4　创新成本占比变化函数图

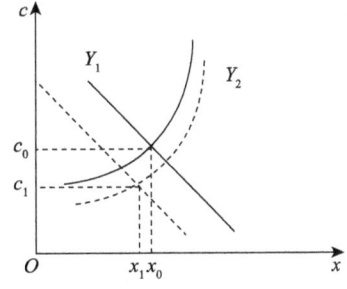
图 5-5　收益变化函数图

从上述分析可以看出，谈判能力 φ、保留费用 σ、风险概率 θ、企业技术转化能力 q、创新成本占比 w 及收益 π 的变化都会对校企合作的利益分配均衡产生影响，但是期望收益的变化使得原有的利益分配均衡被打破最为显著。在校企合作过程中，合作双方应当高度警惕期望收益的变化，以防期望收益的变化导致协同创新项目的失败。

5.2.3　相关结论与建议

校企合作有多种形式，也十分复杂，其对我国协同创新体系的建设具有直接影响，然而通过构建数学模型探讨校企合作利益分配均衡影响因素的研究较少。本节在构建利益分配均衡模型的基础上重点分析了谈判能力、保留费用、期望收益、风险概率、企业技术转化能力、创新成本占比等影响因素对项目持续时间的影响程度，结论如下。

（1）在校企合作中存在双重交易外部性，如果企业合作概率提高，则高校研究团队的合作概率降低。

（2）高校谈判能力、保留费用、风险概率、企业技术转化能力、创新成本占比等因素的变化对校企合作的条件函数或费用函数皆具有一定程度的影响。

（3）期望收益的变化会导致校企利益分配均衡被打破，有可能使得企业终止项目或者寻找新的合作伙伴。

协同创新项目中校企合作的利益分配均衡影响因素的复杂性不容忽视，合作双方和政府应采取针对性措施积极应对。建议：①政府创新政策是影响校企合作概率的重要因素，政府应当出台完善的创新政策，如政府政策、法律法规、产权保护等，以保证协同创新项目的稳定运行；②政府和合作双方对项目合作过程中一些因素的变化保持警惕，采取针对性措施进行补救；③企业期望收益对利益分配均衡的影响最大，各方都应当对企业期望收益的变化保持高度警惕，确保期望收益的变化在可控范围内。

5.3 多阶段动态项目利益分配模型的构建

协同创新项目一般要经历四个阶段：研发阶段、小试阶段、中试阶段、产业化阶段。有些项目合作主体的合作开始于研发阶段或小试阶段，而且这两个阶段的核心内容基本相同，并保持利益分配影响因素不变，因此，本节将协同创新项目的研发阶段和小试阶段合并为一个阶段。为了防止利益不均衡导致项目终止，在项目的研究与小试、中试、产业化的每个阶段都提出合理的利益分配方案。本节选择三个合作主体：企业、高校、科研机构。首先，在项目的研发与小试阶段，以前期投入为主，风险高，创新成本等因素对利益分配的影响较大，因此，在考虑利益分配中影响较大因素的基础上进行初次利益分配。其次，随着项目的进行，一些不确定因素逐渐明了或发生变化，此时合作主体的满意度直接决定其是否继续进行合作。鉴于此，本节在对合作主体满意度进行调查的基础上，对分配方案进行基于协商满意度的调整，避免合作主体因不满意分配方案而退出项目。最后，随着创新产品进入市场，项目进入产业化阶段，实际贡献在分配方案中应有所体现。基于此，在前两个阶段的基础上提出基于贡献的利益分配调整，客观数据使得利益分配更具说服力。多阶段动态项目利益分配模型如图5-6所示。

5.3.1 基于影响因素的利益分配模型

通过对文献的研究，选取影响因素为创新成本、风险因素、综合实力。Shapley值法的利益分配方式以协作边际效应为基础，体现了协作的重要性。因此，在协

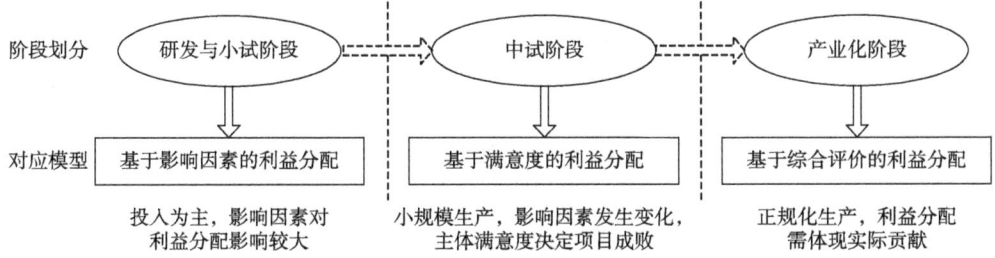

图 5-6 多阶段动态项目利益分配模型

同创新项目的研发与小试阶段采用 Shapley 值法并与影响因素相结合提出初步的利益分配方案。

n 为创新主体的总数，$I=\{$所有的创新主体$\}=\{1,2,\cdots,i,\cdots,n\}$，$s$ 为创新主体组成的子集（也就是一个联盟），所有这样的子集组成的集合记为 S_I，则 $s\in S_I$，k 为 s 中的创新主体个数，则创新主体 i 的 Shapley 值为

$$\phi(i)=\sum_{s\in S_I}\frac{(n-k)!(k-1)!}{n!}\left[V(s)-V\left(\frac{s}{\{i\}}\right)\right],\ i=1,2,\cdots,n \quad (5\text{-}24)$$

其中，$V(s)$ 为集合 s 的收益；$V\left(\dfrac{s}{\{i\}}\right)$ 为集合 s 中除 i 元素之外的收益。

本书在此基础上提出了利益分配的公式：

$$x_i=\frac{\left[p_i\phi(i)+\dfrac{I_i}{\sum_{i=1}^{n}I_i}V(n)+W_iV(n)\right]}{3},\ i=1,2,3 \quad (5\text{-}25)$$

其中，n 为合作主体的个数；p_i 为风险系数，协同创新项目最大的风险就是各合作主体之间形成联盟的概率；I_i 为各合作主体的创新成本；W_i 为合作主体的综合实力的权重，且满足 $\sum_{i=1}^{n}W_i=1$，具体权重的确定由相关专家或者合作主体协商确定；$V(n)$ 为所有合作主体完全合作时的收益。由于 $p_i<1$，$\sum_{i=1}^{n}x_i\leqslant V(n)$，可以理解为合作风险造成的损失。

因此，合作主体的利益分配系数为

$$r_{1i}=\frac{x_i}{\sum_{i=1}^{n}x_i} \quad (5\text{-}26)$$

5.3.2 基于满意度的利益分配模型

项目第一阶段有可能由于主观原因合作主体出现不满的情况，造成项目的结束。为了保证项目顺利进行，可以通过调查合作主体对初始利益分配系数的满意度确保各合作主体对分配方案的满意度。如果合作主体不满意初始利益分配系数，则采用基于满意度水平的不对称纳什协商模型，从而对第一阶段的利益分配系数进行调整。

设第 i 个合作主体给出的利益分配方案为 $Q_i = (q_{i1}, q_{i2}, q_{i3})$，$i = 1,2,3$。第 i 个合作主体的理想利益分配系数为 $q^+(i)$，$q^+(i) = \max(q_{1i}, q_{2i}, q_{3i})$，则项目的理想利益分配方案集为 $Q^+ = (q^+(1), q^+(2), q^+(3))$。同样地，第 i 个合作主体的负理想利益分配系数为 $q^-(i)$，$q^-(i) = \min(q_{1i}, q_{2i}, q_{3i})$，则项目的负理想利益分配方案集为 $Q^- = (q^-(1), q^-(2), q^-(3))$。可以看出，利益分配系数 r_i 越大，合作主体 i 就越满意，则定义合作主体 i 对利益分配方案的满意度为 $f_i = \dfrac{r_i}{q^+(i)}$。

把 $q^-(i)$ 作为合作主体 i 的谈判起点，对第 i 个合作主体而言，如果利益分配系数 r_i 低于 $q^-(i)$，它就会缺少兴趣继续参加项目。这时合作主体 i 的满意度为 $f_i^- = \dfrac{q^-(i)}{q^+(i)}$。根据不对称纳什协商模型，有

$$\max Z = \prod_{i=1}^{n} \left(\frac{r_i - q^-(i)}{q^+(i)} \right)^{w_i} \quad (5\text{-}27)$$

$$\text{s.t.} \begin{cases} q^-(i) \leqslant r_i \leqslant q^+(i) \\ \sum_{i=1}^{n} r_i = 1 \end{cases}$$

其中，w_i 为合作主体在协同创新项目中的重要程度，$\sum_{i=1}^{n} w_i = 1$。利用库恩-塔克（Kuhn-Tucker）条件求得

$$r_{2i}^* = q^-(i) + \left(1 - \sum_{i=1}^{n} q^-(i)\right) \frac{w_i q^+(i)}{\sum_{i=1}^{n} w_i q^+(i)} \quad (5\text{-}28)$$

其中，r_{2i}^* 为基于满意度的利益分配系数的最优解。考虑到各合作主体满意度对项目的影响程度 $\varphi(\varphi \in [0,1])$，为了使利益分配系数更接近 r_{2i}^*，φ 一般由专家给出或

者由合作主体通过协商确定。

基于满意度水平进行调整后的利益分配系数为

$$r_{2i} = r_{1i} + \varphi\left(r_{2i}^* - r_{1i}\right) \quad (5-29)$$

如果合作主体对调整后的方案不满意，仍可以接着按上述的方法继续进行调整，直到各合作主体都比较满意。

5.3.3 基于综合评价的利益分配模型

在实际的项目开展过程中，各合作主体的贡献对利益分配也至关重要，如果存在不公平性，则项目难以持续进行。在前面两个阶段的基础上，基于合作主体综合评价的结果对利益分配系数进行再次调整，使得利益分配系数更加客观、公平。本节在相关文献的基础上，结合项目的实际情况对指标进行整理、分类并咨询相关专家建议，经过筛选后得出了协同创新项目产业化阶段各合作主体的评价体系（表 5-1）。

表 5-1 产业化阶段各合作主体的评价体系

指标集	合作主体	子指标	指标属性
投入情况 A	企业	人员投入到位率 A_1	定量
		对高校资金投入到位率 A_2	定量
		对科研机构资金投入到位率 A_3	定量
	高校与科研机构	课题人员投入到位率 A_4	定量
		课题经费投入到位率 A_5	定量
		其他资金投入到位率 A_6	定量
协同情况 B	企业、高校与科研机构	信息、知识共享程度 B_1	定性
		平均响应程度 B_2	定性
		协作沟通程度 B_3	定性
协同产出 C	高校与科研机构	整体科技成果的数量 C_1	定量
		耗费与产出的比率 C_2	定量
		对自身及社会的影响 C_3	定性
	企业	耗费与产出的比率 C_4	定量
		对社会的影响 C_5	定性
风险承担情况 D	高校、企业与科研机构	外部宏观风险概率 D_1	定量
		市场需求风险概率 D_2	定量
		创新过程风险概率 D_3	定量

以上评价体系中有定量指标和定性指标两种。鉴于此，在评估的过程中宜采用模糊综合评价法进行评价。首先，采用（0, 1, 2）三标度法对因素两两进行比较并建立比较矩阵，再转化为判断矩阵，算出各指标相对于上级指标的权重，确定评价等级=（优，良，中，差），对应的评语集 V=(1.2, 1.0, 0.8, 0.6)，隶属度函数为：0.4~0.8 为差，0.6~1.0 为中，0.8~1.2 为良，1.0~1.4 为优。

$$f_j^k(x) = \begin{cases} 0, & x \notin \left[\lambda_j^{k-1}, \lambda_j^{k+1}\right] \\ \dfrac{x - \lambda_j^{k-1}}{\lambda_j^k - \lambda_j^{k-1}}, & x \in \left[\lambda_j^{k-1}, \lambda_j^k\right] \\ \dfrac{\lambda_j^{k+1} - x}{\lambda_j^{k+1} - \lambda_j^k}, & x \in \left[\lambda_j^k, \lambda_j^{k+1}\right] \end{cases}$$

根据评语集确定相应分值区间，进而得到具体的白化函数，将实际数据或者定性指标单位化后的数据分别代入该函数，得出第 j 类指标的隶属度 r_{jk}。由 r_{jk} 构成各指标的模糊权矩阵 R，由权重集 $a_i = \{a_{i1}, a_{i2}, \cdots, a_{is}\}$ 和权矩阵 R 得到对各单项评价的模糊综合评判：

$$C = a_i \times R = \{a_{i1}, a_{i2}, \cdots, a_{is}\} \times \begin{bmatrix} r_{11} & r_{12} & \cdots & r_{1n} \\ r_{21} & r_{22} & \cdots & r_{2n} \\ \vdots & \vdots & & \vdots \\ r_{s1} & r_{s2} & \cdots & r_{sn} \end{bmatrix} \quad (5\text{-}30)$$

计算评价结果：

$$B = C \times V \quad (5\text{-}31)$$

由权重集 $H = \{a_1, a_2, a_3, a_4\}$ 和评价矩阵 B 进行第二级模糊综合评判：

$$E_i = H \times B \quad (5\text{-}32)$$

经过上述步骤可以得出每个合作主体的实际贡献的模糊综合评价 E_i。各合作主体期望的阶段性综合评价与合同约定的其他合作主体的参与程度有关，这里设各合作主体的期望最低评价为 d_i，则

$$\Delta c_i = \dfrac{w_i E_i}{\sum_{i=1}^{n} w_i E_i} - \dfrac{w_i d_i}{\sum_{i=1}^{n} w_i d_i} \quad (5\text{-}33)$$

利益分配系数为

$$r_{3i} = r_{2i} + \partial \Delta c_i \quad (5\text{-}34)$$

考虑合作主体综合评价，即实际贡献对利益分配系数的影响程度 $\partial(\partial \in [0,1])$，影响程度由合作主体参考类似项目协商给出。

5.3.4 模型的应用示例

以某太阳能新能源协同创新项目为例，该项目合作主体有某太阳能科技有限公司、某新能源研究所及某高校电气工程学院，在书中分别以企业、科研机构、高校代替三个合作主体。该项目由企业牵头提供项目运作的资金、设备，并进行项目沟通，另两方主要负责技术研发及改进等。

1. 初步利益分配计算

在进行初步利益分配时，高校、企业、科研机构三个合作主体的投入资源各不相同。为了方便计算各合作主体的投入额度，把一些无形资产或技术等进行量化，同时计算时要考虑到每个阶段的投资额。

基于风险的 Shapley 值的计算，以高校为例，由式（5-24）计算得出表 5-2 中数据。

表 5-2 计算结果（单位：万元）

变量	s_1	$s_1 \cup s_2$	$s_1 \cup s_3$	$s_1 \cup s_2 \cup s_3$
$V(s)$	40	140	80	200
$V(s/s_1)$	0	60	20	100
$V(s)-V(s/s_1)$	40	80	60	100
$W(s)$	1/3	1/6	1/6	1/3
$W(s)[V(s)-V(s/s_1)]$	40/3	40/3	10	100/3
p_i	1	0.95	0.90	0.82
$p_i W(s)[V(s)-V(s/s_1)]$	40/3	38/3	9	82/3

注：s_1、s_2、s_3 分别代表企业、科研机构、高校；p_i 为风险系数。

表中最后一行相加得 62.3 万元，是在考虑风险的情况下高校的 Shapley 向量的收益值，同理可得，企业的利益分配额为 95.4 万元，科研机构的利益分配额为 36.6 万元。

把无形资产进行量化后，各阶段投资求和得出高校、企业、科研机构的总投资额分别为 85 万元、155 万元、60 万元，占总体创新成本的 28.3%、51.7%、20%。经过有关指标的测评及专家的讨论，高校、企业、科研机构的综合实力分别为 0.301、0.495、0.204。

根据以上数据，由式（5-25）得出其利益分配额为 59.7 万元、99.27 万元、39.13 万元，综合为 198.1 万元，小于 200 万元，差额是合作风险造成的损失。最终由式（5-26）得到高校、企业、科研机构的利益分配系数 $r_{1i} = (0.301, 0.501, 0.198)$。

2. 基于协商满意度的调整

随着项目的进行，由于技术价值的增加或者市场需求等因素的变化，合作主体对前期的利益分配系数有所不满时，要对利益分配系数进行改进。经过调查，高校、企业、科研机构给出的利益分配方案分别为 $Q_1 = (0.35, 0.5, 0.15)$，$Q_2 = (0.3, 0.6, 0.1)$，$Q_3 = (0.3, 0.5, 0.2)$，在每个合作主体给出的方案中取最大值得出理想利益分配方案集为 $Q^+ = (0.35, 0.6, 0.2)$，取最小值得出负理想利益分配方案集为 $Q^- = (0.3, 0.5, 0.1)$。

专家给出的各合作主体的权重为 $w_i = (0.3, 0.5, 0.2)$，将所得数据代入式（5-28）求解得出，在满意度最大基础上的最佳利益分配方案为 $r_{2i}^* = (0.324, 0.567, 0.109)$。

这里，合作主体协商给出的 φ 值为 0.85，由式（5-29）得出基于协商满意度的最终调整系数 $r_{2i} = (0.321, 0.557, 0.122)$。

3. 基于综合评价的调整

当项目进行到产业化阶段时，对于合作主体来说，最有说服力的是实际贡献，即在客观数据的基础上进行合作主体综合评价。以高校为例进行求解计算，由判断矩阵求出各指标的权重：

$$w_A = (0.41, 0.29, 0.30), \quad w_B = (0.35, 0.26, 0.39)$$
$$w_C = (0.30, 0.31, 0.39), \quad w_D = (0.43, 0.47, 0.10)$$

定量的指标要根据项目的具体数据得出，定性的指标由项目的专家或者合作主体给出，并进行单位化。将所得数据代入白化函数得出如下模糊权矩阵：

$$R_A = \begin{bmatrix} 0 & 0.15 & 0.85 & 0 \\ 0 & 0 & 0.79 & 0.21 \\ 0 & 0.09 & 0.91 & 0 \end{bmatrix}, \quad R_B = \begin{bmatrix} 0 & 0.10 & 0.90 & 0 \\ 0 & 0 & 0.96 & 0.04 \\ 0 & 0.12 & 0.88 & 0 \end{bmatrix}$$

$$R_C = \begin{bmatrix} 0 & 0.11 & 0.89 & 0 \\ 0 & 0.09 & 0.91 & 0 \\ 0.02 & 0 & 0.70 & 0.28 \end{bmatrix}, \quad R_D = \begin{bmatrix} 0 & 0.12 & 0.88 & 0 \\ 0 & 0.095 & 0.905 & 0 \\ 0 & 0 & 0.69 & 0.31 \end{bmatrix}$$

由式（5-30）得出指标集（A、B、C、D）的模糊综合评判，进而得到权矩阵 C，由 $B = C \times V$ 得

$$B = \begin{bmatrix} 0 & 0.089 & 0.850 & 0.061 \\ 0 & 0.082 & 0.908 & 0.010 \\ 0 & 0.061 & 0.820 & 0.109 \\ 0 & 0.096 & 0.873 & 0.031 \end{bmatrix} \times \begin{bmatrix} 0.6 \\ 0.8 \\ 1.0 \\ 1.2 \end{bmatrix} = \begin{bmatrix} 0.994 \\ 0.986 \\ 0.999 \\ 0.987 \end{bmatrix}$$

由层析分析法可以得出指标 A、B、C、D 的权重 $H=(0.28,0.22,0.31,0.19)$，得 $E_i=H\times B=0.992$。

高校的综合评价为 0.992，同样可以得到企业的综合评价为 0.987，科研机构的综合评价为 0.998。

由于存在一些不可抗风险，对于不同的合作主体的期望综合评价应有所差别，按照契约规定，高校、企业、科研机构的期望评估为 0.999、0.998、1.000，根据实际评估效果得出各合作主体完成情况的所占比例为 30.1%、49.8%、20.1%，期望评估占总体的效果为 30%、50%、20%，综合评价即实际贡献对分配系数的影响程度 ∂=0.95，代入式（5-34）得到调整后的利益分配系数为 $r_{3i}=(0.307,0.542,0.1451)$。

由利益分配系数可以看出，项目第一阶段在考虑三种影响因素（风险、创新成本、综合实力）的基础上得到利益分配系数为(0.301，0.501，0.198)，这一利益分配系数和风险、创新成本、综合实力成正比。随着项目进行到第二阶段，满意度、主导地位等导致高校的利益分配系数增大为 0.313，企业的利益分配系数则增大为 0.543。但是，在项目第三阶段，根据综合评价即实际贡献对利益分配系数的影响可以看出，高校和企业的利益分配系数在原基础上皆有所减小，向科研机构倾斜，其利益分配系数增大为 0.1451，说明科研机构的努力程度得到认可，并在利益分配系数中体现出来。

5.3.5 结论与建议

现有研究中大部分分配方式是单方面、静态的，少数为两阶段的，但是随着协同创新项目的进行，合作主体利益分配影响因素的变化致使利益分配系数发生改变，因此，需要基于不同阶段制定不同的利益分配方案，以满足合作主体在不同阶段的利益需求。本节在考虑利益分配影响因素、主体满意度及主体实际贡献对利益分配影响的基础上，从项目过程的角度出发构建了多阶段动态项目利益分配模型。结果表明：该模型具有可操性和实用性，并且为协同创新项目的利益分配问题提供了可靠的理论及实践依据。由该模型得到的利益分配系数随着内外部环境的变化而变化，有效减少项目利益分配问题而导致终止的现象出现，提高了协同创新项目成功的可能性。多阶段动态项目利益分配模型在一定程度上弥补了现有研究的缺陷和不足，丰富了关于利益分配的研究成果。

对于周期较长、投资额度较大的协同创新项目的利益分配问题，有如下建议。

（1）项目的研发阶段属于高风险、纯投资时期，对于企业的投资来说风险较大，有不利情况出现时，企业有很大可能退出项目。为了获得社会效益，政府可以通过制定有利的政策法规（如产权保护等）确保其顺利进行。

（2）项目责任方在利益分配中对影响因素要考虑全面、系统，不仅考虑初始分配中的因素，随着项目的进行，影响因素的变化情况在利益分配系数中都要有所体现，以确保合作主体满意，从而达到实现其最大价值的目的。

（3）利益分配系数应随着内外部环境的变化而变化，通常情况下一次分配难以达到长期的利益分配均衡，这时就需要进行分阶段多次分配。为了尽可能减少管理成本，项目责任方可以根据实际情况决定利益分配的调整次数。

第 6 章　协同创新项目合作主体利益分配均衡效果评价研究

在多数协同创新项目开展过程中，合作主体缺少衡量标准和指导依据，虽然达成了利益分配均衡的共识，但实际上却是不准确的，甚至偏离了利益分配均衡的平衡点。对于协同创新利益分配均衡的研究也有待完善，尤其在利益分配均衡的影响因素方面还不够全面，缺乏利益度量和均衡标准确定等具体细节。因此，研究适用于协同创新利益分配均衡的评价标准和相应的评价方法具有一定的理论与现实意义。

6.1　协同创新利益分配均衡效果评价内容

6.1.1　协同创新利益分配均衡的要求

由协同创新利益分配均衡的定义可知，合作主体在做出相应贡献的同时要求得到相应的利益，只有当合作主体的利益得到满足时，协同创新项目才能达到利益分配均衡状态。由此可见，协同创新利益分配均衡将围绕满足合作主体的利益要求而展开。而合作主体的利益要求应满足如下原则。

（1）共赢原则，即联盟的收益由联盟所共享，保证合作主体的基本利益，不能出现一部分合作主体获取利益而另一部分合作主体却没获得利益的情况。

（2）贡献与收益对等原则，即合作主体投入资源越多，对于协同创新项目的贡献越大，其相应的收益也应该越多。

（3）风险与利益对称原则，即风险应当与利益成正比。

（4）个体合理原则，即各合作主体所得到的利益应大于单独行动所获得的利益。

因此可以认为，当上述四个原则均得到很好的满足时，合作主体对其利益要求的实现状态是满足的。但仅仅一个合作主体的利益要求得到实现是不能称为利益分配均衡的，只有当所有合作主体的利益要求得到实现时，才能构成协同创新项目合作主体的利益分配均衡。因此，各合作主体利益要求均得到实现时则达到利益分配均衡状态，而每个合作主体的利益要求则是利益分配均衡的主要内容。

协同创新利益分配均衡是合作主体间的利益分配均衡的一种体现，因此界定合作主体利益分配均衡成为界定协同创新利益分配均衡的主要内容。由于参与协同创新项目的各合作主体具备多层次组织架构的特性，从协同创新项目的执行角度，合作主体由高层到基层可以分为决策层、管理层和执行层三个层次。每一个层次都对协同创新项目起着不可或缺的推动作用，而每个合作主体中各层次的人员都是协同创新利益的直接或者间接创造者，同样是协同创新利益的潜在利益要求者。从协同创新项目合作主体整体来看，协同创新利益分配均衡状态具有内外一致性，合作主体内部的利益分配均衡也形成了合作主体间的利益分配均衡，仅仅局限于使某一层次或者某些人员的利益要求得到满足还远远未达到利益分配均衡状态，只有使处在不同层次的人员利益要求达到合理的满足程度才能称为利益分配均衡。同样只有各层次均认为达到利益分配均衡状态，才能促使合作主体内部上下一致、高度协同，从而促进合作的进行。在此基础上，本节提出将协同创新项目合作主体内部决策层、管理层和执行层各层次自身利益要求的实现程度作为利益分配均衡的评价标准。若合作主体内部三个层次的利益要求的实现程度是合理的，则该合作主体可以认为处于利益分配均衡状态，当每个合作主体均处于此状态时便构成了协同创新利益分配均衡状态。

根据对协同创新利益分配均衡界定的内容，本节拟从决策层利益分配均衡、管理层利益分配均衡和执行层利益分配均衡三个层面来分析评价协同创新项目合作主体利益分配均衡。不同层次的利益要求是明显不同的，因此指标的建立应当考虑各层次的利益要求。

6.1.2 各层次均衡效果评价

1. 决策层利益分配均衡效果评价

决策层在协同创新项目合作主体内部属于最高的层级，处于本层次的个体主要是高层管理者，可以左右合作主体的决策。这部分个体往往用战略眼光去审视协同创新项目。战略对于一个合作主体是十分重要的，公司战略主要关注的是企业通过何种方式向何种行业投入资源以及如何管理旗下业务两个核心问题。因此决策层体现了作为管理层的股东、董事会或者高级管理人员的意志，确定了合作主体的发展方式和方向。

在协同创新项目中，不同的合作主体在决策层的目标也势必不同，如此造成了不同合作主体的决策层对于同一价值（如知识、技术、市场）的认同度不同，最终使得管理层对于利益的期许不同。总体来看，参与协同创新项目的合作主体决策层的主要目的在于使合作主体通过协同创新项目获得利益，而获得利益既包括实际的经济回报，也包括能给合作主体带来正面作用的表现滞后且不能被货币具体衡量的利益。总之，合作主体的决策层更多的是站在总体角度去审视利益分配均衡。决策层的利益要求多着眼于合作主体的发展或者直接获得利益等方面。

2. 管理层利益分配均衡效果评价

管理层是比决策层低的一个层次，作为决策层的下属层级。管理层主要指计划、生产、物资、销售、财务等管理部门的中层管理者，是合作主体的中间层，主要功能在于把决策层制定的方针落实在各执行部门中并保证实施进程。管理层作为一个主要合作主体内部利益相关者，主要在决策层授权的范围内行使权力，负责将决策层制定的计划或者要求付诸实施。管理层的作用是保证合作主体在战略指导下确定未来的目标，并且为实现这一目标而采取行动。合作主体可以在管理层的领导下，安排最优规划，选择最优方案，以获得最大利益，充分发挥人、财、物的资源优势以确保公司战略的实现。而管理层通过参与协同创新项目以换取自身的利益，如高额的报酬、社会地位、晋升和稳定的工作。

协同创新的管理层利益分配均衡是指对于管理层的利益要求的实现程度，即管理层的报酬合理、晋升公平、工作环境稳定。另外，在协同创新中，管理层顺利获得应得的利益更多的是以协同创新项目开展顺利、上级领导下达的任务圆满完成为前提的。这是因为管理层还要面对决策层施加的压力，一旦决策层提出的要求或者计划无法完成，决策层对管理层的满意度将会降低，势必会替换管理层或采取措施对管理层进行惩罚。因此，协同创新项目中的一些绩效指标，包括协同创新项目的质量、成本、时间三大要素，也属于管理层的利益要求。

3. 执行层利益分配均衡效果评价

执行层主要指基层的管理者、科研人员和工作者，主要负责在决策层的领导和管理层的协调下，通过各种技术手段或者工作流程将合作主体的目标转化成具体的行动。执行层是对接设想和成果的层次，是具体创造利益的层次。因此执行层是否达到利益分配均衡对于合作主体利益分配均衡也有着重要影响。

处于执行层的个体更加关注自身的权益。当参与协同创新项目会给自身带来可观的利益（执行层的利益要求得到很好的实现）时，执行层会判定自身利益达到均衡状态，其积极性也更大，决策也更偏向于为了主体目标和计划而努力。反之，若利益分配均衡条件未达到，则其积极性也会受到相应损害，还会在一定程度上影响协同创新项目的整体进度，进而影响其他层次的利益获取。执行层主要付出的是自己的劳动或者较高的特殊工艺，他们通常追求较高的工资/福利、良好的工作条件和对自身工作能力的提升。这部分利益要求得到满足时，执行层就达到了利益分配均衡。

6.2 协同创新利益分配均衡效果评价体系构建

评价体系的机制类似于控制体系，它主要包含两个关键的内容：第一，构建评价指标以及标准；第二，结合指标确认评价方法。在构建整个评价体系的过程中，本节结合控制体系的思想，通过分析协同创新利益分配均衡效果的影响因素，从评价对象出发，结合评价时机、评价方法并且根据评价反馈，找出原因和制定改善措施，最终构建真正发挥评价功能的指标体系。

根据协同创新利益分配均衡效果的三个层次的评价内容，首先分析协同创新利益分配均衡效果评价体系的构建思路，包括构建原则、过程以及指标初选；其次将协同创新利益分配均衡的三个层次的影响要素与协同创新项目的不同阶段相结合建立指标架构；再次进行协同创新利益分配均衡指标标准、定性指标的定量化；最后就构建的评价体系的效度与信度进行研究。

6.2.1 利益分配均衡效果评价体系的构建思路

协同创新项目合作主体利益分配均衡效果评价体系主要包括制定评价指标或者标准以及确定评价方法。协同创新项目合作主体利益分配均衡效果评价指标的制定是评价体系的关键部分，评价指标制定的宗旨是要为评价协同创新利益分配均衡的整体目标和特征服务，要从影响评价结果的因素出发来制定相应标准。构建评价体系需遵从相应的原则并结合确定的方法和流程，这样可以确保评价体系的科学性，更有助于发挥评价体系本应具备的功能。评价体系应涵盖评价的对象、时机、方法、反馈并且可以定位争议点，提出相应的改进方案。客观有效的评价体系才能评价标准的效果，进而为评价结果指明方向。

结合协同创新利益分配均衡的内容以及界定，本节从协同创新项目合作主体利益要求入手，对协同创新项目合作主体利益分配均衡进行深入的探究，结合协同创新利益分配均衡的内涵，通过一定流程并结合特定方法对指标进行设计，具体的流程如图6-1所示。

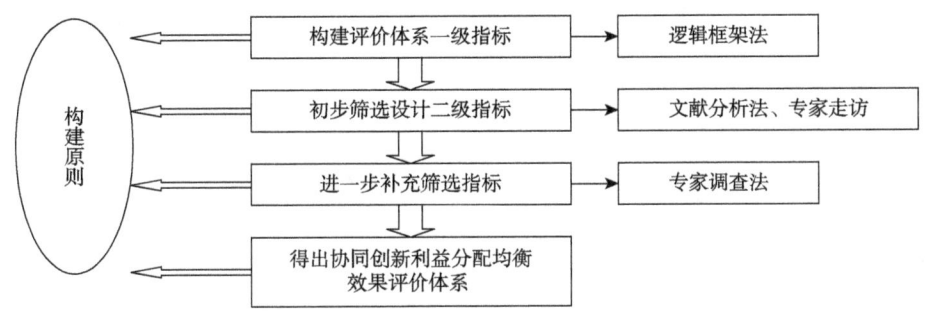

图6-1 评价体系构建图

在评价体系中，将各分类评价指标作为一级指标；将各具体的单项评价指标作为二级指标。大多数情况下，在构建评价体系时应尽量将结构单一、容易辨别、简明扼要以及便于测量的指标作为具体的单项评价指标。本节遵照图6-1的流程并结合对应的方法设计体现协同创新利益分配均衡含义的评价体系，并同时制定指标测量标准。最终使用统计学方法对设计出的评价体系进行信度和效度检验，以确保本指标的可靠性和准确度。

1. 评价指标构建过程

协同创新利益分配均衡是由协同创新项目各合作主体利益分配均衡组成的一种动态的平衡状态。如果各合作主体都达到了利益分配均衡状态，则协同创新项目也就达到了利益分配均衡状态。判断协同创新项目合作主体利益分配均衡是否实现主要是判断合作主体的利益要求是否得到满足。

综上所述，本节在构建协同创新项目合作主体利益分配均衡的评价指标时，总体上将协同创新项目合作主体内部决策层、管理层和执行层三个层次的利益分配均衡作为主要框架，在每个层次的框架下，则以各层次的利益要求作为主要内容。考虑到协同创新项目合作主体间的属性不同，构建具体评价指标应遵从统一标准与分类评价相结合的原则，侧重于一般性的利益要求，而具体的评价标准则由协同创新项目合作主体的类型决定。构建思路如图6-2所示。

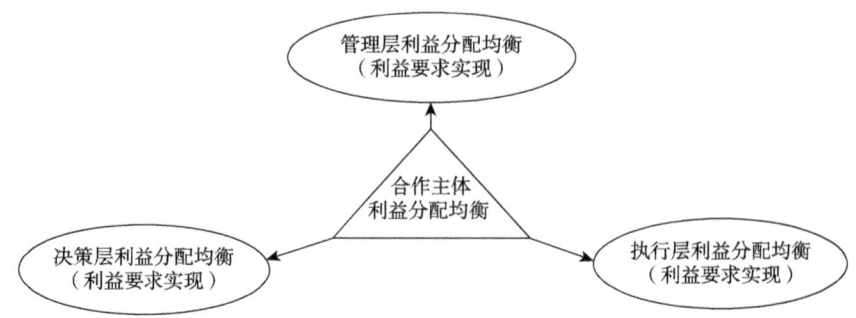

图 6-2 评价指标构建思路图

  协同创新项目开展周期分为四个阶段：研发阶段、小试阶段、中试阶段、产业化阶段。研发阶段是指协同创新项目开展的初始阶段，在本阶段合作主体通过研究认识自然现象，并揭示其中的规律，从而获得新方法、新知识以及新原理并创造出应用于实际的途径或者方法。小试阶段主要从事开发和探索性的工作，并且能够生产合格样品，还要确保产品的合格率与其他经济技术指标达到要求。中试阶段是试图将小试阶段的流程标准化的阶段，在此阶段需要解决采用何种工业手段、何种材料等实现小试阶段的流程的问题，并基本达到小试阶段的各项经济指标，其本质在于实现重复操作和扩大生产。产业化阶段是指科研成果在转化成商品的同时追求最大转化效益的过程，该阶段要求实现科研成果批量化转化为产品，在产业化过程中可能还要面临二次开发、系统集成等问题，也需要大量的资金支持。这一阶段是协同创新项目开展的最终阶段，同时是科研成果转化成功的标志。最后，考虑中试阶段相当于小试阶段的扩大化，两者具备较大相似性，将其合并为一个阶段。因此，上述四个阶段的评价可以简化为三个阶段的评价。这三个阶段的利益分配均衡效果评价即构成协同创新利益分配均衡的评价主要过程，通过对协同创新项目开展的三个阶段的利益分配均衡效果评价，各合作主体实时把控利益分配均衡的动态过程，及时调整利益分配，保证协同创新利益分配均衡的实现，促进协同创新项目的进行。

  要对协同创新利益分配均衡进行评价，就要基于协同创新项目开展的三个阶段，针对各阶段的特性，建立不同的评价指标。而每个阶段的评价指标要从决策层、管理层和执行层三个层次展开，以不同阶段下不同层次的利益要求为落脚点，找出其中的关键因素，通过评价其利益要求的实现程度来判断利益分配均衡的程度或者是否达到利益分配均衡。考虑全阶段多方位多层次才能使得评价体系更加清楚地反映评价内容。评价流程如图 6-3 所示。

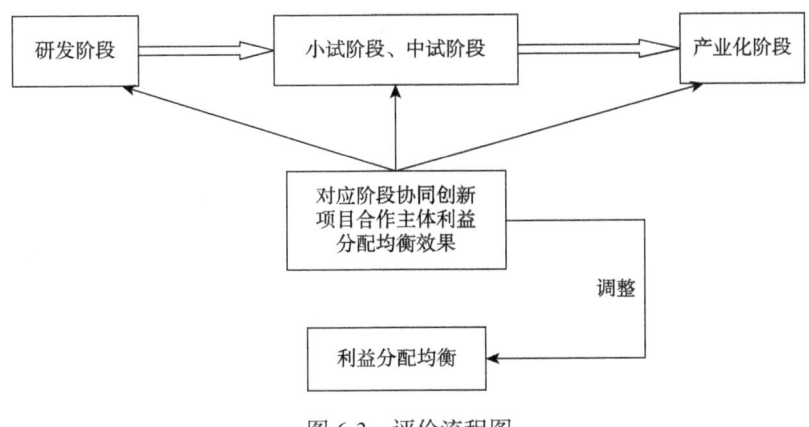

图 6-3 评价流程图

根据上述分析，本节制定的协同创新利益分配均衡效果评价指标从协同创新项目的合作进程、涉及层面和具体内容出发，确保客观实际地反映协同创新利益分配均衡情形。

2. 初步筛选

在评价体系的基本框架构建完成之后，下一步开始着手初步设计指标。通过文献综述可知，目前国内外相关文献关于协同创新项目合作主体利益要求以及协同创新利益分配均衡的评价较少，大多从确保利益分配公平性着手或从协同创新项目绩效评价着手，将协同创新利益分配均衡作为一个追求目标。另外，国家针对协同创新也发布了一些相关文件，从而指导各要素间协同创新的发展。总体来说，国内外学者和管理者都非常重视协同创新的利益问题。目前虽未形成有效的针对协同创新利益分配均衡的评价体系，但这些文献和文件对本节评价体系的初步设计具有很高的借鉴价值。

建立利益分配均衡效果评价指标可以从两个方面进行：一是通过收集协同创新评价研究中涉及利益要求的评价指标和其他项目评价研究中体现利益要求的评价指标以及相关政府文件，整理文献中出现的与该主题相关的评价指标，根据评价指标的特征和周期来进行归类，筛选出与本节密切相关的评价指标；二是依据决策层、管理层和执行层的层次划分，总结和梳理有关文献中出现的相关评价指标，筛选出与主题相关的并体现利益要求的评价指标；三是根据指标的特征和周期来进行归类，以补充评价指标的完整性。采用上述方法能够实现评价体系的初步构建。评价体系的初步设计途径如图 6-4 所示。本节建立的评价指标属于动态管理模式，需要在协同创新过程中进行分阶段的考核和评估。

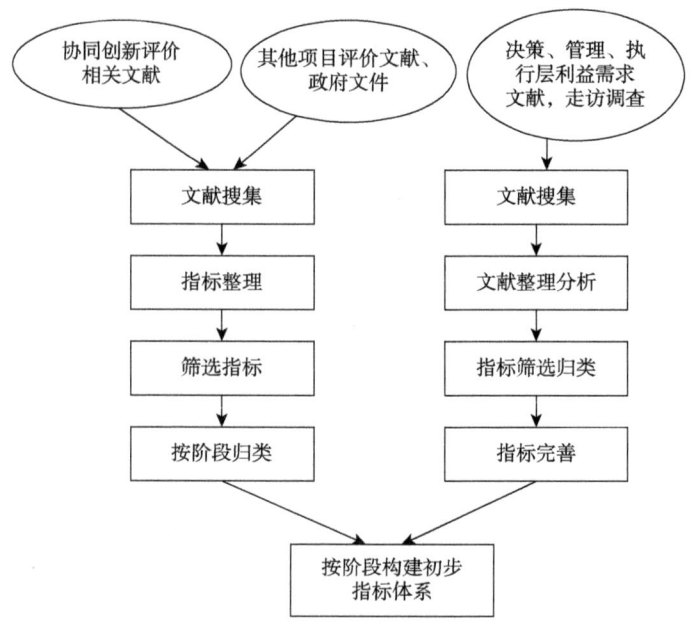

图 6-4　指标筛选与设计流程图

本节根据提出的评价指标建立基本逻辑框架，将协同创新利益分配均衡的评价体系分为决策层利益分配均衡指标、管理层利益分配均衡指标和执行层利益分配均衡指标三个层次。继而根据前面对三个层次评价内容的介绍，以各层次的主要利益要求作为建立评价指标的核心依据。首先，通过查找国内外相关的协同创新评价与其他项目评价的文献，整理出其中与本节要求相符合以及公认的重要性较大的评价指标；其次，按照评价体系基本框架中制定的三个层次，确定整理出的评价指标的层次归属；最后，参考其他有关决策层、管理层和执行层利益要求的文献，结合参与协同创新项目的各层次的具体特性以筛选出契合协同创新特征的具体评价指标。在对指标整理筛选的过程中，若存在相容性较强的评价指标，则应将其合并成一个最合理的评价指标。在评价体系设计过程中，还有一些评价指标考察的范围太广，不具有针对性，应把此种评价指标进行细化。通过以上途径筛选出在协同创新项目开展的整个周期（研发阶段、小试中试阶段、产业化阶段）中适用于评价利益分配均衡的指标。初选的全部评价指标如表 6-1 所示。

表 6-1　文献中的参考评价指标

序号	层次	评价指标	评价要素
1	决策层	风险分担公平性 A_1	风险分担策略合理程度
2	决策层	收益满意度 A_2	获得的经济收益是否与付出匹配

续表

序号	层次	评价指标	评价要素
3	决策层	主体收获满意度 A_3	合作中交易过程是否公平合理
4	决策层	科研成果满意度 A_4	科研成果是否与预期相符
5	决策层	合作效果满意度 A_5	合作目的是否达到
6	决策层	人脉资源投入回报表现 A_9	人脉资源增值效果
7	管理层	团队建设成功度 B_3	对团队的正面影响
8	执行层	科研环境满意度 C_4	设备供给和支持力度
9	决策层	品牌价值效益 A_6	产品进入市场后带来的品牌价值
10	决策层	合作长期发展 A_7	合作的可持续性
11	决策层	主体形象建立 A_8	领域专业形象的建立和地位的提升
12	决策层	隐性成本合理程度 A_{10}	不可控成本可接受程度
13	管理层	管理层薪酬公平性 B_1	管理层薪酬满意度
14	管理层	人力资本增值程度 B_2	管理者业务水平提高程度
15	管理层	管理者晋升公平性 B_7	管理者晋升情况
16	执行层	物质奖励公平性 C_1	员工激励计划达成度
17	执行层	员工绩效达成度 C_2	上级制定的计划和安排是否合理
18	执行层	薪酬公平性 C_3	员工薪酬满意度
19	执行层	能积累经验、培育人力资本 C_5	员工个人素质的提升、培训计划
20	执行层	融洽的组织气氛 C_6	内部关系和谐程度
21	决策层	合作主体参与程度 A_{11}	沟通和协作的紧密度
22	管理层	项目质量 B_4	协同创新项目质量
23	管理层	资金使用情况 B_5	合作过程中资金的利用情况
24	管理层	项目进度 B_6	项目开展进度

根据前面列举的协同创新各阶段的特点，将表 6-1 中的评价指标按阶段进行划分，得到初选评价体系，如表 6-2 所示。

表 6-2 协同创新项目合作主体利益分配均衡效果的初选评价体系

目标	一级指标	二级指标	阶段			评价要素
			研发	小试、中试	产业化	
协同创新项目合作主体利益分配均衡效果	决策层利益分配均衡 A	风险分担公平性 A_1	√	√	√	风险分担策略合理程度
		收益满意度 A_2			√	获得的经济收益是否与付出匹配
		主体收获满意度 A_3	√	√	√	合作中交易过程是否公平合理
		科研成果满意度 A_4	√	√		科研成果是否与预期相符
		合作效果满意度 A_5	√	√	√	合作目的是否达到
		品牌价值效益 A_6	√		√	新产品进入市场后带来的品牌价值
		合作长期发展 A_7			√	合作的可持续性
		主体形象建立 A_8	√			专注领域专业形象建立和地位的提升
		人脉资源投入回报表现 A_9	√			人脉资源增值效果
		隐性成本合理程度 A_{10}	√	√	√	不可控成本可接受程度
		合作主体参与程度 A_{11}	√	√	√	沟通和协作的紧密度
	管理层利益分配均衡 B	管理层薪酬公平性 B_1	√	√	√	管理层薪酬满意度
		人力资本增值程度 B_2	√	√	√	管理者业务水平提高程度
		团队建设成功度 B_3	√	√	√	对团队的正面影响
		项目质量 B_4	√	√	√	协同创新项目质量
		资金使用情况 B_5	√	√	√	合作过程中资金的利用情况
		项目进度 B_6	√	√	√	项目开展进度
		管理者晋升公平性 B_7	√		√	管理者晋升情况
	执行层利益分配均衡 C	物质奖励公平性 C_1	√	√	√	员工激励计划达成度
		员工绩效达成度 C_2	√	√	√	上级制定的计划和安排是否合理
		薪酬公平性 C_3	√	√	√	员工薪酬满意度
		科研环境满意度 C_4	√			设备供给和支持力度
		能积累经验、培育人力资本 C_5	√	√	√	员工个人素质的提升，培训计划
		融洽的组织气氛 C_6	√	√	√	内部关系和谐程度

3. 指标选择的问卷设计及数据收集统计分析

经过初步筛选，本节就协同创新项目研发阶段、小试阶段、中试阶段和产业化阶段四个阶段设计了三个初选评价体系，小试阶段与中试阶段相似性较大，因此合并为一个评价体系。其中研发阶段 22 个指标，小试中试阶段 18 个指标，产业化阶段 19 个指标。将经初步筛选的指标设计成问卷，以此收集和统计相关方面的专家以及学者的意见。本次咨询了 50 位产业协同创新方面的专家，其中包括发改委部门、科技局等，涉及长沙、深圳、武汉等地，范围较广。专家在填写问卷时，根据丰富的实践经验以及专业知识对指标的重要程度进行判断。

问卷分为两部分。第一部分是指标，按重要性分为很重要、重要、有点重要、普通、不太重要、不重要和很不重要七个等级，各等级的分值分别为 7、6、5、4、3、2、1，请专家依据指标的重要程度打分。第二部分设置开放性问题，请专家对不合理的指标提出修改意见，并对评价体系进行补充，添加他们认为重要但未列出的其他指标。回收问卷，对回收的问卷数据进行统计和整理，按照一定的筛选规则对指标进行删减。另外，通过收集专家反馈的修改意见，将补充的新指标纳入评价体系。最后，根据协同创新利益分配均衡的特点，依照评价体系构建原则，对初选指标进行修改，得到协同创新利益分配均衡效果评价体系。

指标选取的标准同时考虑意见集中度和意见协调度两个指数，其中意见集中度是将每个指标的最后得分进行算术平均；意见协调度由变异系数表示，变异系数越小，则参与打分的专家的意见就越协调、越倾向一致，并运用这种方法来考察评价体系的效度和信度。令 X_{ij} 表示第 i 个专家对第 j 个指标打分，共有 n 个专家、m 个指标，则

$$M_j = \frac{1}{n} \sum_{i=1}^{n} X_{ij} \tag{6-1}$$

$$S_j = \sqrt{\frac{1}{n-1} \sum_{i=1}^{n} (X_{ij} - M_{ij})^2} \tag{6-2}$$

变异系数表示为

$$V_j = \frac{S_j}{M_j} \tag{6-3}$$

其中，M_j 为 j 指标所有得分值的算术平均；S_j 为 j 指标标准差；V_j 为 j 指标变异系数。V_j 越小，专家对 j 指标评价意见越统一。

根据以上方法对问卷数据进行统计分析，计算每个阶段对应指标的意见集中度以及意见协调度，研发阶段合作主体利益分配均衡效果评价初选指标专家意见统计如表 6-3 所示。

表 6-3　研发阶段合作主体利益分配均衡效果评价初选指标专家意见

目标	一级指标	二级指标	意见集中度	意见协调度
协同创新项目合作主体利益分配均衡效果	决策层利益分配均衡 A	风险分担公平性 A_1	6.20	0.18
		主体收获满意度 A_3	5.92	0.16
		科研成果满意度 A_4	5.44	0.22
		合作效果满意度 A_5	5.68	0.20
		品牌价值效益 A_6	4.84	0.28
		主体形象建立 A_8	5.63	0.19
		人脉资源投入回报表现 A_9	4.54	0.34
		隐性成本合理程度 A_{10}	5.46	0.18
		合作主体参与程度 A_{11}	5.74	0.16
	管理层利益分配均衡 B	管理层薪酬公平性 B_1	5.88	0.18
		人力资本增值程度 B_2	5.66	0.19
		团队建设成功度 B_3	5.50	0.18
		项目质量 B_4	5.76	0.18
		资金使用情况 B_5	5.76	0.16
		项目进度 B_6	5.32	0.19
		管理者晋升公平性 B_7	4.54	0.32
	执行层利益分配均衡 C	物质奖励公平性 C_1	5.74	0.19
		员工绩效达成度 C_2	5.50	0.20
		薪酬公平性 C_3	5.68	0.19
		科研环境满意度 C_4	5.60	0.16
		能积累经验、培育人力资本 C_5	5.54	0.19
		融洽的组织气氛 C_6	5.24	0.24

根据表 6-3，挑选出意见集中度小于 5 或者意见协调度大于 0.25 的指标，并且将其剔除。

小试中试阶段和产业化阶段进行同样处理。在专家给出意见表的基础上，挑选出意见集中度小于 5 或者意见协调度大于 0.25 的指标，并且将其剔除。得到最终各阶段的评价指标。最终研发阶段剔除三个指标、小试中试阶段剔除一个指标，产业化阶段未剔除指标。

6.2.2 利益分配均衡效果评价指标的提出

1. 评价指标的构成

通过问卷咨询专家意见，将表 6-2 中的初选指标根据问卷结果进行统计分析，删除有争议或者不符合要求的指标。修改后的最终评价体系如表 6-4 所示。

表 6-4 协同创新项目合作主体利益分配均衡效果的最终评价体系

目标	一级指标	二级指标	阶段		
			研发	小试、中试	产业化
协同创新项目合作主体利益分配均衡效果	决策层利益分配均衡 A	风险分担公平性 A_1	√	√	√
		收益满意度 A_2			√
		主体收获满意度 A_3	√	√	
		科研成果满意度 A_4	√		
		合作效果满意度 A_5	√	√	√
		品牌价值效益 A_6			√
		合作长期发展 A_7			√
		主体形象建立 A_8	√		
		人脉资源投入回报表现 A_9			
		隐性成本合理程度 A_{10}	√	√	√
		合作主体参与程度 A_{11}	√	√	√
	管理层利益分配均衡 B	管理层薪酬公平性 B_1	√	√	√
		人力资本增值程度 B_2	√	√	√
		团队建设成功度 B_3	√	√	√
		项目质量 B_4	√	√	√
		资金使用情况 B_5	√	√	√
		项目进度 B_6	√	√	√
		管理者晋升公平性 B_7		√	√
	执行层利益分配均衡 C	物质奖励公平性 C_1	√	√	√
		员工绩效达成度 C_2	√	√	√
		薪酬公平性 C_3	√	√	√
		科研环境满意度 C_4	√		
		能积累经验、培育人力资本 C_5	√	√	√
		融洽的组织气氛 C_6	√	√	√

2. 研发阶段评价指标说明

在协同创新的研发阶段，协同创新项目开展还处于科研攻关状态。能否利用科研理论创造出新的材料、技术或生产工艺是衡量研发阶段成功与否的重要准则。在研发阶段，协同创新联盟刚刚成立，合作主体围绕科研攻关而开展合作。本阶段属于投入阶段并产生经济效益，各合作主体通过投入相应的资源如资金、技术等以实现各自利益要求。因此，对于决策层，研发阶段的利益分配均衡更注重于开展协同创新项目会给合作主体带来何种影响以及对合作目的实现的合意程度；对于管理层，研发阶段的利益分配均衡更关注整体进度、质量和成本在保证上级任务顺利开展的情况下拿到合理的利益；对于执行层，研发阶段的利益分配均衡更关注在得到合理的科研支持的情况下能充分调动自身积极性从而获得合理的利益。

1）决策层利益分配均衡指标

（1）风险分担公平性 A_1。该指标用来评判合作主体间对风险损失制定的承担比例的合理程度，它代表协同创新项目在开展过程中各合作主体可以明确风险的责任和相应的损失。

（2）主体收获满意度 A_3。主体收获是指合作主体在开展协同创新项目过程中所得到的经济利益或者科研成果使用权等。不同类型合作主体对于协同创新收获定义是不同的，例如，高校关注科研成果所换取的经济利益，企业注重获取科研成果的使用权。该指标用来评价合作主体对目前获益的满意程度，交易越合理，满意度越高。

（3）科研成果满意度 A_4。该指标用来评价合作主体对待产生的科研成果的满意程度。产生新的科研成果是开展协同创新项目的最终目的。科研成果也牵动各合作主体的利益要求，对科研成果的满意度越高，利益要求的实现程度也越高。不同的合作主体对待产生的科研成果的要求也不同，高校、科研机构主要看重成果的学术水平，企业则主要看重成果的实用性和市场价值。

（4）合作效果满意度 A_5。该指标用来评价各合作主体对协同创新项目进行的效果的满意程度。不同的合作主体对合作效果的要求不同，高校和科研机构更注重对科研活动的支持，如资金到位率、设备供给、知识产权保护，以保证科研活动的进行；企业更注重科研活动的进展，如产出及时性、资料配置合理性、项目质量、资金节约或超支率合理度等。

（5）主体形象建立 A_8。该指标用来评价各合作主体对开展协同创新项目给自身带来的知名度的提升度。开展协同创新项目的各合作主体都是在相关领域有着主要地位的个体，知名度、专业形象的建立、地位的巩固和提高也是各合作主体的利益要求之一。

（6）隐性成本合理程度 A_{10}。隐性成本是指无法统计、区别于传统成本之外的成本，包括人力、时间、节约、决策和管理。隐性成本越不合理，合作主体所付出的财务成本之外的额外成本就会越多，对于其本身利益的损害就会越大。

（7）合作主体参与程度 A_{11}。该指标用来评价合作主体参与协同创新项目的程度，参与程度越高，则合作主体之间的沟通效果越好，联系越密切，决策也越民主，主体利益也能更好地实现。合作主体参与程度的衡量标准可以是座谈会/交流会/见面会召开次数、决策人员组成、有效沟通次数等。

2）管理层利益分配均衡指标

（1）管理层薪酬公平性 B_1。该指标用来评价管理层薪酬待遇是否公平。中层领导是执行层的主要组成部分，薪酬也是管理层从协同创新项目中可获得的稳定收益。薪酬额度是否匹配是管理层的利益要求之一。

（2）人力资本增值程度 B_2。该指标用来评价管理层通过参与协同创新项目自身业务水平的提升程度。管理者可以通过联盟提供的学习机会或者培训提高自身的业务水平。这对管理层是终身的收益机制，并且管理者对自身能力的提升是十分重视的。

（3）团队建设成功度 B_3。该指标用来评价管理层负责的团队的成长幅度。团队建设成功除了给合作主体带来财富，还能给团队的领导者带来直接利益。团队建设越成功，管理者的利益越能更好地实现。

（4）项目质量 B_4。管理层通过落实决策层的战略和计划而获得利益，项目质量直接关系管理者的利益。项目质量也属于管理层的利益要求之一。

（5）资金使用情况 B_5。在协同创新项目开展周期内，需要大量的资金支持。资金使用情况是衡量管理层工作是否到位的标志。因此，理性的管理者都会要求资金使用情况保持高效的状态，这样才能确保管理层的利益要求顺利实现。

（6）项目进度 B_6。管理层的利益要求能否顺利实现与项目的进展直接挂钩。协同创新项目进展滞后，管理层势必会受到决策层的惩罚而影响自身利益的实现。

3）执行层利益分配均衡指标

（1）物质奖励公平性 C_1。该指标用来衡量员工的努力是否都能得到应有的回报，这是执行层利益分配均衡的重要组成部分。

（2）员工绩效达成度 C_2。该指标用来衡量员工达成激励条件的难易程度，合理地设定激励条件门槛可以有效平衡员工得失。

（3）薪酬公平性 C_3。薪酬是员工能通过参与协同创新项目所获得的最低利益水平，薪酬设定直接关系执行层的利益分配均衡。

（4）科研环境满意度 C_4。该指标衡量科研设施的供给、支持力度。良好的科研环境可以使执行层更好地完成科研任务。特别是在研发阶段，科研攻关的顺利与否会直接影响执行层的利益实现程度。

（5）能积累经验、培育人力资本 C_5。该指标用来评价执行层的人员能否通过参与协同创新项目或者通过合作主体提供的培训机会获得工作能力的提升。自身能力属于隐性利益，合理地提高隐性利益的获取量也能实现利益分配均衡。

（6）融洽的组织气氛 C_6。该指标用来评价内部关系的和谐程度。稳定和睦的内部关系也是执行层的利益要求之一，一定程度上能实现利益分配均衡。

3. 小试中试阶段评价指标说明

在协同创新的小试中试阶段，协同创新项目已经实现从理论到现实的突破，新的材料、技术和生产工艺已经在现实中被创造，如何实现这一过程的重复以及扩大生产是这一阶段的主要目的。中试阶段利用合理的手段和设备完成小试阶段的全流程并且扩大生产。因此两者可共用一个评价体系，合并为一个阶段进行研究。在小试中试阶段的利益分配均衡指标中，对决策层而言，更侧重于对项目成果的关注以及投入回报的满意程度；对于管理层而言，更关注如何促进小试中试阶段的顺利实现，并且得到合理的利益回报；对于执行层而言，更关注自身的利益回报是否合理。

1）决策层利益分配均衡指标

（1）风险分担公平性 A_1。指标说明同研发阶段，但在小试中试阶段决策层所关注的风险种类发生变化，在考察时要根据实际情况进行调整。

（2）主体收获满意度 A_3。指标说明同研发阶段，但在小试中试阶段决策层对于收获的标准发生改变。

（3）合作效果满意度 A_5。指标说明同研发阶段，但具体的评价标准需要根据小试中试阶段的特性进行调整。

（4）隐性成本合理程度 A_{10}。指标说明同研发阶段。

（5）合作主体参与程度 A_{11}。指标说明同研发阶段。

2）管理层利益分配均衡指标

（1）管理层薪酬公平性 B_1。指标说明同研发阶段。

（2）人力资本增值程度 B_2。指标说明同研发阶段。

（3）团队建设成功度 B_3。指标说明同研发阶段。

（4）项目质量 B_4。指标说明同研发阶段。

（5）资金使用情况 B_5。指标说明同研发阶段。

（6）项目进度 B_6。指标说明同研发阶段。

（7）管理者晋升公平性 B_7。随着协同创新项目的开展，阶段的更迭也会创造出一些管理岗位。该指标用来评价中层管理者是否得到相应的晋升，潜在的晋升机会是否公平也是潜在利益的重要影响因素。

3）执行层利益分配均衡指标

（1）物质奖励公平性 C_1。指标说明同研发阶段。

（2）员工绩效达成度 C_2。指标说明同研发阶段。

（3）薪酬公平性 C_3。指标说明同研发阶段

（4）能积累经验、培育人力资本 C_5。指标说明同研发阶段。

（5）融洽的组织气氛 C_6。指标说明同研发阶段。

4. 产业化阶段评价指标说明

在协同创新的产业化阶段，应用新研发的科研成果的产品已经实现较大规模的批量生产。产业化阶段要解决的主要问题是建立工业化的产线，实现创新产品的工业化生产；以市场需求为导向，提供专业的服务，将产品推向市场，最终形成配套的经营模式和组织形式，从而创造经济效益。产业化阶段是在协同创新项目开展的过程中唯一可以从联盟外部获取经济效益的阶段。在产业化阶段的利益分配均衡指标中，对决策层而言，会在原有基础上增加对主体收益的满意程度，形成附加的品牌效应，并且决策层渴望形成长效机制以实现长期合作和营利；对管理层和执行层而言，和之前的阶段大体相同，只是在具体的评价标准上表现出一些差异。

1）决策层利益分配均衡指标

（1）风险分担公平性 A_1。指标说明同研发阶段，但在产业化阶段的风险种类和发生可能性都会发生变化，因此在产业化阶段，此指标的考察标准会有些许变化。

（2）收益满意度 A_2。该指标用来评价在产业化阶段合作主体将产品推向市场后所获得经济收益与付出的匹配程度，也反映了收益分配的合理性。

（3）合作效果满意度 A_5。指标说明同研发阶段，但具体的评价标准需要根据产业化阶段的特性进行调整。

（4）品牌价值效益 A_6。该指标用来评价合作主体对协同创新项目带来的品牌效益的满意程度。品牌虽然是无形的，但是给合作主体带来的潜在利益是看得见的，各合作主体对于品牌带来的利益相对满意，也可以实现利益分配均衡。

（5）合作长期发展 A_7。该指标用来评价合作主体对协同创新项目能否形成长效机制的看法。成功的协同创新项目不仅带来经济效益，也为合作主体之间提供合作的经验。一旦形成长期合作的模式，合作主体将长期获益。

（6）隐性成本合理程度 A_{10}。指标说明同研发阶段。

（7）合作主体参与程度 A_{11}。指标说明同研发阶段。

2）管理层利益分配均衡指标

（1）管理层薪酬公平性 B_1。指标说明同研发阶段。

（2）人力资本增值程度 B_2。指标说明同研发阶段。
（3）团队建设成功度 B_3。指标说明同研发阶段。
（4）项目质量 B_4。指标说明同研发阶段。
（5）资金使用情况 B_5。指标说明同研发阶段。
（6）项目进度 B_6。指标说明同研发阶段。
（7）管理者晋升公平性 B_7。指标说明同小试中试阶段。

3）执行层利益分配均衡指标

（1）物质奖励公平性 C_1。指标说明同研发阶段。
（2）员工绩效达成度 C_2。指标说明同研发阶段。
（3）薪酬公平性 C_3。指标说明同研发阶段
（4）能积累经验、培育人力资本 C_5。指标说明同研发阶段。
（5）融洽的组织气氛 C_6。指标说明同研发阶段。

6.2.3 利益分配均衡效果评价指标标准

本节设计的协同创新利益分配均衡效果评价模型以相对应的评价指标下评价对象的表现得分作为输入量，将参与协同创新项目的合作主体作为评价对象。表现得分是专家针对评价体系，结合评价标准和自身经验给出的判断。参与协同创新项目的合作主体包括高校、科研机构、企业等利益相关者，最大可能地实现各合作主体的利益要求是确保协同创新项目合作主体利益分配均衡的关键。考虑不同的合作主体不同的利益要求，本节结合统一标准、分类评价的原则，根据阶段特性、主体特性建立不同的评价标准。因此，将实际参与协同创新项目的合作主体根据特性分为以下两类：一是科研类，只输出知识的机构，包括高校、科研机构、技术研发企业等；二是企业类，有时输出知识有时需求知识，但还包括其他业务，最终以自身营利为目的的机构。

1. 研发阶段评价指标标准

结合研发阶段的特点和不同合作主体的利益要求给出研发阶段评价指标标准。研发阶段评价指标标准如表 6-5 所示。

表 6-5 研发阶段评价指标标准

一级指标	二级指标	标准	
		技术提供方	技术需求方
决策层利益分配均衡 A	风险分担公平性 A_1	考量研发阶段风险损失的分担合理性、合同条款中风险责任归属合理性、应急措施效果、退出机制可行性	
	主体收获满意度 A_3	经济利益满意程度	取得科研成果使用权的代价合理性、科研成果是否符合预期

续表

一级指标	二级指标	标准 技术提供方	标准 技术需求方
决策层利益分配均衡 A	科研成果满意度 A_4	学术水平、发表论文数量、专著数量、论文专著影响因子	科研成果实用性、市场价值
	合作效果满意度 A_5	科研活动支持力度，包括资金到位率、设备供给、知识产权保护	科研活动进展，包括产出及时性、资料配置合理性、项目质量、资金节约或超支率合理度
	主体形象建立 A_8	专业领域内知名度提高、专业形象的建立、地位的巩固和提高	
	隐性成本合理程度 A_9	研发阶段隐性成本的控制，包括研发周期的弹性控制、研发人员配置、成本节约、决策正确性	
	合作主体参与程度 A_{10}	座谈会/交流会/见面会召开次数、决策人员组成、有效沟通次数等	
管理层利益分配均衡 B	管理层薪酬公平性 B_1	薪酬管理体系公平性、福利待遇公平性、薪酬满意度	
	人力资本增值程度 B_2	培训次数、在职教育机会、学习能力提升、工作能力提升	
	团队建设成功度 B_3	团队人际关系和谐、角色定位准确、办事效率、攻关能力、成员参与度、团队价值观	
	项目质量 B_4	成果是否符合要求、研发成功率	
	资金使用情况 B_5	科研经费执行进度	科研经费执行进度、执行与预算相符性、经费节约或超支率
	项目进度 B_6	科研进度变化率	
执行层利益分配均衡 C	物质奖励公平性 C_1	奖励机制公平性、物质奖励吸引力	
	员工绩效达成度 C_2	人均绩效达成率	
	薪酬公平性 C_3	薪酬管理体系公平性、福利待遇公平性、薪酬满意度	
	科研环境满意度 C_4	设备合格率、设备准确率、设备故障率、科研人员安全保障、设备投入占比	
	能积累经验、培育人力资本 C_5	公费培训次数、在职教育机会、人均学历水平	
	融洽的组织气氛 C_6	自主性、社会关系、奖励水平、绩效奖励依赖关系、动机、地位变化、灵活创新、支持性、决策中心化	

注：专家给出的评价结果可以是一个确定的分数，也可以是一个区间值。两种方式各有优劣，前者结果明确但可信度较低，后者结果模糊但可信度较高。由于是主观判断，评价得分的表述形式越贴近人的主观判断模式，最终的评价结果越可信

2. 小试中试阶段评价指标标准

小试中试阶段评价指标标准如表 6-6 所示。

表 6-6　小试中试阶段评价指标标准

一级指标	二级指标	标准 技术提供方	标准 技术需求方
决策层利益分配均衡 A	风险分担公平性 A_1	主要考量小试中试阶段风险损失的分担合理性、合同条款中风险责任归属合理性、应急措施效果、退出机制可行性	
	主体收获满意度 A_3	经济利益满意程度	新技术和工艺的稳定性
	合作效果满意度 A_5	科研活动支持力度，包括资金到位率、设备供给、知识产权保护	产品达标率、稳定性、生产量

续表

一级指标	二级指标	标准 技术提供方	标准 技术需求方
决策层利益分配均衡 A	隐性成本合理程度 A_9	小试中试阶段的隐性成本的控制,包括研发人员配置、成本节约、决策正确性	
	合作主体参与程度 A_{10}	座谈会/交流会/见面会召开次数、决策人员组成、有效沟通次数等	
管理层利益分配均衡 B	管理层薪酬公平性 B_1	薪酬管理体系公平性、福利待遇公平性、薪酬满意度	
	人力资本增值程度 B_2	培训次数、在职教育机会、学习能力提升、工作能力提升	
	团队建设成功度 B_3	团队人际关系和谐、角色定位准确、办事效率、攻关能力、成员参与度、团队价值观	
	项目质量 B_4	生产规模、生产合格率、产线设置合理性	
	资金使用情况 B_5	科研经费执行进度	科研经费执行进度、执行与预算相符性、经费节约超支率
	项目进度 B_6	产出及时性、进度变化率	
	管理者晋升公平性 B_7	晋升机制效果、岗位设置合理性、晋升率	
执行层利益分配均衡 C	物质奖励公平性 C_1	奖励机制公平性、物质奖励吸引力	
	员工绩效达成度 C_2	人均绩效达成率	
	薪酬公平性 C_3	薪酬管理体系公平性、福利待遇公平性、薪酬满意度	
	能积累经验、培育人力资本 C_5	公费培训次数、在职教育机会、人均学历水平	
	融洽的组织气氛 C_6	自主性、社会关系、奖励水平、绩效奖励依赖关系、动机、地位变化、灵活创新、支持性、决策中心化	

注:评价分值为[1,10]的任意实数,1代表最低,10代表最高,标准满足程度越好,评价得分越高

3. 产业化阶段评价指标标准

产业化阶段评价指标标准如表 6-7 所示。

表 6-7 产业化阶段评价指标标准

一级指标	二级指标	标准 技术提供方	标准 技术需求方
决策层利益分配均衡 A	风险分担公平性 A_1	主要考量产业化阶段风险损失的分担合理性、合同条款中风险责任归属合理性、应急措施效果、退出机制可行性、股权比例合理程度	
	收益满意度 A_2	收益分配合理程度、直接经济利益满意程度、收益分配效果	
	合作效果满意度 A_5	科研成果转化效果、产业化模式合理性	生产工艺完善度、行业标准成熟度、市场成熟度、预期目标完成度
	品牌价值效益 A_6	品牌收益、顾客忠诚度、消费者偏好、培养消费者群体	
	合作长期发展 A_7	其他合作开展数量、长效机制效果、合作关系忠诚度	
	隐性成本合理程度 A_9	产业化阶段隐性成本的控制,包括市场风险、决策正确性、潜在竞争对手等	
	合作主体参与程度 A_{10}	座谈会/交流会/见面会召开次数、决策人员组成、有效沟通次数等	
管理层利益分配均衡 B	管理层薪酬公平性 B_1	薪酬管理体系公平性、福利待遇公平性、薪酬满意度	
	人力资本增值程度 B_2	培训次数、在职教育机会、学习能力提升、工作能力提升	

续表

一级指标	二级指标	标准	
		技术提供方	技术需求方
管理层利益分配均衡 B	团队建设成功度 B_3	团队人际关系和谐、角色定位准确、办事效率、攻关能力、成员参与度、团队价值观	
	项目质量 B_4	达产情况、生产合格率、产出及时性、生产规模	
	资金使用情况 B_5	科研经费执行进度	科研经费执行进度、执行与预算相符性、经费节约或超支率
	项目进度 B_6	进度变化率	
	管理者晋升公平性 B_7	晋升机制效果、岗位设置合理性、晋升率	
执行层利益分配均衡 C	物质奖励公平性 C_1	奖励机制公平性、物质奖励吸引力	
	员工绩效达成度 C_2	人均绩效达成率	
	薪酬公平性 C_3	薪酬管理体系公平性、福利待遇公平性、薪酬满意度	
	能积累经验、培育人力资本 C_5	公费培训次数、在职教育机会、人均学历水平	
	融洽的组织气氛 C_6	自主性、社会关系、奖励水平、绩效奖励依赖关系、动机、地位变化、灵活创新、支持性、决策中心化	

注：评价分值为[1, 10]的任意实数，1代表最低，10代表最高，标准满足程度越好，评价得分越高

6.2.4 利益分配均衡效果评价指标检测与检验

1. 评价指标的信度检测

信度即可信程度及可靠程度。信度检验的主要目的是检验问卷是否可靠，问卷的信度则代表所获得的检测结果的一致程度、稳定程度和可靠程度。问卷信度越高，所得到的结果就越一致、稳定和可靠。评价指标的信度检测实际上就是评价体系中数据测量结果可靠性的衡量。

目前，信度的检测方式主要有重测信度法、复本信度法、α信度系数法和折半信度法四类。

在实际处理问题时，折半信度法需要把所有题项根据问题性质、问题难度进行排序，然后按照单双数对题项进行编号，同时需保证单数题目和双数题目的总得分一致。不同折半信度法会对最终的信度测量结果带来影响，因此在实际操作中折半信度法存在操作性不强的弊端。

重测信度法需要对同一受测者进行多次比较，根据对比结果确定信度测量结果。重测信度法在实际操作时也具有一定的弊端。例如，在一般的调查方式中难以实现多次重复测量，并且多次重复测量可能会造成较大误差。

复本信度法分别以测验题目和其复本同时对样本进行测量，要求复本与原题目等值但题目不同。通过分析被试两个评价结果的相关系数来检验一致性。在实

际操作中很难保证问卷除表述以外的其他特征一致,因此复本信度法的实用性较差。

α 信度系数法中克朗巴赫值(也称 α 系数)是所有题项的折半信度系数的均值。该系数可以较为准确地表现评价指标的内部一致性。α 信度系数法是目前常用的信度检测方法。与其他方法相比较,α 信度系数法较为实用并且能保证测量结果的准确性。因此,本节将 α 信度系数法作为协同创新项目合作主体利益分配均衡效果评价指标的信度检测方法。

本节分别根据协同创新研发阶段、小试中试阶段、产业化阶段三个阶段的特征构建三个评价体系,每一个评价体系下都包含多个评价指标。为了验证三个阶段评价体系的信度,本节采用 α 信度系数法分别对三个评价体系进行信度检测。信度系数如表 6-8 所示。

表 6-8 信度系数

信度分布区间	信度
$\alpha < 0.3$	不可信
$0.3 \leqslant \alpha < 0.4$	勉强可信
$0.4 \leqslant \alpha < 0.5$	可信
$0.5 \leqslant \alpha < 0.7$	很可信(最常见)
$0.7 \leqslant \alpha < 0.9$	很可信(次常见)
$\alpha \geqslant 0.9$	非常可信

运用 SPSS 对问卷数据进行分析,通过计算得到每个阶段下评价体系的 α 系数,如表 6-9~表 6-11 所示。

表 6-9 研发阶段评价体系的 α 系数

评价项名称	α 系数
决策层利益分配均衡	0.830
管理层利益分配均衡	0.870
执行层利益分配均衡	0.815
总体	0.929

表 6-10 小试中试阶段评价体系的 α 系数

评价项名称	α 系数
决策层利益分配均衡	0.826
管理层利益分配均衡	0.841

续表

评价项名称	α 系数
执行层利益分配均衡	0.746
总体	0.919

表 6-11　产业化阶段评价体系的 α 系数

评价项名称	α 系数
决策层利益分配均衡	0.804
管理层利益分配均衡	0.874
执行层利益分配均衡	0.787
总体	0.920

表 6-9～表 6-11 中各 α 系数均大于 0.7，即本节设计的协同创新利益分配均衡效果评价体系信度较好，指标间的组合较科学合理，为后续的评价工作奠定了良好的基础。

2. 评价指标的效度检测

效度衡量问卷测量的内容或功能与原本期望的结果的一致程度。效度检测可以确定问卷测量结果的偏差度以及系统误差程度。效度反映了问卷测量结果的准确性。问卷的测量接近调查对象特征或者问卷的预期目的与实际情况相符，则问卷的效度表现好。为了对设计的协同创新利益分配均衡效果评价体系进行效度检测，首先邀请协同创新领域的专家，请他们就各评价指标同衡量内容的相关程度给出意见，若专家认为某一指标与其要测量的内容之间相关程度高，则给予"肯定"的意见，否则给予"否定"意见。采用效度比率表示各指标效度的测量结果。用 CVR_i 表示某一指标 i 的效度比率，计算方式如下：

$$CVR_i = \frac{ne - N/2}{N/2} \quad (6\text{-}4)$$

其中，ne 为所有参与评价的专家中给出"肯定"意见的专家数量；N 为所有参与评价的专家数量。

通过式（6-4）可以得出，当超过半数的专家给出"否定"意见时，CVR_i 将小于零；当所有专家都给出"否定"意见时，$CVR_i = -1$；当持"肯定"意见与"否定"意见的专家数量各半时，$CVR_i = 0$；当所有专家均给出"肯定"意见时，$CVR_i = 1$。

针对设计的三个阶段的协同创新项目合作主体利益分配均衡效果评价体系，作者咨询 13 位相关专家的意见，对各指标的效度比率进行计算并统计得出其中约有 87.27% 的指标的效度比率大于 0.6。由此可得，此三个阶段的评价体系均具有较高的效度表现，大部分指标都与其要测量的内容具有较高的相关度。

6.3 协同创新利益分配均衡效果评价方法和思路

根据待处理数据的特征和收集要求，选择合适的评价模型，可保证测度结果的准确性和科学性，从而使对协同创新项目合作主体利益分配均衡的衡量更加合理。指标数据作为评价模型的输入量，指标数据的计算是评价过程的主要环节，同时是保证评价更加深入以得出准确评价结论的重要依据。本节构建协同创新利益分配均衡效果评价模型，从模型选择、模型介绍以及数据收集等方面梳理协同创新利益分配均衡评估的全过程。

6.3.1 评价方法的确定

1. 选择评价方法

在确定评价方法的过程中，要始终以评价对象和评价体系的特性作为重要依据。协同创新利益分配均衡是多方博弈过程中形成的一种动态均衡状态，它涉及多种影响因素。另外，协同创新利益分配均衡的达成是以各合作主体都认同合作效益最大的原则为前提的，即各合作主体都为了联盟的总体利益最大化而行动，而非以自身利益的最大化为前提。这势必使得在评价协同创新利益分配均衡状态的众多指标中，更侧重于一种对适中程度的定性描述。在这种情况下，即使存在定量指标也无法单纯地将该指标所计算出的指标分值直接输入评价模型。因此，协同创新利益分配均衡评价方法要能较准确地处理定性分析。各协同创新利益分配均衡效果评价体系的权重系数也是未知的，在以往的研究中，研究者主要使用层次分析法来解决此问题，但是这种方法的缺陷显而易见。层次分析法依靠过多主观评测，在使用过程中需要打分者对于各指标的相对重要性给出自己的主观判断。在处理指标条目过多的情形时，会使得评价者给出过多的主观数据，从而造成评价结果的误差。

协同创新利益分配均衡效果评价包涵多个指标并且权重信息不确定，因此评价协同创新利益分配均衡更适合使用不完全信息多准则决策方法。在专家对指标给出主观判断时，由于人自身判断能力的限制，给出的评价值往往含有一定的不确定性。专家在进行打分时通常使用"大约""左右""上下"等语言来回答所提出的问题。直觉模糊集描述这类含义模糊和不确定的语言时往往更具灵活性与实用性。为了使评价结果更加精确，本节引入直觉模糊集概念，将评价得分以三角直觉模糊数的形式给出，合理地降低主观评价的误差；再结合 TOPSIS 方法，通过构建数学模型，得出准则权重系数，进而实现对协同创新利益分配均衡的评价。

TOPSIS 方法是基于距离的多准则评价方法，由 Hwang 与 Yoon 在 1981 年提出。TOPSIS 方法通过对各评价对象和定义的理想对象与负理想对象之间进行比较，既能够直接确定最优的评价对象，也可以根据比较的结果来将评价对象根据优劣程度进行排序。TOPSIS 方法选取的参照点都是绝对理想点，将各评价对象同理想点的最短距离或评价对象同负理想点的最长距离作为判断优劣的标准。TOPSIS 方法直观、便于理解，在实际运用中往往能带来很好的结果。最近，TOPSIS 方法引入不同的多准则决策问题中，如模糊数、区间模糊集、直觉犹豫模糊集、犹豫模糊集与犹豫语言项集等。多准则决策是指综合考虑多种相互制约、联系的准则的决策问题。不完全信息多准则决策属于多准则决策问题的扩展，其主要处理准则权重系数未知或准则权重系数取值不确定的情况。通过处理模糊信息构建数学模型来求解准则权重系数是解决此类不完全信息多准则决策问题的核心思路，目前不完全信息的直觉模糊多准则决策方法主要有三种，分别为模糊集决策方法、规划方法和 TOPSIS 方法，三类方法各有优劣，在处理具体案例时评价结果也具备合理性，评价结果也一致。其中，TOPSIS 方法的特性决定了其在处理本节提出的问题时较其他两种方法具备较大优势。首先，TOPSIS 方法在处理直觉模糊数上更具备灵活性，不仅仅局限于处理常规的直觉模糊数；其次，TOPSIS 方法有利于保证评价数据形式的多样性，有助于构建合理评价模型；最后，TOPSIS 方法对于数据分布、指标数量均无严格限制，对小样本数据和多指标数据具有很好的处理效果，既可用于纵向对比也可用于横向对比，操作简便，结果量化也较客观。

2. 相关定义的介绍

1）三角直觉模糊数定义

直觉模糊集由 Atanassov（1986）提出，它是对模糊集的拓展，同时考虑隶属度、犹豫度和非隶属度三个因素。相较于模糊数，直觉模糊数更贴近模糊本质。Shu 等（2006）利用三角模糊数来刻画 IFS 的隶属度和非隶属度，提出三角直觉模糊集的概念。它是对直觉模糊集的扩展，也是对模糊集的扩展。三角模糊数的增加是三角直觉模糊集与直觉模糊集的最大区别，它使隶属度和非隶属度不是相对于一个模糊概念，如"好""差"等，而是相对于一个三角模糊数，将离散集合扩展到连续集合。

【定义 6-1】 设 $\mathcal{A} = \langle (a^L, a^M, a^U); u_{\mathcal{A}}, v_{\mathcal{A}} \rangle$，$a^M$ 是实数集 R 上的一个直觉模糊数，它的隶属函数和非隶属函数分别为

$$u_{\mathcal{A}}(x) = \begin{cases} \dfrac{x - a^L}{a^M - a^L} u_{\mathcal{A}}, & a^L \leqslant x \leqslant a^M \\ \dfrac{a^U - x}{a^U - a^M} u_{\mathcal{A}}, & a^M \leqslant x \leqslant a^U \\ 0, & \text{其他} \end{cases} \quad (6\text{-}5)$$

$$v_{\mathcal{A}}(x) = \begin{cases} \dfrac{a^M - x + v_{\mathcal{A}}(x - a^L)}{a^M - a^L}, & a^L \leqslant x \leqslant a^M \\ \dfrac{x - a^M + v_{\mathcal{A}}(a^U - x)}{a^U - a^M}, & a^M \leqslant x \leqslant a^U \\ 1, & \text{其他} \end{cases} \quad (6\text{-}6)$$

其中，$0 \leqslant u_{\mathcal{A}} \leqslant 1$，$0 \leqslant v_{\mathcal{A}} \leqslant 1$，$0 \leqslant u_{\mathcal{A}} + v_{\mathcal{A}} \leqslant 1$。称 $\mathcal{A} = \langle (a^L, a^M, a^U); u_{\mathcal{A}}, v_{\mathcal{A}} \rangle$，$a^M$ 为三角直觉模糊数，如图 6-5 所示。

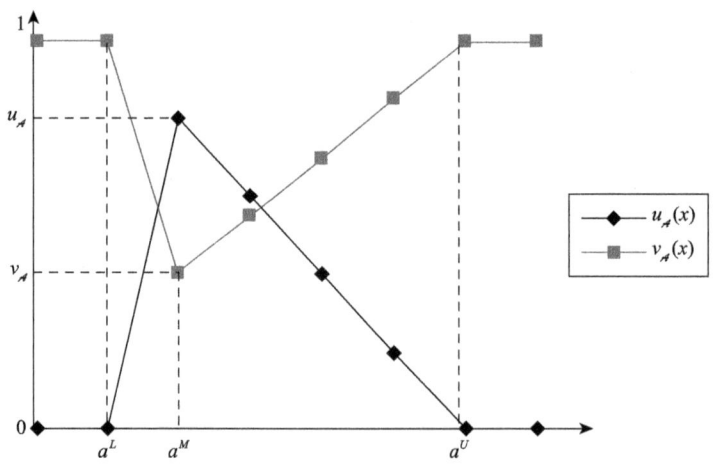

图 6-5 三角直觉模糊数示意图

三角直觉模糊数 $\mathcal{A} = \langle (a^L, a^M, a^U); u_{\mathcal{A}}, v_{\mathcal{A}} \rangle$，$a^M$ 表示实数 $\mathcal{A}$ 的近似值。不确定量 $\mathcal{A}$ 用介于 a^L 和 a^U 之间的任意实数表示，且每个实数具有不同的隶属度和非隶属度。不确定量 $\mathcal{A}$ 最可能的值是 a^M，它的隶属度和非隶属度分别为 $u_{\mathcal{A}}$ 和 $v_{\mathcal{A}}$；不确定量 $\mathcal{A}$ 最不可能的值是 a^L 和 a^U，其隶属度和非隶属度分别为 0 和 1；在 (a^L, a^U) 内任意数 x 的隶属度和非隶属度分别为 $u_{\mathcal{A}}(x)$ 和 $v_{\mathcal{A}}(x)$。

2）相关运算法则

类似三角模糊数的运算法则，两个三角直觉模糊数的运算法则的定义如下。

【定义 6-2】 设 $\mathcal{A} = \langle (a^L, a^M, a^U); u_{\mathcal{A}}, v_{\mathcal{A}} \rangle$，$\mathcal{B} = \langle (b^L, b^M, b^U); u_{\mathcal{B}}, v_{\mathcal{B}} \rangle$ 是两个三角直觉模糊数，λ 为实数，则三角直觉模糊数的运算法则定义如下：

$$\mathcal{A} + \mathcal{B} = \langle (a^L + b^L, a^M + b^M, a^U + b^U); \min\{u_{\mathcal{A}}, u_{\mathcal{B}}\}, \max\{v_{\mathcal{A}}, v_{\mathcal{B}}\} \rangle$$

$$\mathcal{A} - \mathcal{B} = \langle (a^L - b^L, a^M - b^M, a^U - b^U); \min\{u_{\mathcal{A}}, u_{\mathcal{B}}\}, \max\{v_{\mathcal{A}}, v_{\mathcal{B}}\} \rangle$$

$$\mathcal{A} \cdot \mathcal{B} = \langle (a^L \cdot b^L, a^M \cdot b^M, a^U \cdot b^U); \min\{u_{\mathcal{A}}, u_{\mathcal{B}}\}, \max\{v_{\mathcal{A}}, v_{\mathcal{B}}\} \rangle, \mathcal{A} > 0, \mathcal{B} > 0$$

$$\mathcal{A} / \mathcal{B} = \langle (a^L / b^L, a^M / b^M, a^U / b^U); \min\{u_{\mathcal{A}}, u_{\mathcal{B}}\}, \max\{v_{\mathcal{A}}, v_{\mathcal{B}}\} \rangle, \mathcal{A} > 0, \mathcal{B} > 0$$

$$\lambda \mathcal{A} = \begin{cases} \langle (\lambda a^L, \lambda a^M, \lambda a^U); u_{\mathcal{A}}, v_{\mathcal{A}} \rangle, & \lambda > 0 \\ \langle (\lambda a^U, \lambda a^M, \lambda a^L); u_{\mathcal{A}}, v_{\mathcal{A}} \rangle, & \lambda < 0 \end{cases}$$

$$\mathcal{A}^{-1} = \left\langle \left(\frac{1}{a^U}, \frac{1}{a^M}, \frac{1}{a^L}\right); u_{\mathcal{A}}, v_{\mathcal{A}} \right\rangle$$

3）三角直觉模糊数海明距离

文献已经对三角直觉模糊数的海明距离给出了详细证明，在此不再赘述。

【定义 6-3】 设 $\mathcal{A} = \langle (a^L, a^M, a^U); u_{\mathcal{A}}, v_{\mathcal{A}} \rangle$，$\mathcal{B} = \langle (b^L, b^M, b^U); u_{\mathcal{B}}, v_{\mathcal{B}} \rangle$ 是两个三角直觉模糊数，则两个三角直觉模糊数的海明距离 $D(\mathcal{A}, \mathcal{B})$ 的计算公式如下：

$$D(\mathcal{A}, \mathcal{B}) = \frac{1}{6} \Big[\big| (1 + u_{\mathcal{A}} - v_{\mathcal{A}}) a^L - (1 + u_{\mathcal{B}} - v_{\mathcal{B}}) b^L \big| + \big| (1 + u_{\mathcal{A}} - v_{\mathcal{A}}) a^M - (1 + u_{\mathcal{B}} - v_{\mathcal{B}}) b^M \big|$$
$$+ \big| (1 + u_{\mathcal{A}} - v_{\mathcal{A}}) a^U - (1 + u_{\mathcal{B}} - v_{\mathcal{B}}) b^U \big| \Big]$$

（6-7）

3. 协同创新利益分配均衡效果评价方法构建思路

1）带有三角直觉模糊数的不完全信息多属性决策 TOPSIS 方法原理

本节用 TOPSIS 方法研究准则值为三角直觉模糊数的不完全信息多属性决策问题。对于某多准则决策问题，在开展协同创新项目的过程中，设有 m 个评价对象 P_i 组成评价对象的集合 $P = \{P_1, P_2, \cdots, P_m\}$，每个评价对象的表现优劣需要借助 n 个准则 X_j 进行评价，准则集 $X = \{X_1, X_2, \cdots, X_n\}$。由于每个准则的重要性不同，对每个准则只赋予不同的权重。对应的权重系数 $\omega = \{\omega_1, \omega_2, \cdots, \omega_n\}$，$\omega \in [0,1]$，$\sum_{i=1}^{n} \omega_i = 1$。对应准则下的评分构成原始决策矩阵。多准则决策问题中常见的准则类型可以分为效益型和成本型两类，为了消除准则的不同量纲对决策结果的影响，需要将原始决策矩阵规范化，考虑本节准则类型一致，不用规范化。不同专家对于任意的评价对象 P_i 在准则 X_j 下给出评价值，评价值为三角直觉模糊数，$P_{ij} = \left\langle \left(p_{ij}^L, p_{ij}^M, p_{ij}^U \right); u_{P_{ij}}, v_{P_{ij}} \right\rangle$。在本评价体系中，准则权重系数是未知的，表示准则权重系数属于不完全信息。在此情况下，决策者需要通过建立数学模型，确定每个准则的权重信息。

2）TOPSIS 方法求解步骤

（1）确定理想方案和负理想方案。

理想方案 G^+ 是指在准则 X_j 下对于优秀有最大隶属度、最小非隶属度，也就是说理想方案在该准则下的优秀程度最大，而且不确定性最小。负理想方案 G^- 是指在准则 X_j 下对于优秀有最小隶属度、最大非隶属度，也就是说负理想方案在该准则下的优秀程度最小，而且不确定性最大。

定义三角直觉模糊数的理想方案和负理想方案分别为

$$G^+ = \left(G_1^+, G_2^+, \cdots, G_n^+ \right), \ G^- = \left(G_1^-, G_2^-, \cdots, G_n^- \right)$$

其中，

$$G_j^+ = \left\langle \left(\max_{1 \leqslant i \leqslant m} \{p_{ij}^L\}, \max_{1 \leqslant i \leqslant m} \{p_{ij}^M\}, \max_{1 \leqslant i \leqslant m} \{p_{ij}^U\} \right); 1, 0 \right\rangle, \ j = 1, 2, \cdots, n \quad (6\text{-}8)$$

$$G_j^- = \left\langle \left(\min_{1 \leqslant i \leqslant m} \{p_{ij}^L\}, \min_{1 \leqslant i \leqslant m} \{p_{ij}^M\}, \min_{1 \leqslant i \leqslant m} \{p_{ij}^U\} \right); 0, 1 \right\rangle, \ j = 1, 2, \cdots, n \quad (6\text{-}9)$$

（2）建立模型。

评价对象 P_i 与理想方案 G_j^+ 的差异（距离）为

$$D_i^+ = \sum_{j=1}^n \omega_j D\left(P_{ij}, G_j^+ \right), \ i = 1, 2, \cdots, m \quad (6\text{-}10)$$

评价对象 P_i 与负理想方案 G_j^- 的差异（距离）为

$$D_i^- = \sum_{j=1}^n \omega_j D\left(P_{ij}, G_j^- \right), \ i = 1, 2, \cdots, m \quad (6\text{-}11)$$

由以上可得，评价对象 P_i 在准则 X_j 下与理想方案 G_j^+ 差异越小，评价对象在该准则下的表现越好；与负理想方案 G_j^- 的差异越大，评价对象在该准则下的表现越好。

对于多属性决策问题，运用不同的方法所得到的各属性的权重是不同的，且各有优劣。赋权的方法主要有主观赋权法和客观赋权法。其中，主观赋权法如专家打分法、层次分析法等；客观赋权法主要包括主成分分析法、拉开档次法、熵权法以及均方差法等。主观赋权法依靠决策者的知识经验、直觉和主观愿望，存在随意性等缺陷；而客观赋权法虽然利用数学理论，但是忽视了决策者的主观信息。因此，主观赋权法与客观赋权法都具有相应的局限性。为了弥补这一局限性，本节借鉴主客观赋权法集成的思想，依据综合评价目标值最大的集成权重原则，为求得最优准则权重系数，对应每个评价对象 P_i，可以建立如下优化模型：

$$\min D_i^+ = \sum_{j=1}^n \omega_j D(P_{ij}, G_j^+), \quad i=1,2,\cdots,m$$

$$\text{s.t.} \begin{cases} \omega \in H \\ \sum_{j=1}^n \omega_j = 1 \\ \omega_j \geq 0 \end{cases} \quad (6\text{-}12)$$

其中，H 为不确定权重信息集。

上述优化模型可变为

$$\max D_i^- = \sum_{j=1}^n \omega_j D(P_{ij}, G_j^-), \quad i=1,2,\cdots,m$$

$$\text{s.t.} \begin{cases} \omega \in H \\ \sum_{j=1}^n \omega_j = 1 \\ \omega_j \geq 0 \end{cases} \quad (6\text{-}13)$$

若各评价对象都是公平竞争的，则每一个评价对象与理想方案和负理想方案的距离应当来自同一组权重系数。要求得最优准则权重系数需要对式（6-12）和式（6-13）进行综合，建立如下优化模型：

$$\min Y = \sum_{i=1}^m \sum_{j=1}^n \omega_j \left(\frac{D(P_{ij}, G_j^+)}{D(P_{ij}, G_j^+) + D(P_{ij}, G_j^-)} \right), \quad i=1,2,\cdots,m$$

$$\text{s.t.} \begin{cases} \omega \in H \\ \sum_{j=1}^n \omega_j = 1 \\ \omega_j \geq 0 \end{cases} \quad (6\text{-}14)$$

另外，考虑不同准则的实际权重是随机变量，利用准则权重的熵函数 $I(\omega)$ 来描述准则权重向量的不确定程度。熵函数定义如下：

$$I(\omega) = -\sum_{j=1}^n \omega_j \ln \omega_j \quad (6\text{-}15)$$

同理，要求得最优准则权重系数，则熵函数的取值应当最大，因此建立如下优化模型：

$$\max I(\omega) = -\sum_{j=1}^{n} \omega_j \ln \omega_j$$

$$\text{s.t.} \begin{cases} \omega \in H \\ \sum_{j=1}^{n} \omega_j = 1 \\ \omega_j \geqslant 0 \end{cases} \quad (6\text{-}16)$$

要求得最优权重系数必须满足式（6-14）和式（6-16），应建立下述数学模型：

$$\min Z = \gamma \sum_{i=1}^{m} \sum_{j=1}^{n} \omega_j \left(\frac{D(P_{ij}, G_j^+)}{D(P_{ij}, G_j^+) + D(P_{ij}, G_j^-)} \right) + (1-\gamma) \sum_{j=1}^{n} \omega_j \ln \omega_j$$

$$\text{s.t.} \begin{cases} \omega \in H \\ \sum_{j=1}^{n} \omega_j = 1 \\ \omega_j \geqslant 0 \end{cases} \quad (6\text{-}17)$$

其中，γ 为平衡系数，并且满足 $0 \leqslant \gamma \leqslant 1$，用以平衡上述两条件。对于非专业的决策者，只取 $\gamma = 0.5$。本节首先取 $\gamma = 0.5$ 并且求出权重系数，然后为了全面分析评价结果，取 $\gamma = 0.1, 0.2, 0.3, 0.4, 0.5, 0.6, 0.7, 0.8, 0.9, 0.92, 0.96$ 并展示不同 γ 对于综合评分的影响。

（3）排序以及分析差异结果。

对每一个评价对象 P_i，计算 D_i^+ 和 D_i^-，进而计算每一个评价对象的综合得分，即与理想方案的总体贴近度：

$$d_i = \frac{D_i^+}{D_i^+ + D_i^-} \quad (6\text{-}18)$$

按综合得分由小到大的顺序进行排序，d_i 可以指示评价对象综合表现的好坏，根据此数据可以就评价对象按表现的好坏来排序或进行下一步研究。d_i 越小，该方案与理想方案的总体贴近度越小，即方案表现越好。

6.3.2 协同创新利益分配均衡效果评价方法介绍

本节主要介绍应用协同创新利益分配均衡效果评价模型对协同创新利益分配均衡进行评价的具体运用过程。考虑协同创新项目开展不同时期的特殊性，将整个协同创新项目分为研发阶段、小试阶段、中试阶段、产业化阶段四个阶段，其中小试阶段与中试阶段比较相似，此处合并为一个阶段研究。各阶段评价指标分为决策层利益分配均衡、管理层利益分配均衡以及执行层利益分配均衡三个层次，各层次的子指标依照各阶段评价重点的不同而不同。因此，协同创新项目四个阶段的利益分配均衡状况要分别建立 3 个评价体系。邀请协同创新专业领域的专家分别就某一协同创新项目各阶段每个合作主体利益分配均衡表现进行判定，评分结果将以三角直觉模糊数的形式给出。专家评判依据表 6-5～表 6-7 中列出的参考标准和评价标准，此处将专家打分的范围确定为 1～10，分值越高，表现越好。通过对专家评分数据的整合，得出每个合作主体的平均得分。确定理想方案和负理想方案，综合各合作主体与理想方案和负理想方案的差异，建立数学模型，并求解得出不同阶段指标的权重系数。根据得出的权重系数计算各阶段各合作主体与理想方案的相对贴近度，并以此作为合作主体利益分配均衡状态评价结果。具体流程如图 6-6 所示。

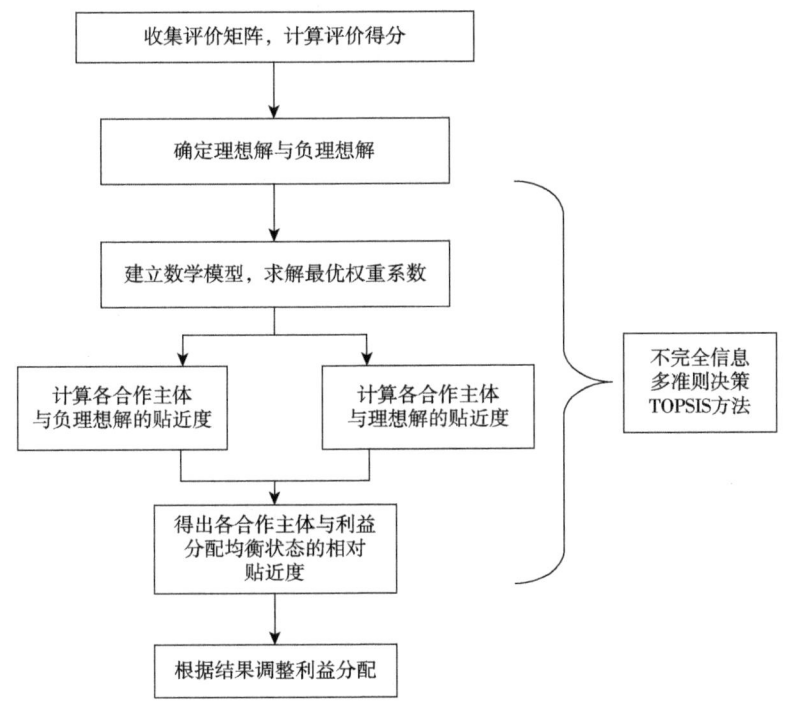

图 6-6　协同创新利益分配均衡效果评价模型流程图

1. 构建决策矩阵

协同创新项目分为研发阶段、小试阶段、中试阶段、产业化阶段四个阶段。6.2 节已针对每个阶段建立相应的评价体系，并且每个阶段的指标都分为决策层利益分配均衡指标、管理层利益分配均衡指标和执行层利益分配均衡指标。本节以研发阶段为例，其余各阶段的操作方法同理。协同创新利益分配均衡效果评价方法将参与协同创新的各合作主体作为评价对象，各合作主体在协同创新利益分配均衡效果评价体系中各指标下的表现的评价得分构成决策矩阵。在现实的决策问题中，主观评价会存在一定的模糊性。例如，在理想状态下，专家就合作主体在每一个指标下的具体表现给出一个确切的评价得分，而此时专家对此评价的结果是持百分之百的把握的。但在实际情况中，即使专家在主观评判时也会存在一定的不确定性，他给出的评价结果只会是他认为最有可能的一个结果，并且他对此结果的把握程度最大。三角直觉模糊数可以将这种模糊性进行很好的描述，将评价结果转化成三角直觉模糊数的形式可以降低主观评价的误差。因此，决策矩阵中合作主体各指标的评价等级由在协同创新领域的相关专家以三角直觉模糊数的形式给出。专家要根据实际情况，结合自身经验对每一个合作主体在具体指标下就协同创新利益分配均衡达成程度给出评价得分的下限、近似值和上限，以及近似值隶属度与非隶属度五个数值。由此，一位专家的评价得分即构成一个决策矩阵。例如，决策矩阵 $Q^t = \left(P_{ij}^t\right)_{m \times n}$ 为第 t 位专家给出的决策矩阵，其中 $P_{ij}^t = \left\langle \left(p_{ij}^{L^t}, p_{ij}^{M^t}, p_{ij}^{U^t}\right); u_{P_{ij}^t}, v_{P_{ij}^t} \right\rangle$。

2. 确立理想方案与负理想方案

为了降低评价误差，整理 k 位专家给出的决策矩阵。对专家的评价结果进行算术平均，根据三角直觉模糊数的运算法则，计算 k 位专家得分的算术平均，得到平均决策矩阵 $\overline{Q} = \left(\overline{P_{ij}}\right)_{m \times n}$。其中，

$$\overline{P_{ij}} = \frac{1}{k}\left(P_{ij}^1 + P_{ij}^2 + \cdots + P_{ij}^k\right) = \left\langle \left(p_{ij}^{\overline{L}}, p_{ij}^{\overline{M}}, p_{ij}^{\overline{U}}\right); u_{\overline{P_{ij}}}, v_{\overline{P_{ij}}} \right\rangle$$

$$= \left\langle \left(\frac{\sum_{t=1}^{k} p_{ij}^{L^t}}{k}, \frac{\sum_{t=1}^{k} p_{ij}^{M^t}}{k}, \frac{\sum_{t=1}^{k} p_{ij}^{U^t}}{k}\right); \min_{1 \leq t \leq k}\left(u_{P_{ij}^t}\right), \max_{1 \leq t \leq k}\left(v_{P_{ij}^t}\right) \right\rangle \quad (6-19)$$

进而可得算术平均决策矩阵的理想方案和负理想方案。

3. 确定指标最优权重系数

结合平均决策矩阵以及得出的理想解与负理想解，构建如下数学模型：

$$\min Z = \gamma \sum_{i=1}^{m} \sum_{j=1}^{n} \omega_j \left(\frac{D\left(\overline{P_{ij}}, G_j^+\right)}{D\left(\overline{P_{ij}}, G_j^+\right) + D\left(\overline{P_{ij}}, G_j^-\right)}\right) + (1-\gamma) \sum_{j=1}^{n} \omega_j \ln \omega_j$$

$$\text{s.t.} \begin{cases} \omega \in H \\ \sum_{j=1}^{n} \omega_j = 1 \\ \omega_j \geq 0 \end{cases} \quad (6-20)$$

请专家给出各权重的不确定信息集，得出权重向量，从而得到研发阶段各指

标的权重系数。

4. 排序得出评价结果

将前面求得的权重信息代入式（6-10）和式（6-11）中，对每一个合作主体 P_i，计算 D_i^+ 和 D_i^-，进而计算每一个评价对象的综合得分即与理想方案的总体贴近度 $d_i = \dfrac{D_i^+}{D_i^+ + D_i^-}$。

总体贴近度可称为综合得分，其数值可以表示协同创新项目过程中合作主体 A_i 与协同创新利益均衡状态总体接近的程度，利用这一数据可以有效指示合作主体在合作中是否达成利益分配均衡或者与利益分配均衡的差距。对于其他阶段（小试中试阶段、产业化阶段），求解过程相同，此处不再赘述。

6.4 案例分析

6.4.1 项目背景

本书以某集团开发金属双极板的项目为例，借助提出的协同创新利益分配均衡效果评价体系探究产学研合作中合作主体利益分配均衡效果，并给出相关建议。

近期该集团批准通过了开发燃料电池汽车的战略规划，该规划明确了燃料电池汽车产业化的发展方向，阐明了核心部件——金属双极板的国内外差距、改进措施与开发目标。

电能驱动电动机，进而驱动汽车，这是最理想的新能源汽车的核心动力。燃料电池电堆通过化学反应产生电能，具有很高的效率，产生的排放物（水）对环境不造成任何污染。车用金属双极板便是燃料电池电堆的核心部件，也是项目研究的重点。因此该集团联合某高校、某研发公司共同开发金属双极板产业化项目。其中，集团处于国内汽车业龙头地位，整合优势资源，组织推进金属双极板产业化项目；研发公司具有多年双极板研发经验；高校拥有先进的金属板冲压成型与特种焊接技术。各合作主体积极建立跨公司、跨部门的项目团队来开展开发工作，做到全方位密切沟通，逐步落实项目开发目标。

经燃料电池国家工程研究中心检测，此产学研合作研制的金属双极板的关键参数达到或超过美国能源部目标，关键技术指标达到国际先进水平，并且将实现可观的经济效益，预计将使未来燃料电池双极板制造成本缩减到如今的 1/10～

1/15。同时，在合作过程中，集团与高校共同培养博士后 1 名，毕业博士 3 名和硕士 2 名，累计发表高水平期刊论文 25 篇，《科学引文索引》(science citation index, SCI) 检索期刊英文论文 19 篇，影响因子大于 3.0 的论文 8 篇，申请专利 9 项。该项目在研发成功后可使电堆体积有效减小 30%以上，重量有效减轻 50%以上，是燃料电池系统向商业化、市场化发展的关键一步。对推进燃料电池汽车的普及、代步出行工具的进一步升级有着重大作用。

本案例中的项目涉及高校（记为 P_1）、集团（记为 P_2）和研发公司（记为 P_3）三个合作主体，既包括大型的制造企业，又有高校，还有科研机构，而且三个合作主体一方在长沙，一方在深圳，还有一方更远在大连。合作主体复杂、地理位置不同给协同创新项目的开展带来诸多不便。如何科学地评价协同创新项目合作主体的利益分配均衡效果，对指导协同创新、消除彼此分歧、促进合作进行有着重要作用。

本节按表 6-4 提供的评价指标对这三个合作主体就本协同创新项目的每个阶段的利益分配均衡效果展开分析。

6.4.2 项目评价过程

由于协同创新项目各阶段的评价步骤都是相同的，此处只给出研发阶段的评价过程，其余阶段同理可以得出。

1. 构建决策矩阵

邀请四位专家建立评议小组，针对研发阶段的评价指标，结合各合作主体的实际情况，给出其各利益要求的具体评议。

其中专家 1 给出的决策矩阵如表 6-12 所示（为了表述更直观，在此展示专家 1 的决策矩阵的转置矩阵）。

表 6-12 专家 1 决策矩阵转置矩阵

各层次的均衡	准则	合作主体		
		P_1	P_2	P_3
决策层利益分配均衡	风险分担公平性	⟨(4,4.5,5);0.8,0.1⟩	⟨(7,8,9);0.7,0.2⟩	⟨(5,8,8.5);0.9,0.1⟩
	主体收获满意度	⟨(2.9,3.4,4);0.7,0.1⟩	⟨(7,8.5,9);0.7,0.2⟩	⟨(5,6,7);0.8,0.1⟩
	科研成果满意度	⟨(2,2.5,2.7);0.6,0.3⟩	⟨(5,8,9);0.8,0.1⟩	⟨(5,7,8.3);0.9,0.1⟩
	合作效果满意度	⟨(6.3,7,8);0.6,0.2⟩	⟨(8,9,9.5);0.7,0.2⟩	⟨(6,8,9);0.8,0.1⟩
	主体形象建立	⟨(4.3,5,6);0.8,0.1⟩	⟨(6,8.4,9.5);0.6,0.3⟩	⟨(6,7,8);0.7,0.1⟩

续表

各层次的均衡	准则	合作主体		
		P_1	P_2	P_3
决策层利益分配均衡	隐性成本合理程度	$\langle(7,8,9);0.8,0.1\rangle$	$\langle(4.4,6,7);0.8,0.1\rangle$	$\langle(7,8,9);0.8,0.1\rangle$
	合作主体参与程度	$\langle(3,4,6.5);0.6,0.2\rangle$	$\langle(6,7,8);0.7,0.2\rangle$	$\langle(7.4,8,8.8);0.6,0.3\rangle$
管理层利益分配均衡	管理层薪酬公平性	$\langle(7,8,9);0.6,0.2\rangle$	$\langle(7,8.5,9);0.7,0.2\rangle$	$\langle(7.2,8.2,8.6);0.8,0.1\rangle$
	人力资本增值程度	$\langle(6,7,8.5);0.7,0.2\rangle$	$\langle(6,7.5,8.5);0.7,0.2\rangle$	$\langle(6.5,8.3,9.3);0.6,0.3\rangle$
	团队建设成功度	$\langle(6,8,9);0.6,0.2\rangle$	$\langle(7,8,9);0.8,0.1\rangle$	$\langle(6.3,7.9,8.5);0.8,0.2\rangle$
	项目质量	$\langle(7.4,8,9);0.8,0.1\rangle$	$\langle(6,7,8);0.7,0.1\rangle$	$\langle(6.6,7.4,8.5);0.6,0.3\rangle$
	资金使用情况	$\langle(4,5,6);0.8,0.1\rangle$	$\langle(6.3,8,9);0.7,0.2\rangle$	$\langle(5.2,6,7);0.6,0.2\rangle$
	项目进度	$\langle(5,8,9);0.6,0.3\rangle$	$\langle(6,8.8,9);0.7,0.2\rangle$	$\langle(5,8,9);0.7,0.2\rangle$
执行层利益分配均衡	物质奖励公平性	$\langle(6,8,8.5);0.8,0.1\rangle$	$\langle(6.9,7.5,8);0.8,0.1\rangle$	$\langle(6,8,9);0.6,0.2\rangle$
	员工绩效达成度	$\langle(4,5.2,6.5);0.8,0.1\rangle$	$\langle(6,7.5,8);0.7,0.2\rangle$	$\langle(4.5,5,7);0.8,0.1\rangle$
	薪酬公平性	$\langle(7,8,9);0.6,0.3\rangle$	$\langle(8.5,9,9.5);0.6,0.2\rangle$	$\langle(8.3,9.3,9.6);0.6,0.2\rangle$
	科研环境满意度	$\langle(4,7,8);0.6,0.2\rangle$	$\langle(6,7,9);0.6,0.3\rangle$	$\langle(2,4,6);0.7,0.2\rangle$
	能积累经验、培育人力资本	$\langle(4,6.2,7.5);0.8,0.1\rangle$	$\langle(6.6,8,9);0.6,0.2\rangle$	$\langle(6.5,7,8.5);0.6,0.2\rangle$
	融洽的组织气氛	$\langle(6.3,8.5,9);0.8,0.1\rangle$	$\langle(7,8,9);0.8,0.1\rangle$	$\langle(7.5,8,9);0.6,0.2\rangle$

其余三位专家给出的决策矩阵转置矩阵略。

2. 确立理想方案与负理想方案

结合收集的决策矩阵信息,根据式(6-19)得出四位专家的算术平均决策矩阵转置矩阵,如表6-13所示。

表6-13 专家算术平均决策矩阵转置矩阵

各层次的均衡	准则	合作主体		
		P_1	P_2	P_3
决策层利益分配均衡	风险分担公平性	$\langle(5.5,6.5,7.5);0.5,0.4\rangle$	$\langle(6.2,7.5,8.5);0.6,0.3\rangle$	$\langle(6,7.6,8.3);0.5,0.4\rangle$
	主体收获满意度	$\langle(3.5,4.1,5);0.7,0.3\rangle$	$\langle(6.1,7.3,8.2);0.6,0.3\rangle$	$\langle(4.6,5.5,6.4);0.6,0.3\rangle$
	科研成果满意度	$\langle(2.3,3.4,4.4);0.6,0.3\rangle$	$\langle(5.5,7,8);0.6,0.3\rangle$	$\langle(4.5,5.1,7.9);0.6,0.2\rangle$
	合作效果满意度	$\langle(5.6,6.8,7.8);0.6,0.3\rangle$	$\langle(6.9,7.9,8.9);0.6,0.3\rangle$	$\langle(5.3,6.4,7.3);0.6,0.3\rangle$
	主体形象建立	$\langle(3.6,5.1,6.3);0.6,0.3\rangle$	$\langle(6,7.3,8.4);0.6,0.3\rangle$	$\langle(5,6.1,7.1);0.6,0.3\rangle$
	隐性成本合理程度	$\langle(7,7.9,8.9);0.6,0.3\rangle$	$\langle(5.1,6.3,7.3);0.6,0.3\rangle$	$\langle(6,7.4,8.5);0.6,0.3\rangle$
	合作主体参与程度	$\langle(4.8,5.6,6.9);0.6,0.3\rangle$	$\langle(6,7,8);0.6,0.3\rangle$	$\langle(6.1,7.6,8.3);0.6,0.3\rangle$

续表

各层次的均衡	准则	合作主体		
		P_1	P_2	P_3
管理层利益分配均衡	管理层薪酬公平性	⟨(6.4,7.3,8.3);0.6,0.3⟩	⟨(6.4,7.9,8.8);0.6,0.3⟩	⟨(6.6,7.9,8.9);0.6,0.2⟩
	人力资本增值程度	⟨(5.8,7.3,8.4);0.6,0.3⟩	⟨(5.8,7.1,8.1);0.7,0.2⟩	⟨(6,7.3,8.3);0.6,0.3⟩
	团队建设成功度	⟨(5.1,6.4,7.3);0.6,0.3⟩	⟨(6.2,7.2,8.1);0.6,0.2⟩	⟨(5.6,6.9,7.9);0.6,0.3⟩
	项目质量	⟨(6.7,7.7,8.8);0.6,0.3⟩	⟨(6.8,7.6,8.3);0.6,0.3⟩	⟨(6.5,7.6,8.5);0.6,0.3⟩
	资金使用情况	⟨(3.8,4.8,6);0.6,0.3⟩	⟨(5.6,6.8,7.9);0.7,0.2⟩	⟨(3.7,5,6);0.6,0.3⟩
	项目进度	⟨(6.1,7.8,8.5);0.6,0.3⟩	⟨(6.3,8,8.5);0.7,0.2⟩	⟨(6,8.3,9);0.6,0.3⟩
执行层利益分配均衡	物质奖励公平性	⟨(6.7,8,8.9);0.6,0.3⟩	⟨(6.7,7.8,8.5);0.7,0.1⟩	⟨(6.3,7.8,8.5);0.6,0.2⟩
	员工绩效达成度	⟨(3,4.1,5.1);0.7,0.2⟩	⟨(5,6.5,7.5);0.6,0.3⟩	⟨(4.4,6,6.8);0.7,0.2⟩
	薪酬公平性	⟨(6.5,7.8,8.9);0.6,0.3⟩	⟨(7.5,8.5,9.1);0.6,0.3⟩	⟨(6.8,8,8.7);0.6,0.3⟩
	科研环境满意度	⟨(5,7.3,8.3);0.6,0.3⟩	⟨(5.9,6.9,8);0.5,0.4⟩	⟨(5.5,6.8,8);0.5,0.4⟩
	能积累经验、培育人力资本	⟨(5.8,7.3,8.3);0.7,0.2⟩	⟨(6.4,7.6,8.3);0.6,0.3⟩	⟨(6.6,7.5,8.5);0.6,0.3⟩
	融洽的组织气氛	⟨(5.8,7.8,8.5);0.6,0.3⟩	⟨(5.8,7.3,8.5);0.6,0.3⟩	⟨(5.9,6.9,8);0.6,0.3⟩

根据式（6-8）、式（6-9）可以得出每个准则下的理想方案和负理想方案，如表6-14所示。

表 6-14 各准则下理想解与负理想解

各层次的均衡	准则 X	理想解 G^+	负理想解 G^-
决策层利益分配均衡	风险分担公平性	⟨(6.2,7.6,8.5);1,0⟩	⟨(5.5,6.5,7.5);0,1⟩
	主体收获满意度	⟨(6.1,7.3,8.2);1,0⟩	⟨(3.5,4.1,5);0,1⟩
	科研成果满意度	⟨(5.5,7,8);1,0⟩	⟨(2.3,3.4,4.4);0,1⟩
	合作效果满意度	⟨(6.9,7.9,8.9);1,0⟩	⟨(5.3,6.4,7.3);0,1⟩
	主体形象建立	⟨(6,7.3,8.4);1,0⟩	⟨(3.6,5.1,6.3);0,1⟩
	隐性成本合理程度	⟨(7,7.9,8.9);1,0⟩	⟨(5.1,6.3,7.3);0,1⟩
	合作主体参与程度	⟨(6.1,7.6,8.3);1,0⟩	⟨(4.8,5.6,6.9);0,1⟩
管理层利益分配均衡	管理层薪酬公平性	⟨(6.6,7.9,8.9);1,0⟩	⟨(6.4,7.3,8.3);0,1⟩
	人力资本增值程度	⟨(6,7.3,8.4);1,0⟩	⟨(5.8,7.1,8.1);0,1⟩
	团队建设成功度	⟨(6.2,7.2,8.1);1,0⟩	⟨(5.1,6.4,7.3);0,1⟩
	项目质量	⟨(6.8,7.7,8.8);1,0⟩	⟨(6.5,7.6,8.3);0,1⟩
	资金使用情况	⟨(5.6,6.8,7.9);1,0⟩	⟨(3.7,4.8,6);0,1⟩
	项目进度	⟨(6.3,8.3,9);1,0⟩	⟨(6,7.8,8.5);0,1⟩

续表

各层次的均衡	准则 X	理想解 G^+	负理想解 G^-
执行层利益分配均衡	物质奖励公平性	$\langle(6.7,8,8.9);1,0\rangle$	$\langle(6.3,7.8,8.5);0,1\rangle$
	员工绩效达成度	$\langle(5,6.5,7.5);1,0\rangle$	$\langle(3,4.1,5.1);0,1\rangle$
	薪酬公平性	$\langle(7.5,8.5,9.1);1,0\rangle$	$\langle(6.5,7.8,8.7);0,1\rangle$
	科研环境满意度	$\langle(5.9,7.3,8.4);1,0\rangle$	$\langle(5,6.9,8);0,1\rangle$
	能积累经验、培育人力资本	$\langle(6.6,7.6,8.5);1,0\rangle$	$\langle(5.8,7.3,8.3);0,1\rangle$
	融洽的组织气氛	$\langle(5.9,7.8,8.5);1,0\rangle$	$\langle(5.8,6.9,8);0,1\rangle$

3. 确定指标最优权重系数

根据式（6-7）得出各合作主体在每项准则指标下与理想解和负理想解的距离以及相对距离，如表 6-15 所示。

表 6-15 海明距离

各层次的均衡	准则 X	合作主体 P_1		合作主体 P_2		合作主体 P_3	
		$D(P_{1j},G_j^+)$	$D(P_{1j},G_j^-)$	$D(P_{2j},G_j^+)$	$D(P_{2j},G_j^-)$	$D(P_{3j},G_j^+)$	$D(P_{3j},G_j^-)$
决策层利益分配均衡	风险分担公平性	3.86	3.58	2.62	4.81	3.42	4.02
	主体收获满意度	4.26	2.94	2.52	4.68	3.63	3.58
	科研成果满意度	4.65	2.19	2.39	4.44	2.75	4.08
	合作效果满意度	3.52	4.38	2.77	5.14	3.78	4.12
	主体形象建立	3.98	3.25	2.53	4.7	3.29	3.94
	隐性成本合理程度	2.78	5.16	3.25	4.05	2.56	4.75
	合作主体参与程度	3.59	3.75	2.78	4.55	2.57	4.77
管理层利益分配均衡	管理层薪酬公平性	3.03	4.77	2.8	5.01	2.34	5.46
	人力资本增值程度	2.58	4.66	1.95	5.25	2.52	4.68
	团队建设成功度	3.09	4.07	2.15	5.02	2.75	4.42
	项目质量	2.74	5.03	2.72	4.92	2.74	4.9
	资金使用情况	3.60	3.16	1.69	5.08	3.58	3.19
	项目进度	3.01	4.85	2.22	5.65	2.82	5.05
执行层利益分配均衡	物质奖励公平性	2.75	5.11	1.53	6.13	2.39	5.27
	员工绩效达成度	3.28	3.05	2.22	4.12	2.03	4.3
	薪酬公平性	3.34	5.03	2.93	5.44	3.28	5.09
	科研环境满意度	2.72	4.49	3.12	3.81	3.21	3.72
	能积累经验、培育人力资本	2.22	5.35	2.74	4.83	2.67	4.9
	融洽的组织气氛	2.61	4.79	2.55	4.68	2.73	4.51

根据式（6-18）求出每个指标下各合作主体与理想解的相对贴近度，如表6-16所示。

表 6-16　与理想解的相对贴近度

各层次的均衡	准则 X	相对贴近度		
		$\dfrac{D(P_{1j},G_j^+)}{D(P_{1j},G_j^+)+D(P_{1j},G_j^-)}$	$\dfrac{D(P_{2j},G_j^+)}{D(P_{2j},G_j^+)+D(P_{2j},G_j^-)}$	$\dfrac{D(P_{3j},G_j^+)}{D(P_{3j},G_j^+)+D(P_{3j},G_j^-)}$
决策层利益分配均衡	风险分担公平性	0.52	0.35	0.46
	主体收获满意度	0.59	0.35	0.50
	科研成果满意度	0.68	0.35	0.40
	合作效果满意度	0.45	0.35	0.48
	主体形象建立	0.55	0.35	0.46
	隐性成本合理程度	0.35	0.45	0.35
	合作主体参与程度	0.49	0.38	0.35
管理层利益分配均衡	管理层薪酬公平性	0.39	0.36	0.30
	人力资本增值程度	0.36	0.27	0.35
	团队建设成功度	0.43	0.30	0.38
	项目质量	0.35	0.36	0.36
	资金使用情况	0.53	0.25	0.53
	项目进度	0.38	0.28	0.36
执行层利益分配均衡	物质奖励公平性	0.35	0.20	0.31
	员工绩效达成度	0.52	0.35	0.32
	薪酬公平性	0.40	0.35	0.39
	科研环境满意度	0.38	0.45	0.46
	能积累经验、培育人力资本	0.29	0.36	0.35
	融洽的组织气氛	0.35	0.35	0.38

各准则的权重信息是不确定的，凭借专家经验，可将各准则的权重信息限制在一定的范围内。本节首先结合专家意见给出研发阶段各准则权重的取值范围，然后根据式（6-20）建立如下数学模型，最终求出权重。

$$\min Z = 0.5(1.33\omega_1 + 1.44\omega_2 + 1.43\omega_3 + 1.28\omega_4 + 1.36\omega_5 + 1.15\omega_6 + 1.22\omega_7 + 1.05\omega_8$$
$$+ 0.98\omega_9 + 1.11\omega_{10} + 1.07\omega_{11} + 1.31\omega_{12} + 1.02\omega_{13} + 0.86\omega_{14} + 1.19\omega_{15} + 1.14\omega_{16}$$
$$+ 1.29\omega_{17} + \omega_{18} + 1.08\omega_{19}) + 0.5(\omega_1 \ln \omega_1 + \omega_2 \ln \omega_2 + \omega_3 \ln \omega_3 + \omega_4 \ln \omega_4$$
$$+ \omega_5 \ln \omega_5 + \omega_6 \ln \omega_6 + \omega_7 \ln \omega_7 + \omega_8 \ln \omega_8 + \omega_9 \ln \omega_9 + \omega_{10} \ln \omega_{10} + \omega_{11} \ln \omega_{11}$$
$$+ \omega_{12} \ln \omega_{12} + \omega_{13} \ln \omega_{13} + \omega_{14} \ln \omega_{14} + \omega_{15} \ln \omega_{15} + \omega_{16} \ln \omega_{16} + \omega_{17} \ln \omega_{17}$$
$$+ \omega_{18} \ln \omega_{18} + \omega_{19} \ln \omega_{19})$$

$$\text{s.t.} \begin{cases} 0.06 \leqslant \omega_1 \leqslant 0.1; 0.1 \leqslant \omega_2 \leqslant 0.2; 0.05 \leqslant \omega_3 \leqslant 0.1; 0.04 \leqslant \omega_4 \leqslant 0.1; 0.04 \leqslant \omega_5 \leqslant 0.1 \\ 0.05 \leqslant \omega_6 \leqslant 0.1; 0.05 \leqslant \omega_7 \leqslant 0.1; 0.01 \leqslant \omega_8 \leqslant 0.1; 0.04 \leqslant \omega_9 \leqslant 0.1; 0.03 \leqslant \omega_{10} \leqslant 0.1 \\ 0.02 \leqslant \omega_{11} \leqslant 0.1; 0.02 \leqslant \omega_{12} \leqslant 0.1; 0.02 \leqslant \omega_{13} \leqslant 0.1; 0.03 \leqslant \omega_{14} \leqslant 0.1; 0.01 \leqslant \omega_{15} \leqslant 0.07 \\ 0.05 \leqslant \omega_{16} \leqslant 0.1; 0.01 \leqslant \omega_{17} \leqslant 0.1; 0.03 \leqslant \omega_{18} \leqslant 0.1; 0.01 \leqslant \omega_{19} \leqslant 0.04; \sum_{j=1}^{19} \omega_j = 1 \end{cases}$$

运用MATLAB求解上述方程,得出权重系数如下:

$$\omega = (0.060, 0.100, 0.050, 0.042, 0.040, 0.050, 0.050, 0.053, 0.057,$$
$$0.050, 0.052, 0.041, 0.055, 0.064, 0.046, 0.050, 0.042, 0.056, 0.040)^T$$

4. 排序得出评价结果

当平衡系数 $\gamma = 0.5$ 时,根据式(6-18)求得综合得分 $d_1 = 0.440$,$d_2 = 0.337$,$d_3 = 0.395$。

结合上述得出的综合得分,可以认为在研发阶段,三个合作主体与理想的利益分配均衡状态的相对贴近度排序为 $d_2 < d_3 < d_1$。

式(6-20)中的平衡系数 γ 的作用也不容忽视,同样可以影响排序结果。为了提高评价结果的准确率,在此选取如下平衡系数,并给出所有的排序结果,如表6-17所示。

表6-17 平衡系数对排序结果的影响

平衡系数	权重系数	排序结果
$\gamma = 0.1$	$\omega = (0.060, 0.100, 0.050, 0.049, 0.049, 0.050, 0.050, 0.050, 0.051,$ $0.050, 0.050, 0.049, 0.051, 0.051, 0.050, 0.050, 0.049, 0.051, 0.040)^T$	$d_2 < d_3 < d_1$
$\gamma = 0.2$	$\omega = (0.060, 0.100, 0.050, 0.048, 0.047, 0.050, 0.050, 0.051, 0.052,$ $0.050, 0.051, 0.048, 0.051, 0.053, 0.049, 0.050, 0.048, 0.052, 0.040)^T$	$d_2 < d_3 < d_1$
$\gamma = 0.3$	$\omega = (0.060, 0.100, 0.050, 0.047, 0.045, 0.050, 0.050, 0.052, 0.053,$ $0.050, 0.051, 0.046, 0.052, 0.056, 0.049, 0.050, 0.047, 0.053, 0.040)^T$	$d_2 < d_3 < d_1$
$\gamma = 0.4$	$\omega = (0.060, 0.100, 0.050, 0.045, 0.043, 0.050, 0.050, 0.052, 0.055,$ $0.050, 0.052, 0.044, 0.053, 0.059, 0.048, 0.050, 0.045, 0.054, 0.040)^T$	$d_2 < d_3 < d_1$
$\gamma = 0.5$	$\omega = (0.060, 0.100, 0.050, 0.042, 0.040, 0.050, 0.050, 0.053, 0.057,$ $0.050, 0.052, 0.041, 0.055, 0.064, 0.046, 0.050, 0.042, 0.056, 0.040)^T$	$d_2 < d_3 < d_1$
$\gamma = 0.6$	$\omega = (0.060, 0.100, 0.050, 0.040, 0.040, 0.050, 0.050, 0.054, 0.060,$ $0.049, 0.052, 0.037, 0.057, 0.072, 0.044, 0.050, 0.038, 0.058, 0.040)^T$	$d_2 < d_3 < d_1$

续表

平衡系数	权重系数	排序结果
$\gamma = 0.7$	$\omega = (0.060, 0.100, 0.050, 0.040, 0.040, 0.050, 0.050, 0.054, 0.064,$ $0.047, 0.052, 0.030, 0.058, 0.084, 0.039, 0.050, 0.031, 0.061, 0.040)^T$	$d_2 < d_3 < d_1$
$\gamma = 0.8$	$\omega = (0.060, 0.100, 0.050, 0.040, 0.040, 0.050, 0.050, 0.055, 0.072,$ $0.043, 0.050, 0.020, 0.062, 0.100, 0.031, 0.050, 0.021, 0.067, 0.040)^T$	$d_2 < d_3 < d_1$
$\gamma = 0.9$	$\omega = (0.060, 0.100, 0.050, 0.040, 0.040, 0.050, 0.050, 0.052, 0.098,$ $0.031, 0.044, 0.020, 0.069, 0.100, 0.015, 0.050, 0.010, 0.082, 0.040)^T$	$d_2 < d_3 < d_1$
$\gamma = 0.92$	$\omega = (0.060, 0.100, 0.050, 0.040, 0.040, 0.050, 0.050, 0.051, 0.100,$ $0.030, 0.041, 0.020, 0.072, 0.100, 0.010, 0.050, 0.010, 0.090, 0.036)^T$	$d_2 < d_3 < d_1$
$\gamma = 0.96$	$\omega = (0.060, 0.100, 0.050, 0.040, 0.040, 0.050, 0.050, 0.046, 0.100,$ $0.030, 0.028, 0.020, 0.094, 0.100, 0.010, 0.050, 0.010, 0.100, 0.022)^T$	$d_2 < d_3 < d_1$

由表 6-17 可知，在不同的平衡系数下，排序结果不会改变。因此，在本次合作的研发阶段，集团 P_2 的利益要求实现程度最好也最接近理想的利益分配均衡状态，研发公司 P_3 其次，高校 P_1 最差。

6.4.3 结果分析与相关建议

1. 结果分析与应用

1）结果分析

通过对上述案例的评价，从总体排序来看，处于协同创新的研发阶段，每个合作主体与理想的利益分配均衡状态的总体贴近度为 $d_2 < d_3 < d_1$，即集团 P_2 的利益要求的实现程度较高，研发公司 P_3 其次，高校 P_1 最差。各合作主体的相对贴近度有好有差，因此判定在协同创新研发阶段总体上还存在利益失衡的状态。

从合作主体内部来看，计算不同平衡系数下各层次的利益分配均衡相对贴近度，具体结果如表 6-18 所示。

表 6-18 各层次利益分配均衡相对贴近度

平衡系数	决策层利益分配均衡相对贴近度	管理层利益分配均衡相对贴近度	执行层利益分配均衡相对贴近度
$\gamma = 0.1$	$d'_1 = 0.523, d'_2 = 0.366, d'_3 = 0.439$	$d''_1 = 0.404, d''_2 = 0.305, d''_3 = 0.376$	$d'''_1 = 0.379, d'''_2 = 0.341, d'''_3 = 0.369$
$\gamma = 0.2$	$d'_1 = 0.523, d'_2 = 0.366, d'_3 = 0.439$	$d''_1 = 0.403, d''_2 = 0.305, d''_3 = 0.375$	$d'''_1 = 0.378, d'''_2 = 0.340, d'''_3 = 0.368$
$\gamma = 0.3$	$d'_1 = 0.523, d'_2 = 0.366, d'_3 = 0.438$	$d''_1 = 0.402, d''_2 = 0.305, d''_3 = 0.374$	$d'''_1 = 0.377, d'''_2 = 0.338, d'''_3 = 0.367$
$\gamma = 0.4$	$d'_1 = 0.523, d'_2 = 0.366, d'_3 = 0.438$	$d''_1 = 0.401, d''_2 = 0.305, d''_3 = 0.373$	$d'''_1 = 0.376, d'''_2 = 0.336, d'''_3 = 0.366$
$\gamma = 0.5$	$d'_1 = 0.524, d'_2 = 0.366, d'_3 = 0.438$	$d''_1 = 0.399, d''_2 = 0.306, d''_3 = 0.371$	$d'''_1 = 0.374, d'''_2 = 0.332, d'''_3 = 0.365$
$\gamma = 0.6$	$d'_1 = 0.524, d'_2 = 0.366, d'_3 = 0.437$	$d''_1 = 0.397, d''_2 = 0.306, d''_3 = 0.368$	$d'''_1 = 0.372, d'''_2 = 0.327, d'''_3 = 0.362$
$\gamma = 0.7$	$d'_1 = 0.524, d'_2 = 0.366, d'_3 = 0.437$	$d''_1 = 0.394, d''_2 = 0.307, d''_3 = 0.365$	$d'''_1 = 0.369, d'''_2 = 0.320, d'''_3 = 0.358$

续表

平衡系数	决策层利益分配均衡相对贴近度	管理层利益分配均衡相对贴近度	执行层利益分配均衡相对贴近度
$\gamma = 0.8$	$d_1' = 0.524, d_2' = 0.366, d_3' = 0.437$	$d_1'' = 0.388, d_2'' = 0.307, d_3'' = 0.359$	$d_1''' = 0.363, d_2''' = 0.310, d_3''' = 0.354$
$\gamma = 0.9$	$d_1' = 0.524, d_2' = 0.366, d_3' = 0.437$	$d_1'' = 0.385, d_2'' = 0.302, d_3'' = 0.358$	$d_1''' = 0.352, d_2''' = 0.306, d_3''' = 0.351$
$\gamma = 0.92$	$d_1' = 0.524, d_2' = 0.366, d_3' = 0.437$	$d_1'' = 0.385, d_2'' = 0.301, d_3'' = 0.358$	$d_1''' = 0.348, d_2''' = 0.306, d_3''' = 0.351$
$\gamma = 0.96$	$d_1' = 0.524, d_2' = 0.366, d_3' = 0.437$	$d_1'' = 0.386, d_2'' = 0.297, d_3'' = 0.359$	$d_1''' = 0.346, d_2''' = 0.306, d_3''' = 0.350$
结果	$d_2' < d_3' < d_1'$	$d_2'' < d_3'' < d_1''$	$d_2''' < d_3''' < d_1'''$

三个合作主体各层次比较结果为：决策层与理想的利益分配均衡状态的总体贴近度排序为 $d_2' < d_3' < d_1'$，管理层与理想的利益分配均衡状态的总体贴近度排序为 $d_2'' < d_3'' < d_1''$，执行层与理想的利益分配均衡状态的总体贴近度排序为 $d_2''' < d_3''' < d_1'''$。由此可知，在研发阶段，集团 P_2 的决策层、管理层和执行层的利益要求都得到了很好的实现，而且每个层次目前的状态与理想的利益分配均衡状态最接近。

因此，在本次由高校 P_1、集团 P_2 和研发公司 P_3 联合开展的协同创新项目的研发阶段中，集团 P_2 不论是在总体上还是决策层、管理层和执行层三个层面上的利益要求都得到很好的满足。集团 P_2 最贴近理想的利益分配均衡状态，而高校 P_1 和研发公司 P_3 则较偏离利益分配均衡状态，特别是高校 P_1 与利益分配均衡状态的偏离最大。在本次协同创新项目开展的研发阶段中，各合作主体与理想利益分配均衡状态的相对贴近度差距过大，总体上还未达到利益分配均衡状态，势必会对下一步合作的开展带来阻碍。

2）结果应用

上述评价结果在研发阶段为三个合作主体（高校 P_1、集团 P_2 和研发公司 P_3）判断自身是否达到利益分配均衡提供依据。由以上结果可知，此时三个合作主体各自与理想的利益分配均衡状态的相对贴近度的差异很大。因此，在研发阶段，当高校 P_1 和研发公司 P_3 对目前状态不满意，并且提出谈判要求和调整要求时，可以根据本评价结果制定应急方案和调整方案。

此时要具体到每个准则层来看，通过表 6-18 中数据可知每个合作主体在具体指标下与理想解的相对贴近度，易知该相对贴近度越小，该合作主体该利益要求的实现程度越大，即该合作主体该准则下越接近均衡状态。为使各合作主体间的评价结果更加接近，应着重考虑合作主体相对贴近度差别最大的准则。原因是相对贴近度差别大代表合作主体之间的争议最大，存在调整空间。例如，在研发阶段中的风险分担公平性、科研成果满意度都属于争议较大的准则，而项目质量就属于争议较小的准则。因此，在研发阶段制定调整方案时应侧重于调整风险分担公平性、科研成果满意度等。有目的和有选择地调整方案，保证协同创新项目的开展更趋近于利益分配均衡状态。

经过对表 6-18 中相对贴近度的分析，可以确定调整方案从以下方面制定：风险分担公平性、主体收获满意度、科研成果满意度、主体形象建立、资金使用情况和物质奖励公平性。对于调整后的评价结果，需要专家就上述方面再进行一次评价，最终通过对比前后两次的评价结果，确认在研发阶段中的利益分配均衡状态是否达到。专家就调整后的评价结果进行评价的算术平均决策矩阵转置矩阵如表 6-19 所示。

表 6-19 调整后专家的算术平均决策矩阵转置矩阵

各层次的均衡	准则	合作主体		
		P_1	P_2	P_3
决策层利益分配均衡	风险分担公平性	⟨(6.3,7.4,8.3);0.8,0.1⟩	⟨(6.2,7.5,8.5);0.8,0.1⟩	⟨(6.3,7.6,8.3);0.7,0.1⟩
	主体收获满意度	⟨(6,7.4,8.1);0.8,0.1⟩	⟨(6.1,7.3,8.2);0.7,0.1⟩	⟨(6.1,7.2,8.4);0.7,0.2⟩
	科研成果满意度	⟨(5.4,7.1,7.9);0.7,0.1⟩	⟨(5.5,7,8);0.8,0.1⟩	⟨(5.5,7.1,8.1);0.7,0.2⟩
	合作效果满意度	⟨(5.6,6.8,7.8);0.6,0.3⟩	⟨(6.9,7.9,8.9);0.6,0.3⟩	⟨(5.3,6.4,7.3);0.6,0.3⟩
	主体形象建立	⟨(6.2,7.4,8.3);0.7,0.2⟩	⟨(6.3,7.3,8.4);0.8,0.1⟩	⟨(6,7.5,8.5);0.7,0.2⟩
	隐性成本合理程度	⟨(7,7.9,8.9);0.6,0.3⟩	⟨(5.1,6.3,7.3);0.6,0.3⟩	⟨(6,7.4,8.5);0.6,0.3⟩
	合作主体参与程度	⟨(4.8,5.6,6.9);0.6,0.3⟩	⟨(6,7,8);0.6,0.3⟩	⟨(6.1,7.6,8.3);0.6,0.3⟩
管理层利益分配均衡	管理层薪酬公平性	⟨(6.4,7.3,8.3);0.6,0.2⟩	⟨(6.4,7.9,8.8);0.6,0.2⟩	⟨(6.6,7.9,8.9);0.6,0.2⟩
	人力资本增值程度	⟨(5.8,7.3,8.4);0.6,0.3⟩	⟨(5.8,7.1,8.1);0.7,0.2⟩	⟨(6,7.3,8.3);0.6,0.3⟩
	团队建设成功度	⟨(5.1,6.4,7.3);0.6,0.3⟩	⟨(6.2,7.2,8.1);0.6,0.2⟩	⟨(5.6,6.9,7.9);0.6,0.3⟩
	项目质量	⟨(6.7,7.7,8.8);0.6,0.3⟩	⟨(6.8,7.6,8.3);0.6,0.2⟩	⟨(6.5,7.6,8.5);0.6,0.2⟩
	资金使用情况	⟨(6.1,6.9,8.2);0.8,0.1⟩	⟨(6,7,8);0.7,0.2⟩	⟨(6,7.2,8.2);0.7,0.1⟩
	项目进度	⟨(6.1,7.8,8.5);0.6,0.3⟩	⟨(6.3,7.8,8.5);0.7,0.2⟩	⟨(6,8.3,9);0.6,0.3⟩
执行层利益分配均衡	物质奖励公平性	⟨(6.7,7.9,8.4);0.7,0.2⟩	⟨(6.5,7.8,8.5);0.7,0.1⟩	⟨(6.4,7.8,8.5);0.7,0.2⟩
	员工绩效达成度	⟨(3,4.1,5.1);0.7,0.2⟩	⟨(5,6.5,7.5);0.6,0.3⟩	⟨(4.4,6,6.8);0.7,0.2⟩
	薪酬公平性	⟨(6.5,7.8,8.9);0.6,0.3⟩	⟨(7.5,8.5,9.1);0.6,0.3⟩	⟨(6.8,8,8.7);0.6,0.3⟩
	科研环境满意度	⟨(5,7.3,8.3);0.6,0.3⟩	⟨(5.9,6.9,7.8);0.5,0.4⟩	⟨(5.5,6.8,8);0.5,0.4⟩
	能积累经验、培育人力资本	⟨(5.8,7.3,8.3);0.7,0.2⟩	⟨(6.4,7.6,8.3);0.6,0.3⟩	⟨(6.6,7.5,8.5);0.6,0.3⟩
	融洽的组织气氛	⟨(5.8,7.8,8.5);0.6,0.3⟩	⟨(5.8,7.3,8.5);0.6,0.3⟩	⟨(5.9,6.9,8);0.6,0.3⟩

具体评价过程同 6.4.2 节，调整前后的评价结果如表 6-20 所示。

表 6-20 调整前后评价结果对比

平衡系数	评价结果					
	P_1		P_2		P_3	
	调整前	调整后	调整前	调整后	调整前	调整后
$\gamma = 0.1$	$d_1 = 0.445$	$d_1 = 0.321$	$d_2 = 0.340$	$d_2 = 0.296$	$d_3 = 0.399$	$d_3 = 0.325$
$\gamma = 0.2$	$d_1 = 0.444$	$d_1 = 0.319$	$d_2 = 0.339$	$d_2 = 0.295$	$d_3 = 0.399$	$d_3 = 0.323$
$\gamma = 0.3$	$d_1 = 0.443$	$d_1 = 0.316$	$d_2 = 0.339$	$d_2 = 0.293$	$d_3 = 0.398$	$d_3 = 0.321$
$\gamma = 0.4$	$d_1 = 0.442$	$d_1 = 0.312$	$d_2 = 0.338$	$d_2 = 0.290$	$d_3 = 0.397$	$d_3 = 0.318$
$\gamma = 0.5$	$d_1 = 0.440$	$d_1 = 0.307$	$d_2 = 0.337$	$d_2 = 0.286$	$d_3 = 0.395$	$d_3 = 0.315$
$\gamma = 0.6$	$d_1 = 0.439$	$d_1 = 0.300$	$d_2 = 0.336$	$d_2 = 0.279$	$d_3 = 0.393$	$d_3 = 0.310$
$\gamma = 0.7$	$d_1 = 0.436$	$d_1 = 0.289$	$d_2 = 0.334$	$d_2 = 0.270$	$d_3 = 0.391$	$d_3 = 0.302$
$\gamma = 0.8$	$d_1 = 0.432$	$d_1 = 0.276$	$d_2 = 0.331$	$d_2 = 0.259$	$d_3 = 0.387$	$d_3 = 0.294$
$\gamma = 0.9$	$d_1 = 0.428$	$d_1 = 0.270$	$d_2 = 0.328$	$d_2 = 0.256$	$d_3 = 0.386$	$d_3 = 0.292$
$\gamma = 0.92$	$d_1 = 0.427$	$d_1 = 0.269$	$d_2 = 0.328$	$d_2 = 0.256$	$d_3 = 0.386$	$d_3 = 0.292$
$\gamma = 0.96$	$d_1 = 0.427$	$d_1 = 0.266$	$d_2 = 0.328$	$d_2 = 0.257$	$d_3 = 0.386$	$d_3 = 0.292$

通过表 6-20 中的对比结果可知，在经过对应调整方案调整之后，合作主体 P_1、P_2 和 P_3 相较之前的评价结果都变得更小。这表明调整方案取得了效果，每个合作主体更加贴近理想的利益分配均衡状态。此外，各合作主体之间与理想利益分配均衡状态的相对贴近度的差异也变得更小。虽然未能达到三者严格意义上相等的状态，但是已经十分接近均衡状态。总之，相较于之前的状态，此时三个合作主体间的争议达到各自可以接受的范围，达到了三方认可的利益分配均衡状态，经历过上述过程也更加接近于理想的利益分配均衡状态。

另外，小试中试阶段和产业化阶段的评价是重复研发阶段的评价过程，在小试中试阶段和产业化阶段评价完成之后也得出类似的结论，同样可以作为本阶段利益分配均衡的依据，从而定位利益失衡点和关键指标。引导合作主体围绕关键失衡问题开展新一轮的交流会议，并出台新的措施和制定新的合同条款，同时在保证既得利益的情形下提高劣势合作主体的利益要求实现程度以达到共赢的目的。

2. 相关对策建议

利益分配均衡的评价对协同创新项目目前各合作主体的利益状态起到指示的作用。真正的利益分配均衡状态是一个动态的过程，只能通过对在利益状态的动态判定，进行合理的磋商和干预，来防止利益分配均衡状态的打破，从而使协同创新项目合作主体目标一致，提高各合作主体科研攻关的积极性。同时，本节提出保障协同创新利益分配均衡的建议，一方面以利益分配均衡的评价结果作为调节参考；另一方面要规范协同创新项目进程，切实维护好各合作主体的利益。

（1）建立一套标准化检查流程。要保证协同创新项目的顺利开展就要时刻关注各合作主体目前利益要求的实现程度。在合作过程中，必须实现任意的合作主体都可以通过一定的途径来掌握此信息。一套切实可行的检查流程一方面可以为合作主体在利益受到侵害时提供规范的行动依据，有效地避免盲目行动，保障合作主体的行动效率；另一方面能有效缓解矛盾，将合作主体脱离联盟以至于合作失败的风险降到最低。

（2）强化对弱势群体的保护机制。协同创新项目合作主体的组织架构中，每个层次都是协同创新项目的参与者，其各自利益要求的实现程度都会影响合作主体的利益分配均衡。但是，目前协同创新项目的利益关注点往往集中在组织架构的高级层次，较低层次（如研发人员、员工）往往被忽略。加强对这部分弱势群体的利益要求的保护机制，可以有效避免合作陷入困境，保持平衡治理，从而确保利益分配均衡。

（3）联合设立专门的调节机构。利益分配均衡是一个动态的过程，要确保均衡措施的实施、做到对利益要求实现状况的监控并及时处理失衡危机和进行利益协同，设立相关的调节机构则显得尤为重要。协同创新利益分配均衡是一种理想化的状态。在现实的协同创新项目中，任何合作主体都会处于利益失衡的状态，因此需要设计这种专门的调节机构，及时考察各合作主体利益要求实现状态，及时反馈给高层管理人员。这样可以尽早对失衡状态进行预警，在恰当的时机处理利益失衡危机，做到防患于未然。

第 7 章 政府促进协同创新项目利益分配动态均衡的模式及政策研究

7.1 协同创新政策系统分析

7.1.1 高校科技协同创新政策

《中共中央 国务院关于深化科技体制改革加快国家创新体系建设的意见》（中发〔2012〕6号）指出："强化产学研用紧密结合，促进科技资源开放共享，各类创新主体协同合作，提升国家创新体系整体效能……充分发挥高等学校的基础和生力军作用。落实和扩大高等学校办学自主权。根据经济社会发展需要和学科专业优势，明确各类高等学校定位，突出办学特色，建立以服务需求和提升创新能力为导向的科技评价和科技服务体系。高等学校对学科专业实行动态调整，大力推动与产业需求相结合的人才培养，促进交叉学科发展，全面提高人才培养质量。发挥高等学校学科人才优势，在基础研究和前沿技术领域取得原创性突破。"《中共江苏省委、江苏省人民政府关于加快企业为主体市场为导向产学研相结合技术创新体系建设的意见》（苏发〔2012〕17号）指出："扩大产学研联合创新资金规模，推动企业介入高校院所早期研发活动。鼓励高校院所进入科技园区共建新型研发机构，探索市场化运行管理模式，开展技术研发、企业孵化、人才培养等活动。"《中共广东省委、广东省人民政府关于全面深化科技体制改革加快创新驱动发展的决定》（粤发〔2014〕12号）指出："完善高等学校和科研机构创新保障机制……深入实施高等学校创新能力提升计划，加强高等学校重点实验室、工程研究中心、国际合作平台、专业性研究院等创新平台建设，争取创建高等教育协同创新示范省。"《关于促进高校和科研院所协同创新和成果产业化的若干政策（试行）》（济人才发〔2017〕7号）指出："支持高校院所组建国家级和省级科技创新基地以及一流学科""支持高校院所单独或联合设立科技成果转移转化机构""支持高校院所自主培养创新团队"。从相关政策来看，中央、省级和市级政策对高校的地位有明确的规定，而县级政策反映较少，这与高校分布和归属管理有关。

7.1.2 科技协同创新经费管理政策

《中共中央 国务院关于深化科技体制改革加快国家创新体系建设的意见》（中发〔2012〕6号）指出："完善科技经费管理制度。健全竞争性经费和稳定支持经费相协调的投入机制，优化基础研究、应用研究、试验发展和成果转化的经费投入结构。完善科研课题间接成本补偿机制。建立健全符合科研规律的科技项目经费管理机制和审计方式，增加项目承担单位预算调整权限，提高经费使用自主权。"《中共江西省委 江西省人民政府关于大力推进科技协同创新的决定》（赣发〔2012〕12号）指出："完善和落实财税扶持政策。充分发挥财政资金的引导作用，通过财政直接投入、税收优惠等多种财政投入方式，增强政府投入调动全社会科技资源配置的能力，引导企业和全社会的科技投入，加快形成多元化、多层次、多渠道的科技投入体系。"《北京市人民政府办公厅关于印发加快推进高等学校科技成果转化和科技协同创新若干意见（试行）的通知》（京政办发〔2014〕3号）指出："加大对高等学校产学研用合作的经费支持力度。根据高等学校的实际需求，进一步加大市级财政性高等教育经费中高等学校科研经费的规模和比例，重点支持高等学校与企业通过联合共建产业技术创新战略联盟、新型产业技术研究院和产业创新园等形式，合作开展科技研发和成果转化"。《关于促进高校和科研院所协同创新和成果产业化的若干政策（试行）》（济人才发〔2017〕7号）指出："支持高校院所引进国内知名高校院所教育研发和成果转化机构以及创新团队。引导支持高校院所充分利用现有资源，引进国内知名高校院所来济建立分院或共建二级学院等，分别最高补助3000万元。"从上述政策中可以看出，中央政府、各省市都增加了科技创新经费的支持，经济发达地区的支持力度更大。

7.1.3 协同创新评价制度管理政策

《中共中央 国务院关于深化科技体制改革加快国家创新体系建设的意见》（中发〔2012〕6号）指出："根据不同类型科技活动特点，注重科技创新质量和实际贡献，制定导向明确、激励约束并重的评价标准和方法……建立评价专家责任制度和信息公开制度。开展科技项目标准化评价和重大成果产出导向的科技评价试点，完善国家科技重大专项监督评估制度。加强对科技项目决策、实施、成果转化的后评估。发挥科技社团在科技评价中的作用。"《中共江苏省委、江苏省人民政府关于加快企业为主体市场为导向产学研相结合技术创新体系建设的意见》（苏发〔2012〕17 号）指出："建立面向应用需求的科技评价制度。建立企业创新发展指数评价体系。制定高校院所服务社会绩效评估制度以及科研人员评价考核办法，改变片面将论文数量、项目和经费数量、专利数量等与科研人员评价和晋升直接挂钩的做法，形成以服务需求和提升创新能力为导向的科技评价体系。"《吉林省人民政府关于印发在长春市建立产学研协同创新机制试点工作实施方案的通知》（吉政发〔2014〕49 号）指出："协同在长高校院所推进科技人员分类评价改革，建立以创新质量和实际贡献为导向的科技人才评价标准。"《国务院关于印发实施〈中华人民共和国促进科技成果转化法〉若干规定的通知》（国发〔2016〕16 号）指出："研究开发机构、高等院校的主管部门以及财政、科技等相关部门，在对单位进行绩效考评时应当将科技成果转化的情况作为评价指标之一。"《关于促进高校和科研院所协同创新和成果产业化的若干政策（试行）》（济人才发〔2017〕7 号）指出："鼓励各县区等吸引国内外知名高校院所在我市新设立具有独立法人资格的高层次研发机构和成果转移转化机构，并引入核心技术、配置核心研发团队，视年度科技招商的总规模和成效等情况对县区等进行考评"。正如上述政策所述，各级政府高度重视评价结果的执行，并将评价结果与项目立项、经费分配和信用管理紧密结合。

7.1.4　协同创新人员激励制度政策

《中共中央　国务院关于深化科技体制改革加快国家创新体系建设的意见》（中发〔2012〕6 号）指出："统筹各类创新人才发展和完善人才激励制度。深入实施重大人才工程和政策，培养造就世界水平的科学家、科技领军人才、卓越工程师和高水平创新团队。改进和完善院士制度。大力引进海外优秀人才特别是顶尖人才，支持归国留学人员创新创业。加强科研生产一线高层次专业技术人才和高技能人才培养。"《广东省人民政府关于加快科技创新的若干政策意见》（粤府〔2015〕1 号）指出："完善高等学校、科研机构科技成果转换个人奖励约定政策。高等学校、科研机构转化科技成果以股份或出资比例等股权形式给予个人奖励约定，可以进行股权确认。财政、国有资产管理、知识产权、工商、监察等部门对上述约定的股权奖励和确认应当予以承认，并全面落实国有资产确权、国有资产变更、知识产权、注册登记等相关事项。"《北京市人民政府办公厅关于印发加快推进高等学校科技成果转化和科技协同创新若干意见（试行）的通知》（京政办发〔2014〕3号）指出："高等学校科技成果转化所获收益可按不少于70%的比例，用于对科技成果完成人和为科技成果转化作出重要贡献的人员进行奖励，支持高等学校科学研究、成果转化和教育教学工作。"《吉林省人民政府关于印发在长春市建立产学研协同创新机制试点工作实施方案的通知》（吉政发〔2014〕49号）指出："建立科技人才创新创业激励机制，鼓励企业通过股权激励、期权激励、分红激励、奖励等措施激励做出贡献的科技人员和高技能人才。"《国务院关于印发实施〈中华人民共和国促进科技成果转化法〉若干规定的通知》（国发〔2016〕16号）指出："国家设立的研究开发机构、高等院校科技人员在履行岗位职责、完成本职工作的前提下，经征得单位同意，可以兼职到企业等从事科技成果转化活动，或者离岗创业"。《关于促进高校和科研院所协同创新和成果产业化的若干政策（试行）》（济人才发〔2017〕7号）指出："支持高校院所科技人员和高校学生到各类科技园区创办、领办科技型企业，或者高校院所为推动职务发明成果转移转化，以单位资产、资金创办的科技型企业，符合规定的企业可领取最高30万元的科技创业企业创新券。"可以说，各级政府对科研人员给予了极大的奖励，并切实鼓励科研人员坚守岗位、积极创新，充分发挥他们的才能。

7.1.5　促进科技成果转化相关政策

《国务院关于印发实施〈中华人民共和国促进科技成果转化法〉若干规定的通知》（国发〔2016〕16号）指出："国家鼓励研究开发机构、高等院校通过转让、许可或者作价投资等方式，向企业或者其他组织转移科技成果。"《广东省人民政府关于加快科技创新的若干政策意见》（粤府〔2015〕1号）指出："将专利创造、标准制定及成果转化作为职称评审的重要依据之一。科技人员参与职称评审与岗位考核时，发明专利转化应用情况与论文指标要求同等对待，技术转让成交额与纵向课题指标要求同等对待。"《北京市人民政府办公厅关于印发加快推进高等学校科技成果转化和科技协同创新若干意见（试行）的通知》（京政办发〔2014〕3号）指出："鼓励在高等学校设立科技成果转化岗位。可在高等学校新设科技成果转化岗位，该岗位以科技人员实施科技成果转化的工作绩效为主要指标进行考核，并在人员编制、落户等方面给予支持。"《中共江西省委　江西省人民政府关于大力推进科技协同创新的决定》（赣发〔2012〕12号）指出："鼓励企业聘用高层次科技人才和培养优秀科技人才，并给予政策支持。"《萍乡市人民政府关于深化科技体制改革加强科技协同创新，提升产业和企业创新能力的实施意见》(萍府发〔2014〕9号)指出:"鼓励科技人员和大学毕业生到企业从事科技创新工作,鼓励人才在企业和高校、科研院所之间双向流动,支持科技人员到企业开展技术创新活动。对高校、科研单位现有高层次专业技术人才到企业从事科技开发的,经所在单位同意,其人事关系3年内可保留在原单位,期间停发工资,档案工资按国家规定增加。"各级政府不仅奖励科学技术人员,而且扶持新型研发机构的发展。《北京市人民政府办公厅关于印发加快推进高等学校科技成果转化和科技协同创新若干意见(试行)的通知》(京政办发〔2014〕3号)指出:"支持高等学校校际之间以及与企业、科研机构共同建立协同创新中心,联合开展科研项目攻关和科技成果转化。"《广东省人民政府关于加快科技创新的若干政策意见》(粤府〔2015〕1号)指出:"新型研发机构在政府项目承担、职称评审、人才引进、建设用地、投融资等方面可享受国有科研机构待遇。"《吉林省人民政府关于印发在长春市建立产学研协同创新机制试点工作实施方案的通知》(吉政发〔2014〕49号)指出:"建设长东北科技创新中心。进一步集约创新资源,集聚创新要素,使其成为引导和带动长吉图开发开放先导区发展的自主创新核心区、科技创新辐射源、产业发展引导区。"《关于促进高校和科研院所协同创新和成果产业化的若干政策(试行)》(济人才发〔2017〕7号)指出:"支持高校院所及社会中介机构科技成果转化。鼓励高校院所完善科研人员的股权、期权及分红激励机制,依法完善科技成果、知识产权归属和利益分享机制。鼓励企业与高等院校、科研院所、科研人员以股权为纽带,建立长期稳定的合作关系"。从上述政策中可以看出,中央政府、各省市都增加了促进科技成果转化相关政策。

7.2 协同创新项目合作博弈与政府干预仿真分析

为了使政府有效促进合作主体的协同创新,有必要确定协同创新项目的影响因素,并确定作用路径,以促进其合作。国外研究人员对协同创新项目的研究主要在于利益分配、合作模式、政策建议和内部机制等。国内研究人员主要侧重于内涵、理论基础、动力、机制、问题和对策等方面的研究,除了为数不多的研究(陈劲等,2014)外,对协同创新项目合作主体的影响因素及作用路径的研究相对较少。这些文献以传统的静态博弈理论为基础,以各合作主体完全理性、博弈占据完全信息为假设,为本节提供了充分的理论参考。本节基于动态演化博弈理论,假设合作主体的理性有限,并采用复制动态研究方法系统地预测和分析合作主体的群体行为，即主要研究各合作主体在整个博弈过程中不断搜集信息、吸收新知识后，根据不断变化的情况为寻求最优而做出动态的策略调整，分析政府干预下产学研群体合作的影响因素，并通过构建系统动力学模型，进行仿真分析，着眼于现有研究所缺乏的领域。

7.2.1　无政府干预下协同创新项目合作博弈仿真分析

1. 演化博弈分析框架

假设企业群体、高校和科研机构群体分别为博弈方 1 和博弈方 2，双方以创造产品为目标而开展协同创新项目。双方都是有限理性的且具有学习模仿能力，能通过对比同类主体收益策略来调整自己的策略，以达到最佳效果。博弈方 1 和博弈方 2 都只有两种行为选择，即两个博弈方的策略组合均为{合作，不合作}，双方的合作必须以契约的方式进行，契约中将会规定相应的成本和利益分配方案。

1）企业群体的相关损益

企业群体以 $x(0 \leqslant x \leqslant 1)$ 的概率选择"合作"策略，则选择"不合作"策略的概率为 $1-x$。当企业群体采取"不合作"策略并不将资源投资于研发时，他们只能获得正常水平的基本收入 π_1；当企业群体依靠自己的资源进行独立研究和开发时，他们可以获得额外的好处 $\Delta\pi_3$；但是，如果企业群体中途违约，而高校和科研机构群体继续履行合同，其必须按照协议和项目总投资的一定比例赔偿高校和科研机构群体的违约金 αC。

2）高校和科研机构群体的相关损益

高校和科研机构群体以 $y(0 \leqslant y \leqslant 1)$ 的概率选择"合作"策略，则选择"不合作"策略的概率为 $1-y$。当高校和科研机构群体采取"不合作"策略并不将资源投入研发时，他们只能获得正常水平的基本收入 π_2；当高校和科研机构群体依靠自己的资源进行研究和开发时，他们可以获得额外的好处 $\Delta\pi_4$；但是，如果高校和科研机构群体中途违约，而企业群体仍继续履行合同，其必须按照协议和项目总投资的一定比例赔偿企业群体的违约金 $\alpha(1-C)$。

3）博弈双方的相关损益

当博弈双方根据合同的规定合作时，假设协同创新项目的总投入为 C，博弈双方分别以 θ、$1-\theta$ 的比例分担成本，那么双方承担的成本分别为 θC、$(1-\theta)C$；如果项目成功，最终会产生额外收入 $\Delta\pi_5$，如果双方按照事先约定的比例 λ、$1-\lambda$ 分配收益，额外收入将分别为 $\lambda\Delta\pi_5$、$(1-\lambda)\Delta\pi_5$。

根据以上分析得到协同创新项目参与双方合作行为的收益矩阵，如表 7-1 所示。

表 7-1 协同创新项目参与的双方合作行为的收益矩阵

参与双方		高校和科研机构群体	
		合作 y	不合作 $1-y$
企业群体	合作 x	$\pi_1+\lambda\Delta\pi_5-\theta C$，$\pi_2+(1-\lambda)\Delta\pi_5-(1-\theta)C$	$\pi_1-\theta C+\alpha C$，$\pi_2+\Delta\pi_4-(1-\theta)C-\alpha C$
	不合作 $1-x$	$\pi_1+\Delta\pi_3-\theta C-\alpha C$，$\pi_2-(1-\theta)C+\alpha C$	π_1，π_2

2. 企业群体与高校和科研机构群体演化博弈分析

根据表 7-1 所示的收益矩阵，易知企业群体采取"合作""不合作"策略的期望收益以及企业群体的成员平均期望收益分别为 v_{11}、v_{12} 和 $\overline{V_1}$，即

$$v_{11}=y(\pi_1+\lambda\Delta\pi_5-\theta C)+(1-y)(\pi_1-\theta C+\alpha C)$$
$$v_{12}=y(\pi_1+\Delta\pi_3-\theta C-\alpha C)+(1-y)\pi_1 \qquad (7-1)$$
$$\overline{V_1}=xv_{11}+(1-x)v_{12}$$

高校和科研机构群体采取"合作""不合作"策略的期望收益以及高校和科研机构群体的成员平均期望收益分别为 v_{21}、v_{22} 和 $\overline{V_2}$，即

$$v_{21}=x\left[\pi_2+(1-\lambda)\Delta\pi_5-(1-\theta)C\right]+(1-x)\left[\pi_2-(1-\theta)C+\alpha C\right]$$
$$v_{22}=x\left[\pi_2+\Delta\pi_4-(1-\theta)C-\alpha C\right]+(1-x)\pi_2 \qquad (7-2)$$
$$\overline{V_2}=yv_{21}+(1-y)v_{22}$$

运用以下两个微分方程所组成的演化动力系统来演示企业群体与高校和科研机构群体之间的博弈过程：

$$F(x)=\frac{dx}{dt}=x(v_{11}-\overline{V_1})=x(1-x)\left[(\lambda\Delta\pi_5+\theta C-\Delta\pi_3)y-(\theta-\alpha)C\right]$$
$$F(y)=\frac{dy}{dt}=y(v_{21}-\overline{V_2})=y(1-y)\left\{\left[(1-\lambda)\Delta\pi_5+(1-\theta)C-\Delta\pi_4\right]x-\left[(1-\theta)-\alpha\right]C\right\}$$
$$(7-3)$$

令 $\dfrac{dx}{dt}=0$，$\dfrac{dy}{dt}=0$，并进行局部均衡性分析，可得五个系统均衡点 $(0,0)$、$(0,1)$、$(1,0)$、$(1,1)$、(x^*,y^*)。其中，

$$x^*=\frac{(1-\theta-\alpha)C}{(1-\lambda)\Delta\pi_5+(1-\theta)C-\Delta\pi_4}$$
$$y^*=\frac{(\theta-\alpha)C}{\lambda\Delta\pi_5+\theta C-\Delta\pi_3}$$

且 $0\leqslant x^*\leqslant 1$，$0\leqslant y^*\leqslant 1$。

利用雅可比矩阵的稳定性分析方法可以得到上述系统的均衡点，分别对 $\dfrac{\mathrm{d}x}{\mathrm{d}t}$ 和 $\dfrac{\mathrm{d}y}{\mathrm{d}t}$ 关于 x 和 y 求偏导数，可得雅克比矩阵 J：

$$J = \begin{bmatrix} \dfrac{\partial F(x)}{\partial x} & \dfrac{\partial F(x)}{\partial y} \\ \dfrac{\partial F(y)}{\partial x} & \dfrac{\partial F(y)}{\partial y} \end{bmatrix} = \begin{bmatrix} a_{11} & a_{12} \\ a_{21} & a_{22} \end{bmatrix} \qquad (7\text{-}4)$$

雅克比矩阵的稳定性判定原则如下：如果局部均衡点满足 $\det J > 0$ 且 $\text{tr} J < 0$ 这两个条件，就能组成系统演化的稳定策略（evolutionary stable strategy，ESS），即

（稳定条件1） $\det J = \begin{vmatrix} a_{11} & a_{12} \\ a_{21} & a_{22} \end{vmatrix} = a_{11} \cdot a_{12} - a_{21} \cdot a_{22} > 0$

（稳定条件2） $\text{tr} J = a_{11} + a_{22} < 0$

其中，

$$a_{11} = (1-2x)\left[\left(\lambda\Delta\pi_5 + \theta C - \Delta\pi_3\right)y - (\theta-\alpha)C\right]$$

$$a_{12} = x(1-x)(\lambda\Delta\pi_5 + \theta C - \Delta\pi_3)$$

$$a_{21} = y(1-y)\left[(1-\lambda)\Delta\pi_5 + (1-\theta)C - \Delta\pi_4\right]$$

$$a_{22} = (1-2y)\left\{\left[(1-\lambda)\Delta\pi_5 + (1-\theta)C - \Delta\pi_4\right]x - \left[(1-\theta)-\alpha\right]C\right\}$$

由上述判定原则，可得出当取得局部均衡时各参数的取值，如表 7-2 所示。

表 7-2 局部均衡点处 a_{11}、a_{12}、a_{21}、a_{22} 的值

均衡点	a_{11}	a_{12}	a_{21}	a_{22}
$(0,0)$	$-(\theta-\alpha)C$	0	0	$-(1-\theta-\alpha)C$
$(0,1)$	$\lambda\Delta\pi_5 + \alpha C - \Delta\pi_3$	0	0	$(1-\theta-\alpha)C$
$(1,0)$	$(\theta-\alpha)C$	0	0	$(1-\lambda)\Delta\pi_5 + \alpha C - \Delta\pi_4$
$(1,1)$	$-(\lambda\Delta\pi_5 + \alpha C - \Delta\pi_3)$	0	0	$-\left[(1-\lambda)\Delta\pi_5 + \alpha C - \Delta\pi_4\right]$
(x^*, y^*)	0	A	B	0

注：$A = \dfrac{(1-\theta-\alpha)C}{(1-\lambda)\Delta\pi_5 + (1-\theta)C - \Delta\pi_4}\left[1 - \dfrac{(1-\theta-\alpha)C}{(1-\lambda)\Delta\pi_5 + (1-\theta)C - \Delta\pi_4}\right](\lambda\Delta\pi_5 + \theta C - \Delta\pi_3)$；$B = \dfrac{(\theta-\alpha)C}{\lambda\Delta\pi_5 + \theta C - \Delta\pi_3} \times \left[1 - \dfrac{(\theta-\alpha)C}{\lambda\Delta\pi_5 + \theta C - \Delta\pi_3}\right]\left[(1-\lambda)\Delta\pi_5 + (1-\theta)C - \Delta\pi_4\right]$

由表 7-2 易知，在 (x^*, y^*) 点处，恒有 $a_{11} + a_{22} = 0$，总不满足稳定条件 2，因

此排除该局部均衡点，只剩下 4 个局部均衡点。

3. 演化结果分析

企业群体与高校和科研机构群体演化博弈稳定性结果如表 7-3 所示。

表 7-3　企业群体与高校和科研机构群体演化博弈稳定性结果

均衡点	det$J$	tr$J$	结果	稳定条件
(0,0)	+	−	ESS	$\Delta\pi_3 > \lambda\Delta\pi_5 + \theta C$，$\theta > \alpha$； $\Delta\pi_4 > (1-\lambda)\Delta\pi_5 + (1-\theta)C$，$1-\theta > \alpha$
(0,1)	+	−	ESS	$\Delta\pi_3 > \lambda\Delta\pi_5 + \theta C$，$\theta > \alpha$； $\Delta\pi_4 < (1-\lambda)\Delta\pi_5 + (1-\theta)C$，$1-\theta < \alpha$
(1,0)	+	−	ESS	$\Delta\pi_3 < \lambda\Delta\pi_5 + \theta C$，$1-\theta > \alpha$； $\Delta\pi_4 > (1-\lambda)\Delta\pi_5 + (1-\theta)C$，$1-\theta > \alpha$
(1,1)	+	−	ESS	$\Delta\pi_3 < \lambda\Delta\pi_5 + \theta C$，$\theta < \alpha$； $\Delta\pi_4 < (1-\lambda)\Delta\pi_5 + (1-\theta)C$，$1-\theta < \alpha$

从上述分析可以很容易地看出，只有当协同创新合作主体各自采取投机策略开发产生的附加收益少于相互合作产生的额外收入以及必须支付的违约金之和时，理性的双方才会采取合作策略。这时，$x=1$ 和 $y=1$ 分别代表企业群体、高校和科研机构群体的演化均衡策略（表 7-3 中的第四种情况）。

另外，如果一方能够以协同创新项目合作主体之间较低的违约成本获得另一方的研究成果，即一方通过采取投机策略进行研发所能产生的额外收入超过了与另一方合作以推进项目所能产生的额外收入以及必须支付的违约金之和时，那么有限理性的博弈双方中就肯定会有一方采取"不合作"策略。此时，$x=0$ 或 $y=0$ 为博弈方的演化均衡策略（表 7-3 中的前三种情况）。

7.2.2　政府干预下协同创新项目合作博弈仿真分析

协同创新项目合作主体的决策必须受到政府的影响。因此，本节基于 7.2.1 小节建立的企业群体、高校和科研机构群体的演化博弈模型以及政府干预的影响，构建三方之间协作风险演化的系统动力学模型。根据 Vensim 软件，对模型进行仿真和分析，得出企业群体、高校和科研机构群体之间协同风险的影响因素。

1. 演化博弈分析框架

假设政府的所有工作人员都有足够的能力来检查企业群体、高校和科研机构群体是否真的合作，并且不存在因腐败和贿赂而保护违约方的行为，也就是说，这种模式排除了博弈双方之间出现违约方的情况，但可以通过其他方式逃避惩罚，且一旦政府介入，肯定会发现是否存在违约。

假设引入政府的影响，政府将对违反合同的合作主体处以罚款，并对积极合作的合作主体给予财政补贴。在这种情况下，政府只有 z 的概率的"干预"和 $1-z$ 的概率的"不干预"两种选择，且企业群体、高校和科研机构群体仍然是有限和理性的。

将政府视为市场主体，政府将以向企业征税和对违约方罚款作为财政收入来源，并将奖励积极合作的合作主体作为支出。政府的收入分析如下：政府分别对积极合作的企业群体、高校和科研机构群体实施财政补贴（政府奖励）G_1、G_2，违约罚款（政府罚款）分别为 g_1、g_2。此外，假设政府干预协同创新项目，监督的日常投入为 w（$w>0$），平均成本为 r（$r>0$），企业群体、高校和科研机构群体违约给整个协同创新项目造成的损失分别为 l_1、l_2。政府与合作主体的博弈收益矩阵见表 7-4。

表 7-4　政府与合作主体的博弈收益矩阵

企业群体与高校和科研机构群体双方的策略选择	政府的策略选择	
	"干预" z	"不干预" $1-z$
博弈双方均采取"合作"策略 (x, y)	$G_1 + G_2 + w - r$	w
博弈方 1、2 分别采取"合作""不合作"策略 (x, $1-y$)	$g_1 - l_1 + w - r + G_2$	$w - l_2$
博弈方 1、2 分别采取"不合作""合作"策略 ($1-x$, y)	$g_2 - l_2 + w - r + G_1$	$w - l_1$
博弈双方均采取"不合作"策略 ($1-x$, $1-y$)	$g_1 - l_1 + g_2 - l_2 + w - r$	$w - l_1 - l_2$

根据表 7-4 所示的收益矩阵，易知政府采取"干预""不干预"策略的期望收益以及政府的平均期望收益分别为 V_1、V_2 和 $\overline{V}$，即

$$\begin{aligned} V_1 &= xG_1 + (1-x)(g_1 - l_1) + yG_2 + (1-y)(g_2 - l_2) + w - r \\ V_2 &= w - (1-x)l_1 - (1-y)l_2 \\ \overline{V} &= zV_1 + (1-z)V_2 \end{aligned} \quad (7\text{-}5)$$

那么，政府采取"干预"策略的概率变化率是 $\dfrac{dz}{dt}$，企业群体采取"合作"策略的概率变化率 $\dfrac{dx}{dt}$，以及高校和科研机构群体采取"合作"策略的概率变化率 $\dfrac{dy}{dt}$，则三者组成的复制动态方程为

$$\frac{dx}{dt} = x(v_{11} - \overline{V_1}) = x(1-x)\left[\lambda\Delta\pi_5 + \theta C - \Delta\pi_3)y - (\theta - \alpha)C\right]$$

$$\frac{dy}{dt} = y(v_{21} - \overline{V_2}) = y(1-y)\left\{\left[(1-\lambda)\Delta\pi_5 + (1-\theta)C - \Delta\pi_4\right)x - (1-\theta-\alpha)C\right]\right\}$$

$$\frac{dz}{dt} = z(V_1 - \overline{V}) = z(1-z)(V_1 - V_2) = z(1-z)\left[xG_1 + (1-x)g_1 + yG_2 + (1-y)g_2 - r\right]$$

（7-6）

但是，参与协同创新的企业群体、高校和科研机构群体很多，双方相互影响，一个规模较大的企业可能与几所高校和科研机构群体合作，也可以与一所高校和科研机构合作。一方面，根据对上述静态收益矩阵的分析，即假设各博弈方均是有限理性的，各博弈方都很难在短时间内达到平衡状态，必定需要经过长时间的反复博弈才能达到；另一方面，如果考虑延迟因素，则更难分析。此外，上述博弈模型中涉及的合作主体人数众多，相互影响关系复杂，因此，彻底求出所有博弈均衡点及其实现均衡的条件非常复杂。

因此，下面引入政府对于博弈方1和博弈方2决策的干预，这样不仅可以降低博弈过程的波动性，而且可以促进各博弈方更快地达到平衡状态。此外，基于上述分析和系统动力学原理，建立政府、企业群体、高校和科研机构群体的系统动力学模型，借助计算机仿真，模拟协同创新项目各合作主体协同风险，找出企业群体、高校和科研机构群体合作的影响因素。

2. 模型仿真

1）系统动力学模型

基于系统动力学和上述复制动力学方程，使用Vensim软件在政府干预下建立产学研群体间的演化博弈系统动力学模型。该模型由6个状态变量、6个速率变量、22个辅助变量、6个表函数和16个常数组成。

根据系统动力学的状态变量和速率变量的定义、判别方法和系统动力学方程的基本概念，本节将从企业群体、高校和科研机构群体中选择的"合作"和"不合作"策略的数量以及政府实施"干预"和"不干预"策略的数量作为6个状态变量；然后将企业群体、高校和科研机构群体选择的"合作"和"不合作"策略的概率转化率，以及政府实施的"干预"和"不干预"策略的概率转化率作为6个速率变量。此外，引入一些中间变量来改进原始模型：①引入企业群体、高校和科研机构群体生产或开发的产品各自的价格 p_1、p_2 和产量 q_1、q_2，以分别说明两者的基本利益，即双方不合作、独立研发的基本利益。②引入企业群体、高校和科研机构群体的协同开发成本 C_1、C_3 及投机研发成本 C_2、C_4，以说明双方的投机收益，即双方进行协同创新，当一方违约并能获得另一方的研究成果时，违约方的成本自然会降低,投机利润必然存在。③企业群体、高校和科研机构群体通过契约进行协同创新。依据契约商定一方违约时应承担的违约金额,即内部违约金,这是违约金赔偿比例与协同创新项目总投入 C 的乘积。④引入惩罚系数 m 和奖励系数 n 来说明当政府对产学研群体进行监督时的奖惩程度。政府干预下产学研群体间的演化博弈系统动力学模型如图 7-1 所示。

2)演化结果分析

根据统计估算、Delphi 法和实地访谈等方法,运用 Vensim 软件,假设开始时间为 0,结束时间为 10 000 天,时间步长为 1 天,政府干预的平均成本 r 和日常投入 w 分别为 25 元、15 元,政府督查对违约的产学研群体的惩罚系数 m 为 0.18,对积极合作的产学研群体的奖励系数 n 为 0.2,产学研群体因投机收益而违约造成的项目整体损失 l_1、l_2 分别为 35 元、30 元;企业群体采取"合作"策略的协同开发成本 C_1 为 21.5 元,投机研发成本 C_2 为 10 元,产出的产品价格 p_1 为 25 元,产品产量 q_1 为 70 元;高校和科研机构群体采取"合作"策略的协同开发成本 C_3 为 23 元,投机研发成本 C_4 为 12 元,研发出的产品价格 p_2 为 28 元,产品产量 q_2 为 72 元;产学研群体通过契约的方式进行协同创新,违约金赔偿比例 α 为 0.45。

3. 影响分析

1)惩罚系数 m 对产学研群体间博弈的影响

当政府继续增加惩罚系数 m 时,若产学研群体在静态收益矩阵下达到博弈的稳定点,采取"不合作"策略的概率将会降低。图 7-2 说明了政府采用不同的惩罚系数 m 对产学研群体决策的影响。图中曲线 1、曲线 2 和曲线 3 分别对应当惩罚系数 m 为 0.16、0.18 和 0.2 时的模拟结果。

从图 7-2 中可以看出,当政府不断增加惩罚系数 m 时,政府选择"干预"策略的概率将会增加,产学研群体选择"不合作"策略的概率将会降低。这是因为当企业群体、高校和科研机构群体开展协同创新项目时,如果双方都采取投机行为,肯定会阻碍协同创新项目的推广,给项目整体带来损失,阻碍区域和国家的创新与经济发展。通过提高惩罚系数和实施严厉的惩罚措施,政府可以监督合作主体,并对其投机行为形成威慑,从而降低产学研群体通过违约寻求投机收益的可能性,抑制其投机行为,促进产学研协同创新的良性发展。

2)动态惩罚机制对产学研群体间博弈的影响

产学研群体在博弈过程中策略选择的波动不利于决策者做出正确的战略选择,更有甚者,可能会导致双方在博弈过程中无法达到稳定状态。采用动态惩罚机制可以减少博弈过程中的波动性。当企业群体、高校和科研机构群体都使用动态惩罚函数时,以下变量关系被添加到系统动力学模型中:

第7章 政府促进协同创新项目利益分配动态均衡的模式及政策研究

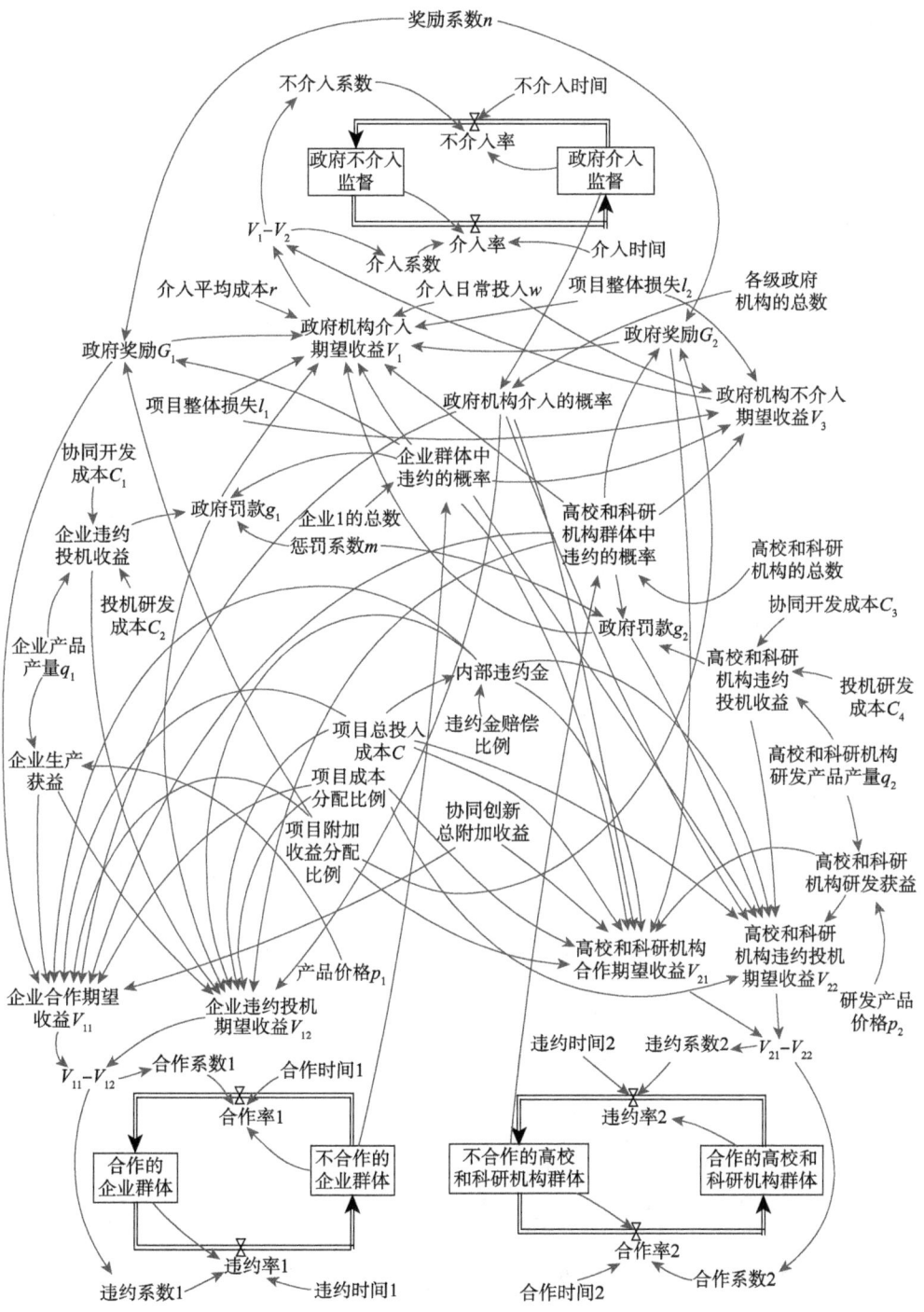

图 7-1 政府干预下产学研群体间的演化博弈系统动力学模型

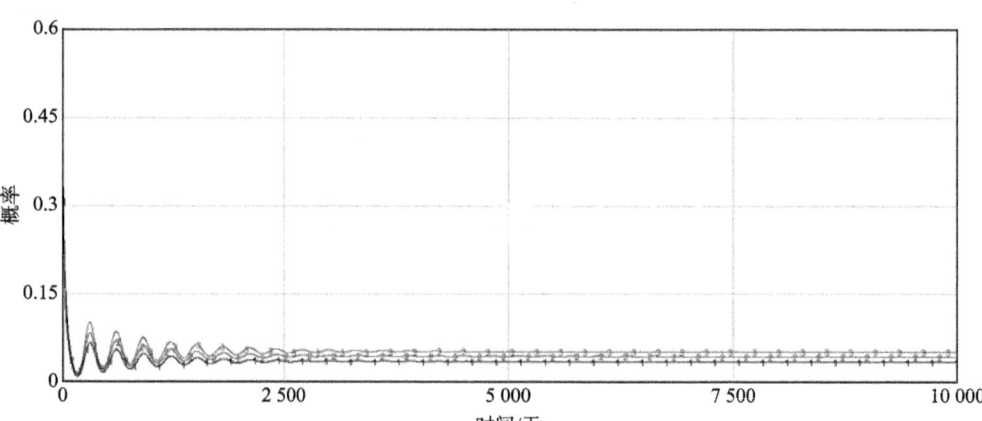

（a）m 变化时政府"干预"的概率

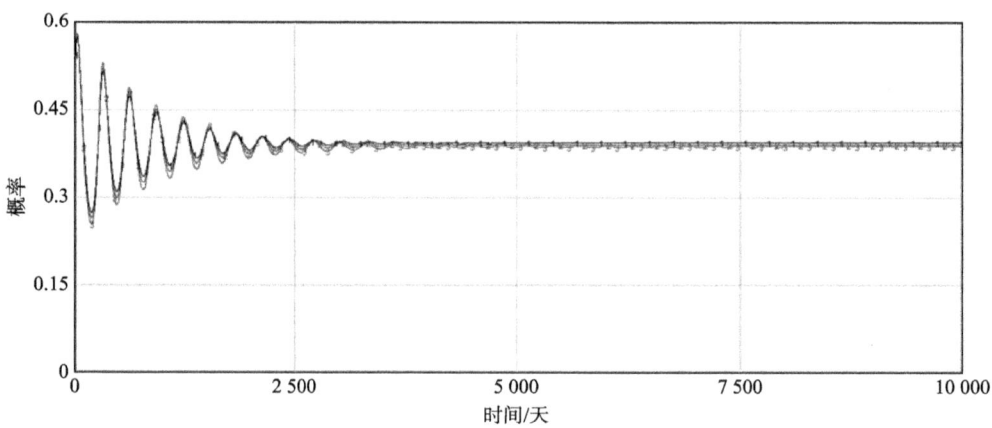

（b）m 变化时企业"不合作"的概率

图 7-2 惩罚系数变化对于政府和产学研群体策略选择的演化过程

罚款 g_1＝企业群体违约投机收益×企业群体违约的概率×惩罚系数 m。

罚款 g_2＝高校和科研机构群体违约投机收益×高校和科研机构群体违约的概率×惩罚系数 m。

当惩罚系数 m=0.18 时，可以获得图 7-3 所示的模拟结果。图中曲线 1 和曲线 2 分别代表当政府使用静态惩罚机制和动态惩罚机制时企业群体博弈策略选择的演化过程。

如图 7-3 所示，与静态惩罚机制相比，动态惩罚机制不仅能更有效地抑制博弈

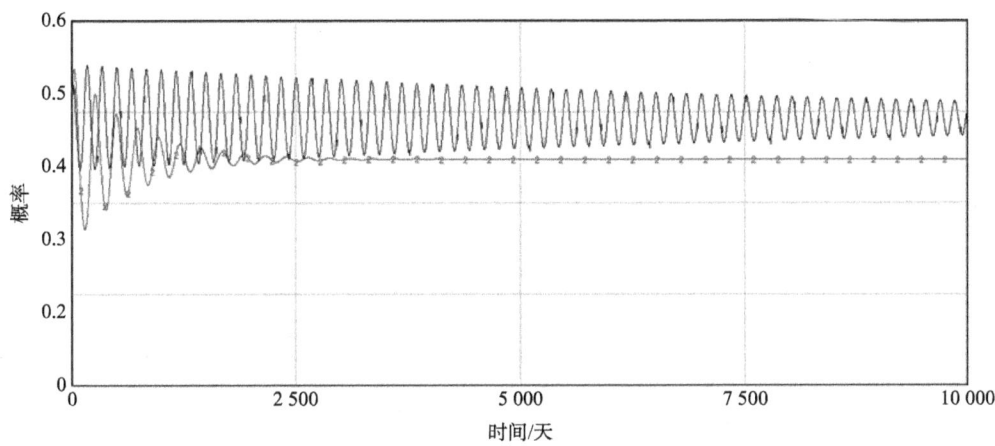

图 7-3 不同的惩罚机制下产学研群体策略选择的演化过程

演化的波动性,而且能在更大程度上缩短博弈双方达到博弈平衡状态的时间。因此,使用动态惩罚机制可以有效降低产学研群体的违约投机概率。

3)生产成本对产学研群体间博弈的影响

从模拟中很容易知道,通过降低企业群体、高校和科研机构群体之间协同创新的生产成本,增加违约成本以获得投机利润,也可以达到有效降低博弈过程波动性的目的,并且可以促使合作主体在短时间内趋于博弈的平衡点,从而通过间接手段达到抑制合作主体违约投机的目的。以提高企业群体采取违约投机行为的生产成本为例进行说明。通过 Vensim 软件将企业群体为投机而违约的生产成本 C_2 从最初的 10 元增加到 15 元,分别对应曲线 1 和曲线 2。此时,采取 "不合作" 策略的企业群体、高校和科研机构群体的概率变化如图 7-4 所示。

7.2.3 相关结论与启示

本节建立了政府干预下企业群体、高校和科研机构群体合作战略的演化博弈模型,并用系统动力学模拟分析了三方的动态演化过程。研究得出以下结论:①政府干预下合作主体之间的博弈主要取决于政府采取的惩罚机制、惩罚强度以及产学研群体双方各自生产成本以及投机收益等因素。②动态惩罚机制不仅可以降低博弈过程中的波动性,而且可以促进合作主体采取 "合作" 策略,并能更快达到稳定状态,从而促进协同创新项目的良性发展。③当政府加大惩罚力度、增加合作主体的额外收入、降低协同创新成本、增加违约投机成本时,可以促使合作主体更快采取 "合作" 策略,有效抑制合作主体之间的违约投机行为。因此,为了

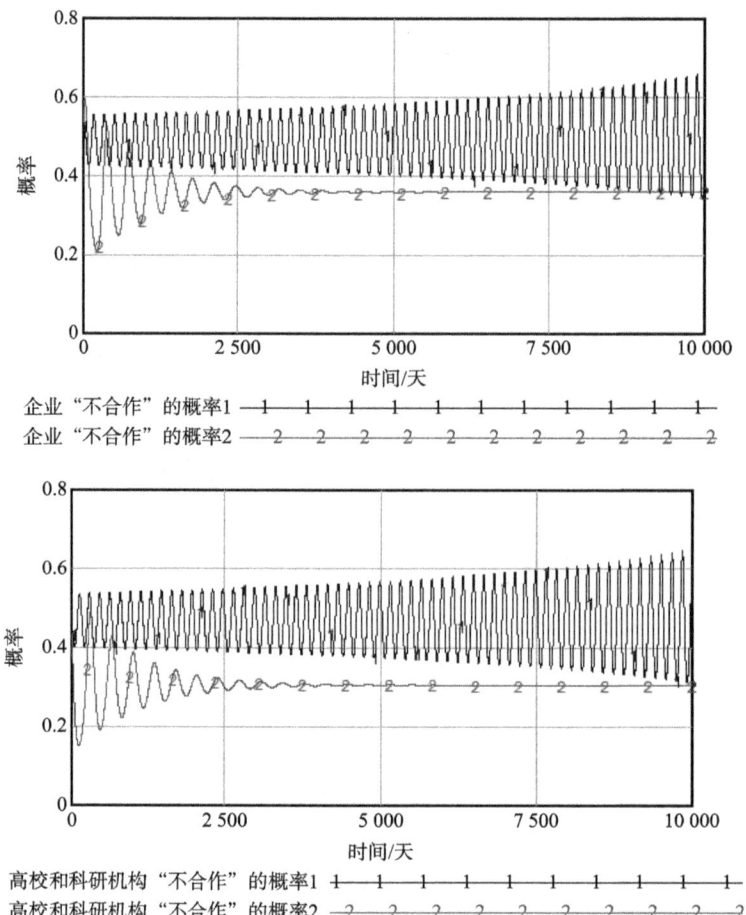

图 7-4　生产成本变化时产学研群体策略选择的演化过程

促进合作主体之间的合作，基于分析结果，提出以下建议：第一，在合作主体之间建立科学的附加利益和合作成本分配体系；第二，政府应建立和完善相应的知识产权评估和保护机制；第三，政府应建立科学的奖惩制度，适当加大奖惩力度，并采用动态惩罚机制；第四，提高合作主体违约投机成本和协同创新的附加值。

7.3　政府介入对协同创新项目成功的影响研究

针对政府在协同创新项目中的角色定位，已有研究普遍认为政府作为协同创新项目中的发起者、主要责任方,起到了主导作用、宏观指导作用和动力作用,以及沟通协调、保障监督和评估反馈作用。而针对政府介入对协同创新项目成功的影响研究还不算多。

首先,我国政府关于协同创新项目的配套措施尚不完备,导致政策跟不上创新的发展形势和最新要求,而目前政府对协同创新项目审查的相关研究较少。其次,在协同创新项目的创新激励方面,目标激励不明确、任务激励不合理、物质激励不充分等影响了人尽其才、才尽其用。最后,项目管理方法贯穿整个协同创新项目的生命周期,并将项目启动、规划、执行、监控和收尾过程对项目成功度的影响联系在一起。只有具备良好的项目管理过程,才能更加具体地结合协同创新项目的实际情况确定政府介入度,通过分析政府介入度对项目管理过程的影响,更加准确地判断政府介入度对项目成功度的影响。因此,本节重点通过实证研究找到协同创新项目中政府参与不足的主要表现,确定协同创新项目的政府介入度与项目管理过程和项目成功度之间的关系。

7.3.1 理论分析与研究假设

1. 政府介入度与项目管理过程

协同创新项目的政府介入度包括奖励补偿支持力度、直接提供资金支持力度、资源整合力度、业务指导参与度和审查力度。协同创新项目的项目管理包含五大过程:启动过程、规划过程、执行过程、监控过程与收尾过程。其中,规划过程最能体现项目管理的系统化思想,执行过程是整个协同创新项目控制的核心,收尾过程的管理核心是检验项目成果是否达到预定的项目验收标准。

协同创新项目开展成功率较高的国家都颁布了比较完善的协同创新项目相关法律与法规。因此,协同创新项目需要相关政策、奖励制度及法律规范提供保障,政府加大对协同创新项目的奖励补偿支持力度,有助于提高项目管理过程中合作主体的积极性与合作效率,优化管理制度,提高项目管理水平。项目创新专项资金、风险性投资资金、人才支持资金等支持有助于降低项目开展过程中企业技术创新的高风险,提高项目的创新动力;同时能避免在项目进展中供给资金的中断。因此,加大对协同创新项目的直接提供资金支持力度,有利于提高项目管理水平,提高项目成功的可能性。政府建立健全科技信息服务平台,以便各合作主体能够及时获取信息资源,各取所需。由此可见,政府加大对协同创新项目的资源整合力度,有利于提高项目管理水平,提高项目成功的可能性。政府通过把握产业发展方向、项目类型与政府的关联度,参与指导协同创新项目的相关业务,可以更好地把握协同创新项目的研发方向和关键路线,保证协同创新项目的创新成果满足政策需要与市场需求，能够促进项目的顺利开展。政府加大对协同创新项目的审查力度，有利于纠正协同创新项目运作中的不良问题，避免不公平现象，使项目各合作主体更好地履行职责。

综上可知，政府对协同创新项目的介入度越高，协同创新项目管理水平相应越高。

因此，本节提出假设 7-1。

【假设 7-1】 协同创新项目的政府介入度显著正向影响项目管理水平。

2. 项目管理过程与项目成功度

协同创新项目的成功度通过筛选，使用以下五个指标进行衡量：项目时间进度情况、项目成本控制情况、项目质量要求达标情况、企业总体满意度和合作主体总体满意度。项目启动过程的管理质量和管理水平是项目建议评审和项目可行性论证结果考察的基础与起点，为项目的规划与执行过程的管理奠定基调、提供依据。在提出协同创新项目实施的技术路线和有关项目考核的技术、经济指标的同时，必须考虑项目执行过程管理和项目监控过程管理的需要。整个协同创新项目控制的核心是项目的执行过程，通过严格控制对立统一、系统协调的工作，在规定期限内实现预定的项目目标。而项目监控过程通过不断地监测项目的实际进展情况，以便于在项目的实际进展状况显著偏离原有项目规划时及时地采取纠正措施。协同创新项目收尾过程的管理核心是检验项目成果是否达到预定的项目验收标准。综上可知，协同创新项目管理水平越高，项目成功的可能性越大。

因此，本节提出假设 7-2。

【假设 7-2】 协同创新项目管理水平显著正向影响项目成功度。

3. 政府介入度与项目成功度

协同创新项目的成功与项目管理过程的管理质量、水平以及项目成果的验收密不可分。由前面的分析可知，政府对协同创新项目的奖励补偿支持力度、直接提供资金支持力度、资源整合力度、业务指导参与度和审查力度的加大，对提高项目管理水平有着重要影响，因此政府的上述介入行为与力度的加大有利于提高项目的成功度。

因此，本节提出假设 7-3。

【假设 7-3】 协同创新项目的政府介入度亦会直接正向影响项目成功度。

7.3.2 研究方法

1. 问卷调查

为了收集样本数据，进行问卷调查。问卷以纸质和电子邮件形式发布在相关政府部门、产学研中心以及随机选择的高级管理人员所在的企业，这些受访者是在协同创新项目领域参与工作或研究的专业人士。要求受访者根据自己的工作经验和项目的具体情况为相应政府介入方式对项目成功度的影响力度打分（表7-5），表7-6包含项目管理过程和项目成功度的度量指标。

表7-5 结构方程模型的外生变量集合

一阶外生潜变量	二阶外生潜变量	外生观察变量
政府介入度（government intervention，GI）	奖励补偿支持力度 F_1	F_{11} 政府出台、完善相关政策（科研报账规定与科研费用提成、科技创新成果奖励政策等）
		F_{12} 政府提供知识产权保护
		F_{13} 政府提供税收优惠
		F_{14} 政府产学研政策的引导
		F_{15} 政府贴心办理各种手续
	直接提供资金支持力度 F_2	F_{21} 政府的财政补贴
		F_{22} 政府的信贷补贴
		F_{23} 政府提供启动资金
	资源整合力度 F_3	F_{31} 政府帮助引进关键技术专家
		F_{32} 政府提供信息资源和机密数据
		F_{33} 政府协调相关部门支持配合
		F_{34} 政府协调项目成员安排
	业务指导参与度 F_4	F_{41} 政府把握产业发展方向
		F_{42} 项目类型与政府的关联度
		F_{43} 政府干预项目利益分配方式自由选择的程度
		F_{44} 项目组织与政府的协调程度
	审查力度 F_5	F_{51} 项目投入产出情况
		F_{52} 项目实施风险及控制情况
		F_{53} 项目资金的使用规范情况
		F_{54} 有针对性地专项审核项目的专项技术人员
		F_{55} 有针对性地进行专项市场调研

表 7-6 结构方程模型的内生变量集合

内生潜变量	内生观察变量
项目管理过程 （project management process，PMP）	P_1 项目启动过程政府参与度
	P_2 项目规划过程介入政府参与度
	P_3 项目执行过程介入政府参与度
	P_4 项目监控过程介入政府参与度
	P_5 项目收尾过程介入政府参与度
项目成功度 （project success degree，PSD）	S_1 项目时间进度情况
	S_2 项目成本控制情况
	S_3 项目质量要求达标情况
	S_4 企业总体满意度
	S_5 合作主体总体满意度

2. 数据处理

数据收集在 2018 年 5~7 月进行了 12 周；以纸质和电子邮件形式向受访者发放了 305 份问卷，具体来说，发布 98 份纸质版本，获得了 76 份可用答复，有效率为 77.55%；发出 207 份电子邮件副本，获得 124 份可用答复，有效率为 59.90%。总共收集了 200 份经过验证的问卷，有效率为 65.57%。表 7-7 提供了协同创新项目的基本信息。

表 7-7 协同创新项目的基本信息

	项目	数量	比例
单位性质	企业	191	95.50%
	高校	5	2.50%
	中介	4	2.00%
项目角色	项目技术负责人	23	11.50%
	项目负责人	34	17.00%
	项目骨干	43	21.50%
	项目辅助人员	87	43.50%
	了解该项目	13	6.50%
核心企业性质	国有企业	28	14.00%
	私营企业	22	11.00%
	联营企业	2	1.00%
	合伙企业	2	1.00%

续表

项目		数量	比例
核心企业性质	股份合作制企业	4	2.00%
	有限责任公司	118	59.00%
	股份有限公司	24	12.00%
本协同创新项目所处阶段	研发阶段	16	8.00%
	小试阶段	53	26.50%
	中试阶段	66	33.00%
	产业化阶段	65	32.50%

7.3.3 实证结果分析

1. 信度与效度检验

测试问卷中表示政府介入度、项目管理水平和项目成功度量表的信度与效度。首先,规范一阶外生潜变量 GI 的范围,确定 5 个二阶外生潜变量(F_1、F_2、F_3、F_4、F_5);然后,使用 SPSS 分析结构方程模型每一个验证性因子分析(confirmatory factor analysis, CFA)和整个结构方程模型(structural equation model, SEM)的信度与效度指标,得到 GI、F_1、F_2、F_3、F_4、F_5、PMP、PSD 的非标准化因子载荷量、标准误、显著性水平、标准化因子载荷量、1-SMC、α 系数、组合信度(composite reliability, CR)和平均方差提取值(average variance extracted, AVE)。

CFA 模块信度效度指标值汇总与检验结果如表 7-8 所示。结果表明,除 PSD 以外的所有潜变量的测量具有良好的可靠性。内生潜变量 PSD 的观察变量 S_4、S_5 的标准化因子载荷量分别为 0.26 和 0.352,不符合检验标准;并且 α 系数为 0.731,信度水平一般,因此,验证 PSD 的 CFA 模型需要进行修正。

表 7-8 CFA 模块信度效度指标值汇总与检验结果

变量		信度指标							效度指标	检验结果
		非标准化因子载荷量	标准误	p 值(<0.05)	标准化因子载荷量(0.5~0.95)	1-SMC(<0.5)	α 系数(≥0.7)	CR(≥0.6)	AVE(≥0.5)	
GI	F_1	1			0.711	0.494	0.919	0.917	0.694	良好
	F_3	1.377	0.172	***	0.92	0.154				
	F_2	1.557	0.186	***	0.865	0.252				
	F_4	1.346	0.197	***	0.968	0.063				
	F_5	1.076	0.165	***	0.656	0.570				

续表

变量		信度指标							效度指标		检验结果
		非标准化因子载荷量	标准误	p 值（<0.05）	标准化因子载荷量（0.5~0.95）	1-SMC（<0.5）	α 系数（≥0.7）	CR（≥0.6）	AVE（≥0.5）		
F_1	F_{11}	1			0.758	0.425	0.841	0.831	0.497		良好
	F_{12}	1.002	0.095	***	0.775	0.399					
	F_{13}	0.878	0.102	***	0.644	0.585					
	F_{14}	0.816	0.096	***	0.636	0.596					
	F_{15}	0.915	0.099	***	0.699	0.511					
F_2	F_{21}	1			0.919	0.155	0.699	0.895	0.743		可接受
	F_{22}	0.957	0.046	***	0.922	0.150					
	F_{23}	0.839	0.064	***	0.73	0.467					
F_3	F_{31}	1			0.787	0.381	0.813	0.843	0.575		良好
	F_{32}	1.039	0.091	***	0.764	0.416					
	F_{33}	0.817	0.087	***	0.653	0.574					
	F_{34}	1.053	0.087	***	0.82	0.328					
F_4	F_{41}	1			0.606	0.633	0.796	0.794	0.493		可接受
	F_{42}	1.015	0.125	***	0.706	0.502					
	F_{43}	1.03	0.132	***	0.679	0.539					
	F_{44}	1.22	0.146	***	0.804	0.354					
F_5	F_{51}	1			0.796	0.366	0.837	0.855	0.543		良好
	F_{52}	0.749	0.085	***	0.634	0.598					
	F_{53}	1.045	0.089	***	0.823	0.323					
	F_{54}	0.906	0.091	***	0.706	0.502					
	F_{55}	0.979	0.095	***	0.711	0.494					
PMP	P_1	1			0.653	0.574	0.769	0.782	0.418		可接受
	P_2	1.006	0.143	***	0.588	0.654					
	P_3	1.068	0.149	***	0.714	0.490					
	P_4	0.982	0.157	***	0.618	0.618					
	P_5	1.082	0.164	***	0.653	0.574					
PSD	S_1	1			0.758	0.425	0.731	0.810	0.505		可接受
	S_2	1.307	0.09	***	0.968	0.063					
	S_3	1.247	0.089	***	0.907	0.177					
	S_4	0.37	0.103	***	0.26	0.932					
	S_5	0.417	0.085	***	0.352	0.876					

整个 SEM 模型信度效度指标值汇总与检验结果显示：α 系数为 0.885，表明问卷的 7 点利克特量表信度良好。此外，检验二阶验证性因素分析 GI 模型的标准化路径系数并测试其配适度，如表 7-9 所示，其中，标准化路径系数均在 0.7 以上，配适度指标也都达到可接受的水平及以上水平，模型拟合效果较好，表明该二阶验证性因素分析模型是可以接受的。

表 7-9　GI 拟合优度指标值汇总

配适度指标	绝对配适度					精简配适度	
	CMIN/DF	GFI	AGFI	RMR	RMSEA	PNFI	PGFI
指标标准值	<3	>0.9	>0.9	<0.08	<0.08	>0.5	>0.5
指标实际值	1.897	0.858	0.821	0.056	0.067	0.755	0.683
配适度结果	良好	可接受	可接受	一般	良好	良好	良好

（1）选取五个指数测量绝对配适度：卡方自由度比（chi square degree of freedom，CMIN/DF）、拟合优度指数（goodness of fit index，GFI）、调整后的拟合优度指数（adjusted goodness-of-fit index，AGFI）、均方根残差（root of the mean square residual，RMR）和近似的均方根误差（root mean square error of approximation，RMSEA）。

（2）选取两个指数测量精简配适度：简约调整后的规准适配指数（parsimonious normed fit index，PNFI）和简约适配度指数（parsimonious goodness of fit index，PGFI）。

2. 假设检验

1）初始模型拟合效果检验

本节使用矩阵结构分析（Analysis of Moment Structure，AMOS）软件验证理论模型，测试结构方程模型配适度，检验结果如表 7-10 所示。其中，配适度指标都达到了可接受的水平及以上水平，模型拟合效果较好，表明该模型是可以接受的。

表 7-10　SEM 拟合优度指标值汇总

配适度指标	绝对配适度					精简配适度		增量配适度		
	CMIN/DF	GFI	AGFI	RMR	RMSEA	PNFI	PGFI	NFI	TLI	CFI
指标标准值	<3	>0.9	>0.9	<0.08	<0.08	>0.5	>0.5	>0.95	>0.95	>0.95
指标实际值	2.085	0.784	0.748	0.107	0.074	0.71	0.673	0.775	0.855	0.867
配适结果	良好	一般	一般	一般	良好	良好	良好	一般	可接受	可接受

从表 7-10 中可以看出，RMSEA<0.08，NFI、TLI 和 CFI 未能接近 0.9，并且 GFI 和 AGFI 未能接近 0.8，表明初始模型各配适度指标实际值不理想，初始模型配适效果不好。因此，需要对初始模型进行修正。

2）初始模型的假设检验

根据表 7-10 可得假设检验结果汇总，如表 7-11 所示。

表 7-11　假设检验结果汇总

研究假设	标准化路径系数	t 值	检验结果
假设 7-1：协同创新项目的政府介入度显著正向影响项目管理水平	0.671	5.816	通过（5.816>1.96）
假设 7-2：协同创新项目管理水平显著正向影响项目成功度	0.395	3.451	通过（3.451>1.96）
假设 7-3：协同创新项目的政府介入度亦会直接正向影响项目成功度	0.283	2.727	通过（2.727>1.96）

3）结构方程模型的修正

初始模型的各条路径均显著，但是从拟合指数看，模型并不是最佳的。因此，要对初始模型进行修正。修正步骤如下：删除 PSD 到 S_4 和 S_5 两条路径。修正后 SEM 的 α 系数为 0.903，比初始 SEM 的 α 系数提高了 0.018，使得各指标具有更好的可靠性。

修正后的 SEM 拟合优度指标值汇总如表 7-12 所示。

表 7-12　修正后的 SEM 拟合优度指标值汇总

配适度指标	绝对配适度					精简配适度		增量配适度		
	CMIN/DF	GFI	AGFI	RMR	RMSEA	PNFI	PGFI	NFI	TLI	CFI
指标标准值	<3	>0.9	>0.9	<0.08	<0.08	>0.5	>0.5	>0.95	>0.95	>0.95
指标实际值	1.790	0.818	0.785	0.069	0.063	0.745	0.694	0.820	0.902	0.911
配适结果	良好	可接受	一般	良好	良好	良好	良好	可接受	可接受	可接受

从表 7-12 中可以看出，相比初始 SEM，修正后 SEM 的 CMIN/DF 降低为 1.790，GFI 升高到 0.818，NFI 升高到 0.820，TLI 升高到 0.902，CFI 升高到 0.911，达到可接受水平及以上水平。

4）修正模型的假设检验

对修正后的 SEM 用 AMOS 进行分析，结果如表 7-13 所示。

表 7-13　修正后的假设检验结果汇总

研究假设	标准化路径系数	t 值	检验结果
假设 7-1：协同创新项目的政府介入度显著正向影响项目管理水平	0.671	5.809	通过（5.809>1.96）
假设 7-2：协同创新项目管理水平显著正向影响项目成功度	0.372	3.242	通过（3.242>1.96）
假设 7-3：协同创新项目的政府介入度亦会直接正向影响项目成功度	0.278	2.658	通过（2.658>1.96）

7.3.4　研究结论

根据上述分析可知，协同创新项目的政府介入度与项目管理水平和项目成功度均存在正相关关系，假设 7-1、假设 7-2、假设 7-3 均成立，即协同创新项目的政府介入度显著正向影响项目管理水平，协同创新项目管理水平显著正向影响项目成功度，协同创新项目的政府介入度亦会直接正向影响项目成功度。同时，政府介入项目的不同内容对项目成功度的影响程度不同：业务指导参与度对项目管理水平和项目成功度的影响程度最大，资源整合力度的影响程度次之。根据 AMOS 的标准，协同创新项目管理水平在政府介入度和项目成功度关系中发挥了全面的中介作用，项目管理水平将影响项目成功度。总之，本节总结了各变量之间的直接和间接影响，根据这些研究结果和我国国情，提出政府介入度通过优化项目管理水平来提高项目成功度的建议。

本节的贡献有两方面：一方面，建立的模型为未来政府介入度和项目成功度的研究提供了有效参考，可用于衡量协同创新项目政府不同的介入行为和介入力度对项目管理水平和项目成功度的影响，为调整改进项目管理水平和提高项目成功度提供依据；另一方面，现有文献对政府行为直接影响产学研合作的研究较多，而广泛忽视了项目管理水平作为中介要素对项目成功度的影响。项目管理的启动、规划、执行、监控和收尾过程贯穿整个协同创新项目的生命周期，通过良好的项目管理方法，结合项目的实际情况分析政府介入度对项目管理水平的影响，改善项目管理水平，能更加准确地判断政府介入度对项目成功度的影响。

7.4　政府介入项目利益分配的分析

7.4.1　协同创新项目利益分配的问题分析

协同创新项目利益分配主要存在利益分配形式过于简单、利益分配主体地位不对等以及利益分配激励效果不明显等问题。

1. 利益分配形式过于简单

当前的协同创新项目的利益分配以经济利益分配为主，对于知识产权和产品品牌等无形资产的利益分配仍然参照经济利益分配的比例执行，显然没有充分评估无形资产与科技创新的非经济价值体系以及非经济价值作用。同时，当前协同创新项目的利益分配对于项目利益分配在小试阶段、中试阶段以及产业化阶段的市场运行规律和技术创新价值的变化趋势缺乏动态分析和精准模型，简单的经济利益分配形式使资本主体的强势地位得到保障，但是对于科技创新的潜在利益价值和预期市场效果显然会大打折扣。过于简单的利益分配形式对于科技人才主体的整体利益分配和多元化利益需求考虑不周、缺乏人性化。

2. 利益分配主体地位不对等

协同创新项目利益分配的主体仍然是资本和资源的实际拥有者，分配的过程仍然是组织利益分配高于个体利益分配。这样的分配过程是一种传统的项目利益分配形式和流程，可以最大限度地保障项目合作主体的核心利益以及资本实体的实际利益，而对于真正在一线敢于创新的技术人才、科技人才以及市场人才却没有规范的利益分配保障和具有激励效果的组织利益承诺。显然，组织利益分配高于个体利益分配的权益不对等不利于激发一线人才的积极性和创造性，资本主体利益分配高于创新主体利益分配的权益不对等潜规则也在管理层面制约了协同创新项目的创新绩效和创新价值。

3. 利益分配激励效果不明显

现有的协同创新项目利益分配方式主要是基于资本的原始比例进行初次分配，而对于科技创新的人才激励以及利益分配属于二次分配，其激励效果和实际的管理效果大打折扣。协同创新项目属于科技创新项目，其知识创新和技术创新在项目绩效中占据核心位置，因此，对于知识产权权益保障、知识创新利益分配比例以及科技创新人才利益激励体系的设计都需要结合资本、知识、技术以及市场的综合因素加以考量，而不是简单地以资本效益和经济效益来进行利益分配，否则，必然对于协同创新项目合作主体的积极性以及科技创新的动力机制产生不利的影响。

7.4.2 协同创新项目利益分配动态均衡的关键要素分析

协同创新项目利益分配动态均衡的关键要素是合作主体经济利益分配、项目管理过程利益分配以及科技创新价值利益分配之间的动态均衡，相关的关键要素分别是合作主体的均衡状态、战略利益的均衡状态、经济利益的均衡状态、知识产权的均衡状态以及科技创新的均衡状态。其中，合作主体的均衡状态是项目利益分配动态均衡的关键因素；知识产权的均衡状态是项目利益分配动态均衡的重要前提；科技创新的均衡状态是项目利益分配动态均衡的内在要求。

1. 合作主体的均衡状态

协同创新项目在主体资源投入、项目成本分摊以及科技创新进度方面的组织规划、战略分工以及具体实施过程要呈现均衡状态。也就是说，合作主体的资源投入是战略均衡的，合作主体的项目管理过程是动态均衡的，合作主体的科技创新规划和实施过程也是动态均衡的。只有这样，合作主体的资源整合优势和协同创新效果才能不断优化。

2. 战略利益的均衡状态

协同创新项目的战略利益主要包含合作主体的经济效益、知识产权以及科技创新价值。在经济效益方面的利益分配既要体现项目组织利益与个体利益的战略利益分配均衡，又要体现项目合作主体与项目利益相关者的战略利益分配均衡，还要体现科技创新主体与资本资源优势主体的战略利益分配均衡。在知识产权方面的利益分配既要体现现有知识产权与未来知识产权的战略利益分配均衡，也要体现组织知识产权与个体知识产权的战略利益分配均衡，更要体现知识产权利益分配与经济效益分配的战略均衡。在科技创新价值方面的利益分配既要体现理论创新价值与实际市场创新价值的战略利益分配均衡，也要体现知识产权创新与经济效益创新的战略利益分配均衡，更要体现当前科技创新价值与远景科技创新价值的战略利益分配均衡。

3. 经济利益的均衡状态

合作主体的经济利益分配均衡状态是协同创新项目是否成功的重要参考因素，也是推动协同创新项目不断优化管理、提升绩效的评价指标。经济利益的均衡状态需要参考协同创新项目的合作主体资源投入、成本分摊、管理过程、市场效益以及科技创新价值。显然经济利益的战略分配均衡状态是协同创新项目的成本管理、进度管理以及质量管理三要素的战略分配模式和战略均衡过程。

4. 知识产权的均衡状态

协同创新项目的核心利益是知识产权的利益分配，知识产权利益分配如果没有体现科技创新的市场价值、科技资源的人才价值以及产学研协同创新的组织价值，那么其经济效益、科技价值以及创新作用都大打折扣。因此，协同创新项目的知识产权的利益分配既要体现初期利益分配与后期利益分配的知识产权的变动价值和市场动态均衡，也要体现科技人才的利益需求与项目组织的利益需求的战略动态均衡，更要体现项目资本合作主体与知识合作主体的经济利益分配、产权利益分配以及长远利益分配的动态均衡。

5. 科技创新的均衡状态

协同创新项目的科技创新是其重要的战略目标和绩效核心指标。协同创新项目科技创新的资源投入、组织管理、成本控制以及战略规划会直接影响项目进度、项目效益以及项目运营，科技创新的整体规划和管理过程是项目的核心战略，科技创新管理过程会直接影响科技创新的利益分配方式。显然，科技创新的均衡状态也就是项目科技创新的资源投入、科技创新的组织管理、科技创新的成本控制、科技创新的进度规划和科技创新的风险控制要呈现合作主体、组织以及个体之间的动态均衡。

7.4.3 政府对协同创新项目利益分配均衡的推动作用分析

政府对于协同创新项目利益分配均衡的推动作用主要是指通过政策调控、法制监管和财税扶持来推动协同创新项目的实施、运营以及创新。

1. 政策调控

在协同创新项目中，政府的作用是非常重要的，对于一些关系国防安全、民生保障以及公共利益的重大项目，参与产学研合作或者协同创新的是多个主体。组织文化、优势领域以及科技范畴的差异必然会导致主体利益需求不同、战略利益诉求分歧以及科技创新利益价值体系各异。这些利益需求、利益目标、利益结构以及利益资源差异会带来严重的项目管理困境和战略协调障碍。这些项目利益分配的障碍是跨越组织、跨越文化、跨越系统和价值需求的，也是协同创新项目合作主体自身协调和利益管理无法解决的困境。在此情况下必须由政府以及相关的主管部门对相关的合作主体进行高层次、跨组织以及客观的政策调控和法制监管。这种政策调控是引导性的政策协调，是兼顾协同创新项目合作主体的各方利益，以第三方或者高层战略利益需求为出发点进行的经济政策引导、产业政策扶持、科技创新政策激励以及知识产权政策保障。

2. 法制监管

在协同创新项目实施、运营以及创新的过程中，既要有政府的政策引导，又要加强法制监管。政策引导起到激励性、开放性以及创新性的效果，而法制监管起到边界性、风险性以及奖惩性的作用，前者是驱动力，后者是制动力，驱动力大的时候相应的制动力也要增强，否则项目就会失控。对于协同创新项目而言，其利益分配涉及各项目利益相关者的权益，是项目管理、项目实施以及项目运营的基石。首先，政府的法制监管要保障项目的实施带来的公共利益、国家安全以及民生需求，这是任何协同创新项目不可逾越的利益法制红线和分配管理底线。其次，政府的法制监管还要保障科技创新过程中科技人才、科研机构以及创新创业人才的知识产权利益、公平劳动的价值观以及允许失败的文化氛围，也就是要充分保障知识型人才的经济利益分配需求和非经济利益实际需求。最后，政府的法制监管要为协同创新项目实施过程中的弱势群体提供获得必要生存利益需求的法制保障和申诉渠道。

3. 财税扶持

财税扶持是一种直接货币化或者资本性的政策扶持，相当于输血性扶持，是一种最直接、最原始以及最有效的政策扶持措施。协同创新项目利益分配的过程、阶段和模式都是动态变化的，各合作主体的利益需求也随着项目的发展而呈现动态演化趋势。然而实际的协同创新项目利益分配方式却是简单的资本化比例"一刀切"，显然这对于敢于创新的科技人才、科研机构以及创新创业人才而言是有失公允的。在科技创新、产品创新以及协同创新的过程中，科技人才、科研机构以及创新创业人才承受了更多理论困境、艰难险阻、失败风险、资金压力以及心理煎熬，与此相关的经济成本、生存危机以及心理压力是无法用简单的经济利益加以衡量的，因此，在财税扶持政策中必须进一步放宽科技人才、科研机构以及创新创业人才的经济利益评价指标和经济利益扶持范围，除了最基本的经济成本、生存成本以及管理成本，还应该包含允许失败的概率性成本、鼓励创新的文化性成本以及理论创新的开放性成本。此外，对于协同创新项目，还要在财税扶持政策中体现利益分配的产业型分配差异、科技型分配差异以及知识产权与资本性实体的分配差异。当现有的分配方式不能很好地体现这些利益分配差异时，政府可以通过财税扶持来保障这些科技创新主体以及科技人才的积极性和实际利益需求，从而促进协同创新项目顺利推进和实施。

7.4.4 政府介入项目利益分配的时机分析

政府介入项目利益分配的时机主要有以下四种情况：项目前期介入；项目中期介入；项目后期介入；项目危机期介入。

1. 项目前期介入

协同创新项目的合作主体多、科技创新难度大以及利益分配协调困难多。很多协同创新项目在项目研发阶段、小试阶段以及中试阶段都是看不到明显的市场经济效益的，但是这些项目却关系国防安全、民生保障以及公共利益，对于这些项目的推动、实施和扶持必须要政府提前介入，从国家利益、人民利益以及安全利益的高度协调好参与协同创新项目的企业、高校和科研结构不同的利益需求和战略规划，通过行政手段和市场规则来加强协同创新项目利益分配供给侧改革和创新，做到既照顾好协同创新项目合作主体的实际利益需求和科技创新的积极性，又统筹兼顾科技创新、协同创新以及效益创新的内在关系和本质规律，还要平衡好协同创新项目组织利益、合作主体利益与科技人才的个体利益之间的初次分配、二次分配以及激励性分配的关系和强度。

2. 项目中期介入

项目中期介入有两种情况：一种是项目最初的合作参与模式与利益分配结构出现不匹配或者不适应的问题，需要第三方独立部门或者权威部门（政府）进行协调；另一种是随着项目的实施、创新和发展，项目的科技创新领域、产业创新体系以及风险保障供应链不断拓展和扩张，需要参与的企业、高校以及科研机构不断增加，原有的项目合作主体不能够承受后续的科技创新、产业创新以及风险保障的利益供给、利益资源和利益成本，需要更高层面的权威部门来协调协同创新项目合作主体的利益分配和利益管理。前者是为了保障项目按部就班地顺利实施和推进，是一种第三方公平性、独立性和客观性的介入；后者是为了提升项目的战略层次、应用范围和科技领域，是一种权威性、公正性和保障性的介入。

3. 项目后期介入

项目后期介入有两种情况：一种是项目的利益分配涉及社会公共利益诉求，不再是简单的合作主体的利益分配需求，需要政府介入并参与项目利益分配管理和过程；另一种是项目进入产业化阶段，而产业化阶段的利益分配模式不同于小试阶段、中试阶段的利益分配方式。项目进入产业化阶段也就是产品进入市场以及科学技术进入商业应用阶段，项目利益分配方式逐渐演变成生产、销售、分配以及再生产的商业体系，其市场化、商业化和资本化的利益分配方式占据主体，相应的公共利益、安全隐私、产品使用安全以及消费者权益在利益分配方式中的权重下降，原有科技人才、科研机构以及创新创业人才的知识价值、产权比例以及科技利益需求也不断弱化，企业的商业化运作利益需求超越了科研机构继续科技创新和理论探索的利益诉求；平衡公众、科技创新以及商业市场的不同利益主体的利益诉求，需要政府建立完善的公共服务体系、市场营商环境以及知识产权保障体系，保障协同创新项目利益相关者在项目后期的知识产权、利益分配和商业市场之间平衡发展与可持续发展。

4. 项目危机期介入

协同创新项目的发展和实施过程在不同的阶段会有不同的利益分配危机，有些危机可以通过协同创新项目合作主体的沟通协调和管理来进行化解，但是有些危机是合作主体无法解决的，这时就需要政府介入，为项目的后续发展指明方向和提供保障。项目前期的合作信任危机使有些项目需要政府介入，如战略性新兴产业项目，该类项目失败的风险大、合作协调的难度大、利益分配的责任大以及科技创新的方向模糊，参与合作的企业、高校以及科研机构和科研工作者达成合作意向需要很大的信任风险担保，可以说没有政府的强势介入不可能促成该类项目度过项目前期危机。项目中期的利益分配危机和资金续投危机是大多数产学研合作项目都必须经历的一个生死环节，项目中期的利益分配涉及项目前期管理成本和后期资本投入、科技创新和资本运营的价值分配、组织利益和个人利益的先后分配、短期利益和长期利益的平衡分配，其中任意一个问题没有平衡好、解决好都是一场事关项目生存发展的致命危机，项目中期的发展和利益分配格局好比负重前行的运动员，急需外部力量支撑和辅助方能度过项目中期危机。显然，政府根据不同项目的中期危机特点适时地介入项目利益分配和发展，是输血性、辅助性以及保障性的介入。项目后期的审核评价危机是需要政府强势介入的，有些协同创新项目虽然取得了小试阶段、中试阶段的成功，但是在产业化阶段还面临很多公共危机和社会风险。特别是在项目科技创新不成熟、商业技术应用体系不完善的情况下，有些企业或者项目合作主体出于短期经济利益的需要而降低了产品技术风险和社会安全风险的利益诉求，如微软公司的操作系统漏洞以及脸书公司的公共数据泄密，这些都说明协同创新项目合作主体的经济利益诉求至上有时会成为项目危机的重要内因，而政府在项目后期的监管性、独立性以及公正性介入是必需的，这是对社会与公共利益底线的维护。

7.5 相关对策建议

7.5.1 构建合理的项目利益分配机制

通过前面的分析可以看出，协同创新项目要保持良好的协同创新效果以及科技创新绩效，就必须有合理的项目利益分配机制。合理的项目利益分配机制应该包含均衡的战略利益分配机制、均衡的经济利益分配机制以及均衡的科技创新利益分配机制和均衡的知识产权利益保护机制。均衡的战略利益分配机制是指项目合作主体的核心利益、利益相关者的公共利益以及科技人才的重大关切利益必须得到保障，而且要随着项目的发展而不断变化且呈现均衡的利益分配格局。均衡的经济利益分配机制是指要建立基于知识产权、资本权益以及科技创新价值市场预期的复杂的、综合的以及多元化的经济利益分配机制。均衡的科技创新利益分配机制是指要建立以科技创新绩效为核心的协同创新项目利益资源共享、利益风险共担以及利益结构科学的分配机制。均衡的知识产权利益保护机制是指建立基于知识创新、科技创新以及产业创新的产学研协同知识共享、专利保护、利益分配均衡的科技权益保护机制。

7.5.2 采用科学的项目利益分配动态均衡方法

构建科学的项目利益分配动态均衡模型是指要建立基于合作主体（政、产、学、研、金、介等多方）利益相关者的经济利益、战略利益、知识利益、创新利益以及公共利益的分配目标、分配比例、分配结构以及分配效果的时序动态均衡模型。这一模型以产学研为协同创新项目合作主体来构建项目利益分配的重要对象，以资本实体与知识产权的利益分配均衡、经济利益和非经济利益的分配均衡、组织利益与个体利益的分配均衡、项目战略利益与其他相关利益的分配均衡为一系列约束条件，以项目利益相关者的公平度、满意度和科技创新绩效的最大化为目标函数，构建科学的项目利益分配动态均衡模型。科学的项目利益分配动态均衡模型兼顾项目合作主体的利益需求、利益主体内容以及动态过程均衡，还从量化的角度增强利益分配的可操作性。

7.5.3 形成规范的项目成功评价体系

形成规范的项目成功评价体系是对项目后评价的理论完善，是对项目绩效、项目创新、项目效益以及项目管理的系统梳理和标准化总结。对于协同创新项目成功标准的界定要科学规范，不能单看经济效益或者市场影响，还要从项目的管理过程、产品价值、社会价值以及协同效应等多个层面来评价项目是否取得成功。协同创新项目成功评价体系要全面，既要有项目成功的外部指标和内部指标，又要有项目成功的主观指标和客观指标，更要有项目成功的绝对指标和相对指标。总之，形成规范的项目成功评价体系有利于更好地推动项目利益分配的管理机制、分配结构和评价体系。

7.5.4 准确把握政府介入项目利益分配的时机

准确把握政府介入项目利益分配的时机是指政府无须全面介入协同创新项目的管理过程、运行阶段以及操作细则，应该在协同创新项目的利益分配关键时点上积极客观准确地介入，介入时点的判别标准如下：首先，政府的介入有利于项目的协同创新和运营管理。政府的政策调控、法制监管以及财税扶持要根据项目发展的实际需要以及利益分配困境分阶段有序地介入，尽可能起到缓解燃眉之急、雪中送炭的作用和效果。其次，政府的介入有利于项目利益分配均衡的形成和项目成功。政府根据协同创新项目的产业特点、科技创新价值以及困境进行产学研利益的协调、产学研利益的互补以及产学研利益的共享，从政策、市场以及法制层面保障协同创新产学研组织以及个体的积极性、创造性和协同性。最后，政府的介入尽可能针对协同创新项目利益分配的主要问题、重大危机和关键矛盾来展开，做到有的放矢、合理有效。

7.5.5 使用高效的政府扶持政策

协同创新项目的实质是政产学研协同创新，是各种创新要素、市场资源以及管理措施的有效汇聚和深度合作。在协同创新项目中，政府是政策创新主体，理应发挥政策引导、沟通协调、财政资助、信息服务等多项作用，成为协同创新项目以及产学研协同创新的重要发起者、参与者和主要推动力量。在项目利益投入机制上，可采取"共同投入"模式，政府主要投入引导资金、提供研发用房，高校、科研机构投入技术、人才、品牌、专利等无形资产，企业推进科研成果产业化，做到利益对等投入和优势资源互补；在项目运行机制上，可实行"企业化运作"模式，政府回归公共服务本位，让高校和企业按照市场化规则对接，逐渐发挥市场对技术研发方向、路线选择、要素价格以及其他创新要素配置的主导作用；在项目利益分配配套政策上，规范科技创新激励政策，在地方层面制定合理的创新计划、科技成果转化、科技人员流动、知识产权保护、科研经费管理、技术成果分配、政产学研合作项目绩效考核评定，完善财税、金融、就业、户籍等项目利益分配配套政策，引导资本、人才、技术、知识等创新要素向协同创新项目聚集，从而促进协同创新项目利益分配动态均衡机制的形成，为多元化创新主体的合作提供有力的保障。

7.5.6 准确把握政府介入项目的方式和程度

政府要善于做协同创新项目的服务者、协调者、参与者与管理者。政府介入协同创新项目会影响项目管理水平，对项目成功带来影响，因此，准确把握政府介入项目的方式和程度极为重要。

首先，企业在利益最大化目标的驱动下，很可能将享有的政策资源用于服务自身利益而非激励政策具体目标的实现。政府应当提前甄别企业的目的，依据项目类型进行分类管理，对于包含突破性技术创新的项目，应当重点加大对项目成果知识产权的保护力度，制定一系列经济政策，包括奖励政策和惩罚政策，加强知识产权技术支撑体系建设，保护协同创新项目各方的合法权益。其次，由于税收优惠、财政补贴和信贷补贴政策在不同产业、政策目标之间的激励效应存在差异，政府应当根据不同的政策目标对项目采取针对性的税收优惠、财政补贴或信贷补贴政策。对于可以产生重大技术突破而风险大的研究项目，在企业界不敢问鼎的情况下，政府应当出面，承担风险，予以阶段性资助。

此外，政府应当根据项目类型与政府的关联度灵活选择对项目的介入度。对于关联度较高的项目，政府应加大对项目利益分配方式自由选择的干预程度，准确把握产业的发展方向，提高项目组织与政府的协调程度。对于关联度较低的项目，政府应设立中介组织，使其成为协同创新项目合作主体的沟通桥梁，发挥协调作用。在对项目进行审查方面，政府应根据审查时间和审查难度对审查项目进行分类，加大对项目专项技术人员的审核力度，制定具体成文的考核标准，对项目实施风险及控制情况时刻进行监督，及时纠正协同创新项目运行中的不良问题，避免不公平现象。在协同创新项目的最后阶段，政府需要对已经取得显著成果的协同创新项目给予认可和鼓励，并促进下一阶段的进一步合作。对于进展不顺利的项目，政府应该帮助合作主体找出原因、纠正错误、总结经验教训。无论协同创新项目最终是失败还是成功，政府都有必要进行全面客观的评价，并通过协同创新信息平台进行资源共享和案例交流，为其他协同创新项目提供参考和借鉴，进一步推动协同创新的发展。

参 考 文 献

艾凤义,侯光明. 2004. 纵向研发合作中的收益分配和成本分担机制. 中国管理科学, 12(6): 86-90.

鲍新中,王道平. 2010. 产学研合作创新成本分摊和收益分配的博弈分析. 研究与发展管理, 22(5): 75-81.

布莱克 R R,穆顿 J S. 1986. 新管理方格. 孔令济,徐吉贵,译. 北京:中国社会科学出版社.

陈航,王雪峰. 2015. 基于F-H分析法的医院与社区卫生服务中心合作冲突分析. 系统工程, 33(3): 154-158.

陈劲,阳银娟. 2012. 协同创新的理论基础与内涵. 科学学研究, 30(2): 161-164.

陈劲,殷辉,谢芳. 2014. 协同创新情景下产学研合作行为的演化博弈仿真分析. 科技进步与对策, 31(5): 1-6.

陈菊红,汪应洛,孙林岩. 2002. 虚拟企业收益分配问题博弈研究. 运筹与管理, 11(1): 11-16.

戴建华,薛恒新. 2004. 基于Shapley值法的动态联盟伙伴企业利益分配策略. 中国管理科学, (4): 33-36.

董彪,王玉冬. 2006. 基于Nash模型的产学研合作利益分配方法研究. 科技与管理, 8(1): 30-32.

方琳瑜,刘晓峰. 2015. 基于Shapley值法的中小企业协同创新中知识产权利益分配机制研究. 中国市场, (19): 53-55, 58.

冯锋,吴勋波. 2012. 产学研中基于熵的固定成本分摊及实证研究. 科技管理研究, 32(10): 217-220.

高宏伟. 2011. 产学研合作利益分配的博弈分析——基于创新过程的视角. 技术经济与管理研究, (3): 30-34.

何郁冰. 2012. 产学研协同创新的理论模式. 科学学研究, (2): 165-174.

胡振华,周庆. 2005. 中小企业技术创新研究. 湖南工程学院学报(社会科学版), (2): 13-15.

胡争光,向荟. 2013. 产业技术创新战略联盟利益分配方式选择研究. 科技管理研究, (5): 104-108.

黄波,孟卫东,李宇雨. 2011. 基于双边激励的产学研合作最优利益分配方式. 管理科学学报,

14（7）：31-42.

嵇忆虹，倪锋，王宏. 1998. 产学研合作中利益分配方式探析. 大连理工大学学报，38（1）：113-116.

李林，贾佳仪，杨葵. 2015a. 基于合作博弈的协同创新项目的风险分担. 社会科学家，215（3）：64-68.

李林，贾佳仪，章宜. 2015b. 区域产业协同创新项目的选择评价研究. 中国科技论坛，（8）：15-21.

李林，彭磊. 2017. 基于局中人偏好的产学研协同创新项目利益分配冲突分析. 科技管理研究，（21）：64-69.

李林，范方方，刘绍鹤. 2017a. 协同创新项目多阶段动态利益分配模型研究. 科技进步与对策，34（3）：14-19.

李林，刘绍鹤，范方方. 2017b. 协同创新项目的动态利益分配方法. 统计与决策，（13）：59-62.

李林，彭磊，范方方. 2017c. 协同创新项目中校企合作利益均衡影响因素研究. 湖南大学学报（社会科学版），（2）：76-81.

李林，汪雷，黄冕. 2018a. 考虑主要影响因素的协同创新项目利益分配方法. 湘潭大学学报（哲学社会科学版），42（3）：18-23，62.

李林，袁也，刘红. 2018b. 协同创新主体合作的演化博弈及政府干预的仿真. 运筹与管理，27（6）：14-20.

李信儒，冯军红，李林. 2017. 协同创新项目的动态利益分配方法. 科技管理研究，（17）：206-212.

李震. 2015. QFD 中客户需求权重确定的区间二元语义方法. 科技管理研究，35（13）：196-200.

梁喜，马春梅. 2015. 合作创新与利益分配比例对产学研联盟利润的影响. 科技进步与对策，32（16）：21-28.

刘佳，刘志华，李林. 2013. 基于合同环境服务的环保产业项目协同创新绩效评价研究. 经济地理，33（11）：111-114.

刘芹. 2007. 产业集群升级研究述评. 科研管理，（3）：57-62.

刘云龙，李世佼. 2012. 产学研联盟中合作成员利益分配机制研究. 科技进步与对策，29（3）：23-25.

刘志华，李林，姜郁文. 2014. 我国区域科技协同创新绩效评价模型及实证研究. 管理学报，11（6）：861-868.

刘学，庄乾志. 1998. 合作创新的风险分摊与利益分配. 科研管理，19（5）：31-35.

吕海萍，龚建立，王飞绒，等. 2004. 产学研相结合的动力——障碍机制实证分析. 研究与发展管理，16（2）：58-62.

罗利，鲁若愚. 2001. Shapley 值在产学研合作利益分配博弈分析中的应用. 软科学，（2）：17-19，73.

潘华实. 2013. 和谐社会视角下的利益冲突协调机制探析. 广西民族大学学报（哲学社会科学版），

35（1）：181-184.

冉茂瑜，顾新. 2009. 我国产学研合作冲突分析及管理. 科技管理研究，29（11）：454-456.

孙东川，叶飞. 2001. 动态联盟利益分配的谈判模型研究. 科研管理，（2）：91-95.

谭吉玉，朱传喜，张小芝，等. 2015. 基于海明距离和 TOPSIS 的直觉模糊数排序法. 统计与决策，（19）：94-96.

王坚强，刘淘. 2012. 基于综合云的不确定语言多准则群决策方法. 控制与决策，27（8）：1185-1190.

王坚强，张忠. 2009. 基于直觉梯形模糊数的信息不完全确定的多准则决策方法. 控制与决策，24（2）：226-230.

王章豹，张道亮. 2011. 关于产学研战略联盟的特点和冲突问题的探讨. 科技与管理，13（5）：44-47.

王子龙，谭清美，许箫迪. 2006. 产业集聚水平测度的实证研究. 中国软科学，（3）：109-116.

解学梅，刘丝雨. 2015. 协同创新模式对协同效应与创新绩效的影响机理. 管理科学，28（2）：27-39.

徐静，冯锋，张雷勇，等. 2012. 我国产学研合作动力机制研究. 中国科技论坛，（7）：74-80.

闫俊周. 2013. 分布式创新合作冲突模型及稳定性研究. 技术经济与管理研究，（6）：34-38.

姚艳虹，陈彦文，韩树强. 2017. 产学研协同创新冲突成因、特征及治理策略. 企业经济，36（11）：42-47.

詹美求，潘杰义. 2008. 校企合作创新利益分配问题的博弈分析. 科研管理，29（1）：8-13，28.

张捍东，严钟，方大春. 2009. 应用 ANP 的 Shapley 值法动态联盟利益分配策略. 系统工程学报，（2）：205-211.

张力. 2011. 产学研协同创新的战略意义和政策走向. 教育研究，（7）：18-21.

张丽娜，谭章禄. 2013. 协同创新与知识产权的冲突分析. 科技管理研究，33（6）：163-166.

张瑜，菅利荣，刘勇. 2013. 基于直觉模糊数的产学研合作冲突研究. 工业技术经济，（3）：18-25.

周青，张文娟，禹献云. 2015. 产业技术联盟利益分配方式与成员创新绩效的关联研究. 研究与发展管理，27（6）：49-56.

周正，尹玲娜，蔡兵. 2013. 我国产学研协同创新动力机制研究. 软科学，27（7）：52-56.

Ankrah S, Al-Tabbaa O. 2015. Universities-industry collaboration: a systematic review. Scandinavian Journal of Management，31（3）：387-408.

Atanassov K T. 1986. Intuitionistic fuzzy sets. Fuzzy Sets and Systems，20（1）：87-96.

Bergman E M. 2010. Knowledge links between European universities and firms: a review. Papers in Regional Science，89（2）：311-333.

Bergman N, Rosenblatt Z, Erez M, et al. 2011. Gender and the effects of an entrepreneurship training programme on entrepreneurial self-efficacy and entrepreneurial knowledge gain. International

Journal of Entrepreneurship & Small Business, 13（1）: 38-54.

Bhaskaran S R, Krishnan V. 2009. Effort, revenue, and cost sharing mechanisms for collaborative new product development. Management Science, 55（7）: 1152-1169.

Cao J, Shen M, Fan D C. 2011. The game analysis on interests distribution of industry-university-research cooperative technology innovation. International Conference on Management Science & Engineering 18th Annual Conference Proceedings: 1081-1087.

Chen M J, Miller D. 2015. Reconceptualizing competitive dynamics: a multidimensional framework. Strategic Management Journal, 36（5）: 758-775.

Chen S M, Tan J M. 1994. Handling multicriteria fuzzy decision-making problems based on vague set theory. Fuzzy Sets and Systems, 67（2）: 163-172.

Crama P, de Reyck B, Degraeve Z. 2008. Milestone payments or royalties? Contract design for R&D licensing. Operations Research, 56（6）: 1539-1552.

Cook W D, Kress M, Seiford L M. 1996. Data envelopment analysis in the presence of both quantitative and qualitative factors. Journal of the Operational Research Society, 47（7）: 945-953.

Elmuti D, Abebe M, Nicolosi M. 2005. An overview of strategic alliances between universities and corporations. Journal of Workplace Learning, 17（1/2）: 115-129.

Etzkowitz H. 2012. Triple helix clusters: boundary permeability at university-industry-government interfaces as a regional innovation strategy. Environment & Planning C: Government & Policy, 30（5）: 766-779.

Flam S D, Jourani A. 2003. Strategic behavior and partial cost sharing. Games and Economic Behavior, 43（1）: 44-56.

Fraser N M, Hipel K M. 1984. Conflicts Analysis: Model and Resolutions. New York: North-Holland: 86-123.

Gloor P A, Laubacher R, Dynes S B C, et al. 2003. Visualization of communication patterns in collaborative innovation networks—analysis of some W3C working groups. Conference on Information and Knowledge Management.

Haken H. 1993. Basic concepts of synergetics. Applied Physics A, 57（2）: 111-115.

Hwang C L, Yoon K. 1981. Methods for multiple attribute decision making//Multiple Attribute Decision Making. Berlin: Springer: 58-191.

Herrera F, Herrera-Viedma E, Martinez L. 2000a. A fusion approach for managing multi-granularity linguistic term sets in decision making. Fuzzy Sets and Systems, 114: 43-58.

Herrera F, Martinez L. 2000b. A 2-tuple fuzzy linguistic representation model for computing with words. IEEE Transactions on Fuzzy Systems, 8（6）: 746-752.

Hong D H, Choi C H. 2000. Multicriteria fuzzy decision-making problems based on vague set theory. Fuzzy Sets and Systems, 114（1）: 103-113.

Jin X H, Doloi H. 2008. Interpreting risk allocation mechanism in public-private partnership projects: an empirical study in a transaction cost economics perspective. Construction Management and Economics, 26（7）: 707-721.

Joslin R, Müller R. 2016. The relationship between project governance and project success. International Journal of Project Management, 34（4）: 613-626.

Ketchen Jr D J, Ireland R D, Snow C C. 2007. Strategic entrepreneurship, collaborative innovation and wealth creation. Strategic Entrepreneurship Journal, 1（3/4）: 371-385.

Khazaeni G, Khanzadi M, Afshar A. 2012. Fuzzy adaptive decision making model for selection balanced risk allocation. International Journal of Project Management, 30（4）: 511-522.

Khoo L P, Ho N C. 1996. Framework of a fuzzy quality function deployment system. International Journal of Production Research, 34（2）: 299-311.

Kim S H, Netessine S. 2013. Collaborative cost reduction and component procurement under information asymmetry. Management Science, 59（1）: 189-206.

Lemaire J. 1991. Cooperative game theory and its insurance applications. ASTIN Bulletin, 21（1）: 17-40.

Lins M P E, Gomes E G, Soares de Mello J C C B, et al. 2003. Olympic ranking based on a zero sum gains DEA model. European Journal of Operational Research, 148（2）: 312-322.

Lv X, Zhao S Y. 2013. Research on profit distribution of software outsourcing alliances based on the improved shapley value model. Cybernetics & Information Technologies, 13（Special Issue）: 100-109.

Meade L M, Liles D H, Sarkis J. 1997. Justifying strategic alliances and partnering: A prerequisite for virtual enterprising. Omega, 25（1）: 29-42.

Medda F. 2007. A game theory approach for the allocation of risks in transport public private partnerships. International Journal of Project Management, 25（3）: 213-218.

Mir F A, Pinnington A H. 2014. Exploring the value of project management: linking project management performance and project success. International Journal of Project Management, 32（2）: 202-217.

Muscio A, Nardone G. 2012. The determinants of university-industry collaboration in food science in Italy. Food Policy, 37（6）: 710-718.

Nishizaki I, Sakawa M. 2000. Solutions based on fuzzy goals in fuzzy linear programming games. Fuzzy Sets and Systems, 115（1）: 105-119.

Sakawa M, Nishizaki I, Uemura Y. 2001. Fuzzy programming and profit and cost allocation for a production and transportation problem. European Journal of Operational Research, 131（1）: 1-15.

Shapley L S. 1953. A value for n-person games. Annals of Mathematical Studies, 28: 307-317.

Shu M H, Cheng C H, Chang J R. 2006. Using intuitionistic fuzzy sets for fault-tree analysis on printed circuit board assembly. Microelectronics Reliability, 46（12）: 2139-2148

Torfing J, Sorensen E. 2014. The European debate on governance by networks: Towards a new paradigm. The Nagoya Journal of Law and Politics, 10（258）: 27-65.

Veugelers R, Cassiman B. 2005. R&D cooperation between firms and universities. Some empirical evidence from Belgian manufacturing. International Journal of Industrial Organization, 23(5/6): 355-379.

Wang X J, Huang J. 2006. The relationships between key stakeholders' project performance and project success: Perceptions of Chinese construction supervising engineers. International Journal of Project Management, 24（3）: 253-260.

Xu N. 2013. Improved weighted Shapley value model for the fourth party logistics supply chain coalition. Journal of Control Science and Engineering, 2013: 1-5.

Ye J. 2010. Using an improved measure function of vague sets for multicriteria fuzzy decision making. Expert Systems with Applications, 37: 4706-4709.

Yeo K T, Tiong R L K. 2000. Positive management of differences for risk reduction in BOT Projects. International Journal of Project Management, 18（4）: 257-265.

Zhang X M, Xu Z S. 2012. A new method for ranking intuitionistic fuzzy values and its application in multi-attribute decision making. Fuzzy Optimization and Decision Making, 11（2）: 135-146.

后　　记

本书得到作者主持的国家自然科学基金面上项目"协同创新项目利益多层次多阶段动态均衡及促进政策研究"（编号：71473076）的支持。

近几年，作者所在课题组成员对多家企业进行访谈，并且通过一些专业机构发放协同创新项目问卷，收回了有效问卷200余份，收集、整理了近年来一些协同创新项目的有关数据，跟踪了国内外最新的相关研究资料和研究动态，将研究成果部分地应用于实践，并不断地进行调适和修正，发表了涵盖协同创新项目、动态利益分配均衡、绩效评价等问题的学术论文20多篇。这些都为本书提供了优秀的素材、奠定了良好的基础。

在本书的写作过程中，从拟定大纲到初稿、修改稿、定稿，作者及课题组成员均进行了具体深入的研究。

各章的主要贡献者如下：第1章（姚艳虹、黄冕、寻舸、刘红）、第2章（李林、汪雷、唐子然、马丽）、第3章（贾佳仪、冯军红、李信儒、张运生）、第4章（彭磊、孔宇、贾佳仪）、第5章（范方方、刘绍鹤、寻舸）、第6章（李林、王鲁、张运生）、第7章（王艺、袁也、石焕焕）。全书由黄冕、唐子然初步统稿，由作者统稿、定稿。

李林、寻舸、黄冕、刘红参与了问卷设计和数据收集。许多研究生为数据的输入、校对、处理做出了贡献。在此，感谢大家的辛勤工作。

李　林

2019年6月